JN430822

| 개정판 |

이야기와 감동이 있는

# 일본문화 탐방

## 일러두기

- 일본어의 한국어 표기는 '외래어 표기법(문교부 고시 제85-11호)' 중 제2장 표기 일람표의 표4 '일본어의 가나와 한글 대조표'에 입각하여 기입하였다. 예외) 메이지(明治), 헤이안(平安), 게이샤(芸者) 등
- 인명, 지명, 고유명사 등은 원어(일본식 한자)를 병기하였다.
- 한국에서 일반적으로 통용되는 용어 및 작품명 등에 대해서는 번역하거나 한자의 음을 그대로 한글 표기하였다.
- 참고문헌 및 이미지의 출처는 권말에 명기하였다.

| 개정판 |

이야기와 감동이 있는

**일본문화 탐방**

1판 1쇄 2013년 8월 26일
1판 10쇄 2024년 9월 1일
발행인 김정겸 지은이 장남호 · 이묘희 · 유재신 · 이지숙 · 박미경 · 윤혜영 · 강혜선 · 김은영 · 금종애
펴낸곳 궁미디어(충남대학교출판문화원) 주소 대전광역시 유성구 대학로 99
전화 042-821-6045 홈페이지 www.cnupress.co.kr E-mail cnupress@cnu.ac.kr

ISBN 978-89-7599-489-0 93910
정가 14,000원

이 책의 내용을 사용하려면 반드시 저자와 충남대학교출판문화원의 동의를 얻어야 합니다.
잘못 만들어진 책은 구입하신 서점에서 교환하여 드립니다.

| 개정판 |

이야기와 감동이 있는

# 일본문화 탐방

장남호 · 이묘희 · 유재신 · 이지숙 · 박미경
윤혜영 · 강혜선 · 김은영 · 금종애

궁미디어
GUNGMEDIA

# 머/리/말

한국에 일본대중문화가 개방된 지도 어느덧 15년이 지났다. 양국의 정치나 역사적인 관계에 있어서는 여전히 많은 문제를 남기고 있지만 일본의 다양한 문화 콘텐츠를 쉽게 접할 수 있게 되면서 한국과 일본의 문화교류만큼은 그 어느 때보다 더욱 활발해지고 있다. 그러나 다양한 일본문화 속에서도 일본의 영화와 드라마, 애니메이션과 같은 대중문화에 유독 관심이 편중되어 있는 경향을 보인다.

한 나라의 문화를 총체적으로 이해하기 위해서는 비단 대중문화 뿐만 아니라 일본의 역사와 종교, 정치, 사회, 문학, 전통예능에 이르기까지 일본인의 삶을 구성하는 다양한 문화양식을 이해할 필요가 있다. 더욱이 한국과 일본은 같은 동아시아 문화권에 속해 있는 나라로써 과거지향적인 한일관계에서 벗어나 보다 미래지향적인 상호관계가 절실히 요구된다.

이 책은 일본문화 전반적인 것(일본과 일본인, 지리와 도시, 역사, 종교, 연중행사), 대중문화(영화, 애니메이션, 드라마), 생활문화(의식주), 전통문화(결혼식과 장례식, 전통극), 문학과 언어, 제도(정치, 가족, 교육, 사회), 스포츠 등, 일본인과 일본문화를 정확하고 폭넓게 이해할 수 있는 17개의 챕터로 구성되어 있다. 특히 개정판에서는 한국 젊은이들에게 관심이 많은 드라마와 스포츠를 추가하였다.

이 책을 통하여 일본문화를 보다 객관적으로 이해하고 나아가 일본문화뿐만 아니라 이문화 인식의 폭을 넓히는 계기가 되기를 바란다.

저자 일동

# 목/차

# 목/차

chapter 09

chapter 10

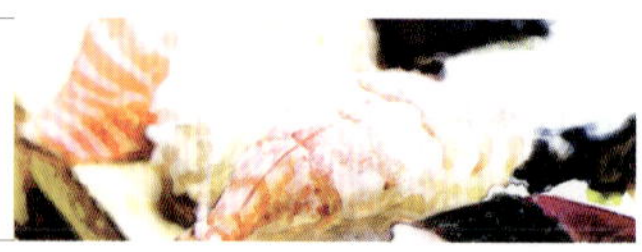



chapter 11

chapter 12

# 목/차

chapter 17

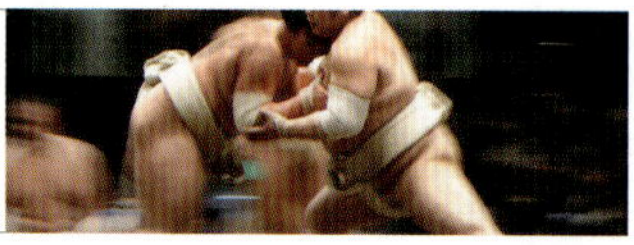

이야기와 감동이 있는
일본문화 탐방

chapter 01

# 우리가 만나야 할 일본, 그리고 일본인

1. 가깝고도 가까울 수 있는 나라
2. 일본인다운 사고와 행동

chapter 01

# 우리가 만나야 할 일본, 그리고 일본인

풀어봅시다

1. 일본 국기에 있는 붉은 색 원은 태양을 상징한다. (　)
2. 현재 일본의 국기와 국가가 법률로 공식 인정된 것은 1945년이다. (　)
3. 벚꽃은 일본의 황실을 상징한다. (　)
4. 일본에서는 천황이 바뀌면 새로운 연호를 사용한다. (　)
5. 일본인이 생각하는 의리에는 반드시 의무감이 따른다. (　)

# 우리가 만나야 할 일본, 그리고 일본인



한국은 일본과 지리적으로 가장 가까운 나라이다. 그러나 왜곡된 역사 교과서 문제, 야스쿠니 신사 참배, 종군위안부 문제, 독도 분쟁을 촉발하면서 여론이 들썩일 때마다 '가깝고도 먼 나라'라는 오랜 비유는 아직까지도 한일 관계를 드러내는데 유효한 것처럼 보인다.

우리는 오랜 시간 외부의 자극이 없었던 지리적 특성과 역사적 배경에서 비롯된 일본의 다른 문화를 객관적이고 냉정하게 상대적으로 인정해야 할 필요가 있다. 나아가 다른 문화적 특성을 가진 과거와 현재의 일본을 알고 직시하는 힘을 갖추는 것이 먼 나라 일본과의 '거리'를 좁힐 수 있는 강력한 경쟁력이 될 것으로 기대한다.

# 1. 가깝고도 가까울 수 있는 나라

인공위성에서 본 일본

**| 국호 |** 일본의 공식 국호(國號)는 일본국(日本国)으로 '해가 뜨는 나라, 해의 뿌리가 있는 곳'이라는 한자에 어원을 두고 있으며, 일반적으로 일본(日本)이라고 한다.

일본어로 발음할 때 보통 '니혼(Nihon)'이라고 부르지만, '닛폰(Nippon)'이라고도 하는데, 이 두 가지 발음은 특정하게 통일되지 않은 채 현재까지도 혼용되고 있다. 다만 1934년에 문부성(文部省) 임시국어조사회에서는 닛폰이라는 표기로 통일하여 사용하려던 적이 있었다. 당시 군국주의의 정세 아래 세계 지배 야욕을 숨기지 않았던 일본에서는 더 강력한 국가 이미지를 표방하는데 닛폰이라는 발음이 유효했을 것으로 생각할 수 있다. 한일 축구경기 때 일본 쪽에서 '간바레~ 닛폰!(힘내라 일본~)'이라는 구호를 사용할 때나 국가명을 영어로 표기하는 경우, 통상과 교류 등 해외와 관련이 있는 지폐나 우표에는 닛폰을 사용한다. 그 이외에는 일반적 언어 습관으로 니혼(Nihon)이라고 발음하는 경우가 보편적이라고 볼 수 있다.

일본이라는 국호의 유래를 중국 문헌을 통해 살펴보면 현재와 같은 국호가 성립되기 이전에는 왜국(倭國), 왜(倭)라고 지칭하였으며, 이것을 일본어로 '야마토'라고 읽다가 7세기 경에 현재와 같은 국호를 사용하게 되었다. 한편으로 다른 나라에서 붙인 '왜'라는 한자에서 탈피하여 '와(和)'로 바꾼 후 야마토라고도 읽었다. 한국이 한(韓), 중국이 화(華)라는 한자를 사용하여 서양의 것과 구분하는 것처럼, 일본에서는 와(和)라는 한자를 붙여서 일본 전통의 고유한 것을 의미하는데 사용하고 있다.

**| 국기와 국가 |** 하얀 바탕에 붉은 색 원으로 구성되어 있는 일본의 국기를 '닛쇼키(日章旗)' 또는 '히노마루(日の丸)'라고 한다. 일본의 고대 신앙인 태양신 숭배에서 비롯

된 이 형태는 한 눈에도 태양을 상징한다는 것을 알 수 있다. 전쟁 때는 관군의 표시로 사용되기도 했는데, 19세기 에도 막부가 대형 선박의 건조를 허가한 후에 자국의 모든 배에 흰 바탕에 붉은 원을 그린 히노마루 깃발을 표식으로 사용하도록 포고하면서 공적으로 국기의 역할을 하게 되었다.

히노마루

기미가요

그리고 일본의 국가는 '기미가요(君が代)'라고 한다. 이것은 10세기 초에 편찬된 고전시가집인 『고킨와카슈(古今和歌集)』의 작자 미상인 시가에서 가사를 가져온 것이고, 곡은 메이지(明治)시대에 붙여졌다. 가사의 의미는 '천황의 치세는 천대만대 이어지리라. 작은 돌이 바위가 되고, 그 바위에 이끼가 낄 때까지 영원하기를'이라는 천황 경배의 내용이 담겨 있으며, 일본 국기와 국가가 법률에 의해 공식 제정된 것은 1999년에 이르러서이다.



**| 국화 |** 한 나라를 상징하는 꽃이나 나무를 법률로 공식 제정하는 경우도 있지만, 일본처럼 법률이 아닌 관습에 의해 간주되는 국화를 가진 나라도 있다.

일반적으로 일본의 국화로는 황실 문장인 국화(菊花)와 옛날부터 국민에게 사랑받아온 벚꽃을 들 수 있다. 특히 봄이 오면 일본 기상청에서는 지역별로 벚꽃이 개화하는 시기를 알려주는 사쿠라전선(桜前線)을 통보하며, 일본인들은 이 시기에 맞춰 가족과 이웃, 구성원들이 함께하는 벚꽃놀이, 즉 '하나미(花見)'를 전국적으로 즐긴다.

국장으로 사용되는 국화

또한 국화는 천황가의 문장에 유래가 있는 것처럼, 현재 일본의 재외공관 현관이나 여권에서 사용되는 것을 볼 수 있는데 주로 국장용(國章用)으로 쓰인다.

### 일본의 국조(國鳥)는 까마귀?

죠몬토기에 새겨진 야타가라스

일본 국가대표팀의 축구 경기를 보면, 유니폼이나 응원기 속에서 까만색 새 한 마리를 볼 수 있다. 야타가라스(八咫烏)라고 불리는 이것은 까마귀와 닮아 있지만, 원래는 동아시아권 신화 속에서 볼 수 있는 발이 세 개 달린 까마귀—삼족오(三足烏)를 가리킨다. 그래서 일본의 국조가 까마귀라고 오해할 수도 있겠지만, 사실 일본의 국조는 꿩이다.

이 야타가라스는 고대 신화에서 태양신의 전령으로 천황이 길을 잃었을 때 길을 안내한 것으로 그려져 고대 고분이나 각종 유물에서도 쉽게 모습을 발견할 수 있다. 이런 이유로 야타가라스는 신도에서는 신격 대상으로서 숭배받기도 하며, 현재 일본축구협회의 심볼 마크로 대표팀의 유니폼이나 협회기 등의 엠블렘에도 사용되고 있어 국조는 아니지만 친숙한 상징물이 되고 있다.

고대의 신화 전승에서 신성시되는 까마귀이지만, 대개의 이야기 속에서는 여전히 악마나 마녀의 화신, 불길함을 상징하는 것이 보편적이다. 간혹 일본인들이 까마귀를 길조(吉鳥)로 여기기도 하지만, 일반적인 느낌은 한국과 비슷하다고 할 수 있다.



**| 천황 |** 7세기를 전후하여 일본의 최고 통치자를 지칭하는 말로 사용되어 온 천황(天皇)은 덴노라고 읽으며, 다른 나라에서는 일왕으로 표기한다. 천황의 정통성을 보증하기 위한 정치적인 의도 하에 역사시대 이전의 신화에서부터 그 존재의 기원을 찾기도 했다. 한편으로 일본의 전통종교인 신도에서도 예부터 오랜 신앙의 대상이었던 탓에 근대에 들어서 한동안 신격화 경향에 경도되어 군국정치의 핵심이 되기도 했다.

현대에 이르기까지 단일 계보를 이어오고 있는 이 독특한 왕정체제는 패전 이후에 일본의 국민적 통합을 이끌어내는 상징적인 존재로 정치적 실권 없이 의례적인 역할을 수행해 왔고 지금도 여전히 일본 국민의 사랑과 지지 속에서 대외적으로 일본을 대표하고 있다.

천황은 천재지변의 국가적 위기상황에서 국민을 위로하고 격려하며, 이에 대한 일본 국민의 존경과 지지는 계속되고 있다. 또한 일본에서는 새로운 천황이 즉위하면 새로운 연호를 정해서 서력과 함께 연도를 표시하며, 현재 천황의 생일을 국경일로 정하는 등 천황은 또 다른 일본의 상징으로 큰 비중을 차지한다고 할 수 있다.

헤세천황 부부



### 일본에서 해를 셈하는 일 ...

1989년 헤세(平成)연호 발표

대개의 국가들처럼 한국에서 해를 세는 일은 서력의 기년법(紀年法)에 따른다. 중국의 영향을 받은 한자 문화권에서는 군주의 재위에 따라서 해를 셈하는 연호(年號)가 있었고, 한국에서도 조선시대까지는 사용되었다. 하지만 일본에서는 실제적인 통치권은 없어도 현재 군주인 천황의 재위기간에 맞추는 연호를 여전히 사용하고 있다.

일본에서는 645년부터 재위 군주가 하나의 연호를 사용해 왔는데, 근대에 들어서는 메이지(明治 1868), 다이쇼(大正 1912), 쇼와(昭和 1926), 헤세(平成 1989) 그리고 현재 레이와(令和 2019)의 순으로 이어지고 있다.

일본에서 외국인이 입국해서 거주 관련 서류를 작성할 때나 공식문서에서도 자신의 생년월일을 기재할 때 연호를 사용하는 경우가 있고, 주요 일간지의 맨 위에 일자를 표시할 때도 서력과 함께 연호를 사용한다. 2013년은 헤세 25년(H25)으로 나타낼 수 있다.

## 2. 일본인다운 사고와 행동

**| 일본인에 대한 관심과 연구 |** 19세기말 메이지유신(明治維新 1868) 이후부터 현재에 이르기까지 각 나라의 다양한 지식인들은 일본인에 대한 지극한 관심과 궁금증을 충족하는데 주력해 왔다. 시대에 순응하는 일본인은 특유의 기회주의적 속성을 적시적소에 발휘했는데, 메이지시대의 전방위적인 문화 수입은 어느 나라 역사에도 없던 전무한 일이었으며, 서구 열강의 대열에 끼어들기 위해 국가 · 국민 · 문화의 정체성과 자존심을 억누르기도 했다. 한편, 세계의 대세에 편승하기 위해 쇄국에서 전면적인 개국, 천황숭배에서 민주주의, 군국주의에서 평화주의로 즉각적인 변신을 마다하지 않았다.

메이지시대 시작부터 태평양전쟁 패전이 결정되기까지 60여 년을 두고 미국과 유럽은 이 나라의 근본과 일본인의 심성을 연구과제로 삼기 시작했으며, 이러한 외부적 자극은 내부적으로도 자기 문화의 정체성을 찾는 지적인 움직임을 발현시켜 끊임없는 연구의 동기로 작용했다.



그 대표적인 일본인론으로 문화상대주의 관점에서 국화(평화)를 사랑하면서도 칼(전쟁)을 숭상하는 일본인의 이중성을 날카롭게 해부하면서 문화인류학적으로 일본을 깊이있게 탐구한 루스 베네딕트(Ruth Benedict 1887~1948)의 『국화와 칼(The Chrysanthemum and the Sword 菊と刀)』이 있다. 내부적으로는 일본 근대의 대표 교육가 니토베 이나조(新渡戸稲造 1862~1933)가 일본인의 정신을 전통 사무라이의 무사도에 근거하고 있다고 소개한 『무사도(武士道)』, 사회인류학자 나카네 치에(中根千枝 1926~)의 『종적사회의 인간관계(タテ社会の人間関係-単一社会の理論-)』에서는 일본의 사회 구조가 종적인 서열 관계, 집단의 우위에 기반하고 있다는 분석을 하고 있다. 한국에서는 이어령(李御寧 1934~) 교수의 『축소지향의 일본인』이 대표적인데, 축소지향이라는 코드를 통해 일본인과 일본 문화의 본질에 접근해서 대상을 축소하여 자신의 손 안에서 제어할 수 있는 영역 내로 끌어들임으로 일종의 심리적 안정감과 만족감을 얻으려는 일본인의 경향을 자세히 조명하고 있다.

하지만 우리가 사는 시대는 빠르고도 느리게 다양한 변화를 거듭한다. 결국 그 시대 안에서 세상을 사는 사람들도 변할 수밖에 없다. 수십 년 전의 일본인론 속에 있던 사람들도 지금은 변화된 모습으로 존재하고 있어서 결국은 과거의 그 이론 또한 재고되어야만 한다. 사람이 사는 여건, 사회적 조건과 문화는 계속 변화하기 때문이다.

예를 들어, 1970~80년대 분석된 이론에서는 일본인은 자아 형성이 약하고 독립된 '개인'이 확립되어 있지 않은 반면, 인간 관계상 집단지향적이기 때문에 자기가 속한 집단에 자발적으로 헌신하는 점에서 '집단주의(groupism)'적인 관계를 특징지을 수 있었다. 그래서 조화와 통합이라는 원리가 일관되어 사회적인 안정도와 단결도 또한 극히 높다고 평가했다. 그러나 1990년대 버블경제의 붕괴로 인한 경제 불황 등으로 사회 경제 구조가 극심한 변동을 거듭하는 가운데, 그 이전 세대에서는 생각하지도 못했던 별종같은 세대가 속속 등장한다. 남과 어울리기 싫어하고 조직에 맞춰가기를 어려워하는 다양한 개인주의 성향과 무기력, 무책임, 무감동으로 일관하는 새로운 젊은 세대들, 예를 들어 프리타족(フリーター族 일정한 직업없이 아르바이트를 전전하는 부류), 니트족(NEET族 · Not Employed and Education Training 취업도 하지 않고 취업을 위한 교육도 받지 않는 부류), 패러사이트 싱글(Parasite single 경제적으로 독립할 생각을 하지 않고 부모에게 의지해서 살아가는 20~30대 독신남녀), 하류세대(下流世代 경제적으로 '중의 하' 수준을 살면서 먹고 사는 데는 크게 문제가 없으나 중류에 비해서는 뭔가 부족한, 즉 중류가 되고자 하는 의욕이 없는 사람들, 중류에서 내려온 사람들 혹은 떨어진 사람들)등이 그들이다. 개인의 정체성을 '집단'에서 찾으려 하고 그 틀에서 벗어나지 않기 위해 교육받고 틀잡혀왔던 이전 세대의 일본인과는 확연히 구별되는 부분이기도 하다.



## 일본인의 아이덴티티

### 1) 와

쇼토쿠태자

와(和)라는 말은 한자의 의미처럼 조화, 평화, 균형, 싸우지 않는 것, 이러한 모든 관련된 생각을 존중하는 것 자체를 의미하기도 한다. 다른 사람을 배려하고 함께 공존하기 위한 공통의 생각 그것을 '와'라고 생각할 수 있다.

이 말의 사상적 근원은 쇼토쿠태자(聖德太子 574~622)가 고대 율령국가의 기틀을 마련하기 위하여 제정한 '17조 헌법(604년)'의 제1조 '화목을 숭상한다'에서 비롯되었다.

당시 국가적 기반을 마련하기 위해 율령을 선포하고 중국의 제도를 적극 수용하던 쇼토쿠태자는 일본이라는 나라가 사방이 바다, 한정된 범위 안에서 존재하기 때문에 세력 간의 분쟁은 종국엔 자멸을 초래할 수밖에 없다는 우려에 다다른다. 따라서 생존은 공존, 즉 와를 통해 근간을 삼는 것이 최선의 방도라는 결론에 귀착한다.

이후 역사적으로 뿌리를 내리게 된 와는 일본인의 정신적 정체성의 한 축을 이루면서 국민성을 대표하는 덕목으로 자리잡았다. 속해 있는 집단의 다른 구성원에게 불쾌감을 주거나 분쟁이 일어날 수 있는 요소를 최대한 배제하도록 하는 사회적 규제 또한 와에서 발로한 것이라 할 수 있다.

하지만 이것은 현대에 와서 개인적 성향과 충돌을 일으키며 예기치 않은 부작용을 일으키는 한 원인이 되기도 했다. 이를테면 우리가 왕따라고 부르는 이지메(いじめ) 등 상대적인 약자에 대한 가해 현상들도, 실제적으로는 개성을 수용하지 못하고 조화 속에 평준화해야만 하는 사회적 저변에서 어떤 식으로든 모난 돌이 정을 맞을 수밖에 없는 와의 집단병리적 병폐라고 보여지는 것이다.



### 2) 혼네와 다테마에

'혼네(本音)'는 본심, 즉 내면의 진실한 감정이나 욕구를 뜻하는 반면, '다테마에(建前)'는 속마음을 드러내지 않고 시간, 장소, 상황에 따라 사회적 도덕과 상대에 맞춰 조정하는 표면적 의견이나 사교적인 인사말, 즉 겉치레로 하는 말과 행동이다. 혼네라는 개념이 사회적 입장을 고려하여 겉으로 드러내기 힘든 것이라면, 다테마에는 사회적으로 그렇게 하기로 이미 정해져있는 행동이나 의견이기 때문에 통상적이라고도 할 수 있다.

굳이 일본이 아니더라도 사실 타인 속에 어우러져 무리, 집단, 사회를 이루고 살 때 자신의 본심을 기꺼이 드러내고 표현하는데는 내외적인 제약이 따른다. 또한 사회적 체면이나 지위 등을 생각하고 그에 걸맞는 행동과 말투를 요구하는 것은 개인보다 집단적 유대를 중시하는 사회에서는 수긍해야만 하는 일이기도 하다.

다만 일본인의 경우 그 정도가 더욱 고도화되어 분명한 경계를 이루고 있다는 것이다. 일본사람들은 자신의 생각을 직접적으로 표현하는 것 자체가 타인을 불편하게 하고 곤란하게 하기 때문에 상당한 무례라고 생각한다. 따라서 불편하지 않도록 배려해야 하는 입장과 자신의 본마음이 현저하게 대립될 때 '혼네'와 '다테마에'의 대립이 생긴다고 볼 수 있다. 평균적인 감정으로는 상대방의 약점을 말하거나 직설적인 표현으로 상대방을 곤란하게 만들지 않아야 한다. 실제로 마음 속에 생각한 것을 말로 표현하는 것은 상대에 대한 배려가 부족한 것이며, 특히 자신 뿐만 아니라 상대방의 사회적인 입장까지 고려하여 행동해야 하기 때문에 '혼네'를 드러내 놓을 수 없는 만큼 '다테마에'는 더욱 견고해질 수밖에 없다.

혼네와 다테마에



그러다보니 일본 사람들은 자신의 생각을 확연하게 드러내지 않고 다른 사람의 부탁을 거절할 때도 감정이 상하지 않도록 우회적인 표현을 쓰는 일이 많다. 일본 사람은 '그 속을 알 수 없다'고 표현하는 한국 사람들이 많은 것도 이런 이유다. 그래서 상대가 일본 사람일 때는 그들의 말투나 분위기를 잘 파악하고 대응해 주는 것이 서로 당황하지 않는 교류 매너이기도 하다.

또한 일본인의 특성을 논할 때 자주 등장하는 형용사 중 하나가 '애매하다'이다. 일본에서는 '예'나 '아니오'로 확실하고 명확하게 대답하는 것을 꺼리기 때문에 언어적으로도 즉시 답하는 일이 적고 상대방의 입장과 감정을 존중하여 온건하게 상대에게 제안하는 상투어가 발달되어 있다. 이를테면 '다음에는 언제 만날 수 있겠습니까?'라고 사업 파트너가 제안할 때 시간을 정하거나 명확히 하기 보다는 '적극적으로 검토하겠습니다'라는 가능성이 높은 뉘앙스의 대답을 선호한다. 'No'라고 말하는 것은 상대방에 대한 실례이기 때문에 '다시 연락드리겠습니다', '생각해 보겠습니다'라는 정도로 거절을 표현한다.

한편, 혼네와 다테마에의 사고 방식은 거짓말에 대한 견해 차이를 통해서도 살펴볼 수 있다. 일본 사람은 다테마에적 관점에서 거짓말하는 행위 자체는 그다지 좋지 않다고 생각하지만, 혼네로는 거짓말을 할 수밖에 없는 일도 있다고 생각한다. 거짓말에 대한 사고의 범위가 비교적 관대하다는 점을 인정하지 않을 수 없다. 반면 서양 사람들은 기독교적 관점에서 볼 때 '우리'라는 범위 내에서의 거짓말은 용서받을 수 없다고 생각하면서도 적을 기만하는 거짓말은 유용하다고 생각하기도 하는 것이다.

왜 일본 사람들은 유독 다른 사람들보다 혼네와 다테마에를 크게 나누는 것일까? 그것은 혼네와 다테마에를 나누면서 분노, 시기, 질투라는 공격적인 감정 대립을 완화시키고 때로 회피하고 싶어하기 때문이다. 이러한 공격적인 감정은 개인이 아닌 집단에 있어 큰 사회악이 되기 때문에 제어하기 보다는 피하는 방법으로 혼네와 다테마에가 발전하게 되었다고 볼 수 있다.

한편으로 혼네와 다테마에의 구별은 대립과 충돌을 피하기 위해 와를 중시하는 그들 나름의 방법이고 지혜이지만, 동시에 겉과 속이 다른 이중성이 때로 일본 사회에 어두운 부작용을 드러내기도 한다.

### 3) 하지

하지(恥 수치)라는 말은 우리가 생각하는 일반적인 수치심, 즉 자신의 도덕 개념에 비추어 부끄러운 언동을 했을 때의 느낌과는 약간 다르게 이해되어야 한다. 이에 대해 루스 베네딕트의 『국화와 칼』에서는 서구문화는 윤리 기준을 내면에 두는 죄의 문화(guilt culture)인데 반해, 일본 문화는 윤리 기준을 외부에 두는 하지의 문화(shame culture)라고 규정하였다. 자아 안에 확립된 내면적 기준에 의해 죄라는 행동이 자기 행위의 선악으로 판단되어 스스로 죄의식을 느끼는 것이라면, 하지는 남들 앞에서 창피를 당하지 않도록 행동하는 것이 도덕의 기본이기 때문에 도덕의 근거가 내면이 아닌 외부에 있다고 볼 수 있다. 이러한 구분이 간단할 수는 없지만, 적어도 일본인은 이 하지를 통해 행위 기준은 외부에 있지만 자율적으로 행위를 제어할 수 있다고 생각하기도 한다.



사회 통상적인 잘못을 하거나 가문을 더럽히는 짓을 하면 본인뿐만 아니라 가족이나 친척들이 그 사람을 '집안의 불명예, 일족의 불명예'라고 비난하고, 그런 일이 무사의 가문에서 일어난다면 하지의 원인이 된 대상자는 스스로 할복을 선택함으로 자신과 가문의 수치를 씻어낼 수 있다고 생각했다. 예를 들면 적군의 포로가 되는 것은 치욕이며, 상대 적군에게 자신의 주군이 패배를 하게 되거나 모욕을 당하는 것 또한 주군에 대한 충성의 도리를 다하지 못한 가신의 하지이기 때문에 할복(切腹)으로 수치를 씻는다. 이것은 생명을 포기하는 무책임한 행동이 아니라 수치를 씻을 수 있는 최상의 방법으로 일본의 무사도를 관통하고 있다.

또한 일본인들은 사회적인 범주에서 비난받을 일은 하지이기 때문에 당연히 자기의 외부적인 행동에는 주의를 거듭하더라도 실제 들키지만 않는다면 개인적으로는 부끄러울 일은 없으며 그리 큰 문제가 되지 않는다는 생각을 한다. 이중적으로도 보이지만, 이런 은밀한 특성 아래 발전해온 일본의 파격적인 성문화 산업을 다른 예로 들어본다면, 이 하지에 대한 일본적 관념이 우리와는 사뭇 다르다고 이해할 수 있을 것이다.

### 4) 기리

기리(義理 의리)는 '인간이 마땅히 행하여야 할 도리'를 뜻하는 본래의 한자적 의미에서 사회생활이 다양해짐에 따라 '신의를 지켜야 할 교제상의 도리, 남에 대한 자신의 체면' 등을 말하는 개념으로 변하였다. 일본의 경우 자신이 입은 은혜에 대해 꼭 보답해야 된다는 의무감이 수반되는 점에서 의리의 성격을 조금 달리한다.

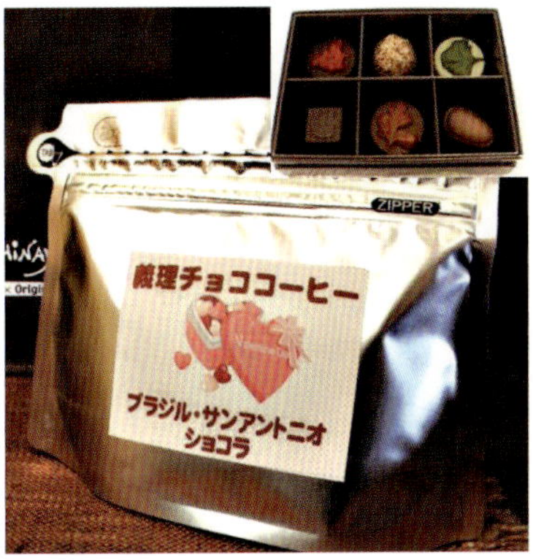

기리쵸코

물질적인 은혜는 반드시 갚아야 된다는 의식이 강하기 때문에 답례 문화가 발달되어 있으며, 그래서 사람들은 결혼식, 장례식에 참석한 후 답례품을 돌려받는 것은 물론이고, 일상생활에서도 타인에게 무언가를 받으면 바로 답례를 한다.

또한 평소 회사 상사나 고객 등 신세를 지고 있는 사람들에게 추석이나 설, 연말에 선물하는 것은 관례적인 일이다. 일본의 연하장 문화는 꼭 친한 관계에서만 오가는 정성어린 답례를 넘어서 극히 일반적인 관계에서도 당연한 관습이 되고 있다.

근래 한국에서도 '의리 쵸콜렛'이라는 말을 사용한다. 원래 일본에서 사용하는 '기리쵸코(義理チョコ)'에서 유래되었다고 볼 수 있는데, 이것은 발렌타이데이에 직장 상사, 동료, 선배, 동급생 등 매일 빈번하게 얼굴을 마주하는 남성에게 특별한 감정은 없지만 평소 신세를 지고 있다고 생각해서 의례적으로 초콜릿을 선물하는 관습이 일반화되면서 생겨난 말이다. 의리를 인간관계의 의무감, 그 의무감에 수반되는 도리라고 생각하는 탓이라 할 수 있다.

## 서로 다른 한국과 일본- BEST10

1. 일본사람들은 나를 가리킬 때 검지손가락을 코에 댄다.
2. 일본 사람들은 '고맙습니다' '미안합니다'라는 인사말을 빈번하게 사용한다.
3. 지하철이나 버스 요금이 역마다 올라간다.
4. 택시를 타고 내릴 때 문이 자동으로 여닫힌다.
5. 운전석이 오른쪽에 있다.
6. 더치페이 문화가 정착되어 있다.
7. 일본 사람들은 보통 첨잔을 한다.
8. 소주를 물에 타서 마시는 게 일반적이다
9. 일본에서는 밥그릇을 한 손에 들고 먹는다.
10. 일본에서는 나무로 된 젓가락만 사용하고 보통 가로로 놓는다

(강혜선)



Answer 1. ○ 2. X 3. X 4. ○ 5. ○

# 체념과 극복으로 이루어낸 도시 문화

chapter 02

# 체념과 극복으로 이루어낸 도시 문화

풀어봅시다

1. 일본열도 중 가장 북쪽에 위치한 섬은 규슈이다. (  )
2. 일본에서 제일 높은 산은 후지산이다. (  )
3. 세계에서 가장 긴 해저터널은 일본에 있다. (  )
4. 일본 천황은 현재 교토에 거주하고 있다. (  )
5. 오키나와에는 지금도 미군이 주둔하고 있다. (  )

# 체념과 극복으로 이루어낸 도시 문화



환태평양 지진대에 위치해 있으며 사방이 바다로 둘러싸인 섬나라 일본은 활단층의 영향으로 빈번하게 발생하는 지진과 화산, 태풍, 폭설 등의 자연재해로 끊임없이 고통을 겪어왔다. 물론 과학의 발달로 자연재해에 대한 예측이 어느 정도 가능해졌다고 하더라도 인간은 결코 이러한 자연재해로부터 자유로울 수 없다.

일본의 사상가 와쓰지 데쓰로(和辻哲郎 1889~1960)는 이러한 일본의 자연 풍토에 의해 '깨끗이 단념하는 것'이 일본인의 심리적 특성이 되었고, '담백하게 잊어버리는 것'이 일본인의 미덕이 되었다고 했을 정도로 일본의 자연환경은 일본인의 의식 형성에 지대한 영향을 끼쳐왔다. 그러기에 일본의 지리적 위치와 자연환경의 특성에 대한 이해는 인간의 고유 능력 밖인 자연의 힘에 의해 일본인들의 삶이 어떻게 지배되어 왔으며, 동시에 일본인들은 어떻게 이를 극복해 왔는지를 아는데 빼놓을 수 없는 것이라 하겠다.

또한, 독특한 자연환경 속에서 고유의 전통과 문화를 발전시켜 온 일본인들이 자연과 공존해 가며 이루어낸 주요 도시를 아는 것은 그 나라의 현재는 물론 과거를 이해하고 나아가 미래를 내다보는데 더없이 유용하다.

# 1. 재해로부터 자유로울 수 없는 일본열도

| 지리 | 아시아대륙의 동쪽에 위치하고 있는 일본은 홋카이도(北海道), 혼슈(本州), 시코쿠(四国), 규슈(九州)의 4개의 큰 섬과 6,848개의 작은 섬으로 이루어진 섬나라이다. 북쪽에서 남쪽까지의 거리는 3,000km로 길고 폭이 좁은 활과 같은 형태를 취하고 있으며 총면적은 약 37.8만㎢이다.

일본열도의 지형

이탈리아나 영국과 크기 면에서는 거의 같지만 대부분 산악지대로 이루어져 있어 거주지로 적합한 지역은 국토의 약 32% 정도에 불과하다.

이와 같이 산이 많은 일본은 상대적으로 평야가 적은 편인데 특히 혼슈의 중앙에는 3개의 산맥이 있고 해발 3,000m 이상인 산이 21개나 있다. 이들은 북알프스, 중앙알프스, 남알프스라고 불리는데, 그 중 가장 높은 산은 후지산(富士山 해발 3,776m)이다.

| 기후 | 일본 열도는 남북으로 길기 때문에 아열대에서 아한대까지 다양한 기후대가 분포되어 있다. 북쪽의 홋카이도와 남쪽의 오키나와(沖縄)는 겨울 평균 기온이 15도 정도 차이가 난다. 그러나 전체적으로 온대 기후권이기 때문에 사계절의 변화가 뚜렷하다.

섬나라 일본은 사면이 각각 태평양, 동해, 동지나해, 오호츠크해로 둘러싸여 있어 해류의 영향을 크게 받는다. 또한 국토가 가늘고 긴데다 산지가 해안까지 뻗어 있는 곳이 많고 하천은 일반적으로 짧고 급한 경사를 이루고 있어 계절과 날씨에 따라 수량의 변화가 심하다.

특히 6월 초순부터 7월 중순에 걸쳐 홋카이도를 제외한 전 지역에는 쓰유(梅雨)라고 불리는 장마가 계속되고, 8월부터 10월에 걸쳐서는 일본의 남서부 지역이 태풍의 영향권에 들어간다. 이로 인해 장마와 집중호우로 인한 피해가 잦으며, 겨울에는 폭설 피해가 많이 발생하기도 한다.

## 자연재해

### 1) 지진과 해일

일본은 태평양을 둘러싸고 발달한 환태평양 조산대에 속해 있으며 중생대에서 신생대에 걸쳐 일어난 지각변동에 의해 형성되었기 때문에 지금도 지각운동이 계속되고 있다. 이러한 불안정한 지각 위에 위치해 있어서 일본에는 지진과 화산이 많다.

지금까지 일어난 지진 중 가장 대표적인 것으로는 진도 7.9로 10만 명이 사망한 간토 대지진(関東大震災 1923)을 비롯해 진도 7.2에 사망자수만 6,434명에 달한 고베 대지진(神戸大震災 1995), 2004년에 발생한 니가타현 주에쓰(新潟県中越) 지진 등을 들 수 있다. 이외에도 최근에 일어난 지진 중 2011년에 발생한 동일본 대지진은 진도 9로 일본 관측사상 최대 규모의 지진이었다. 이는 세계적으로도 1900년 이후 4번째로 큰 초거대 지진으로 사망자 15,883명, 행방불명자 2,676명, 부상자 6,144명에 이르렀다.

간토 대지진

동일본 대지진

이와 같이 지진이 일어나는 지역에는 해일이 많이 나타나는데, 대규모 지진에는 '쓰나미(津波)' 라고 불리는 지진 해일이 동반된다. 쓰나미는 지진, 화산폭발 등에 의하여 바닷물이 비정상적으로 높아져 육지로 넘쳐 들어오는 현상을 말하는데, 이러한 쓰나미는 보통 규모 6.3 이상으로 진원 깊이 80km 이하의 얕은 곳에서 수직 단층운동에 의한 지진이 발생했을 경우 일어날 가능성이 크다.

해일을 뜻하는 '쓰나미'라는 일본어가 국제어로 통용되고 있을 정도로 일본은 과거에 여러 차례 지진 해일에 의한 피해가 있었다. 특히 1933년 일본의 산리쿠(三陸) 쓰나미는 파고(波高)가

20m 이상이었던 것으로 기록되어 있다. 또, 2011년에 발생한 동일본 대지진 때에는 해안에서 내륙으로 밀어닥칠 때의 쓰나미 높이가 무려 40.1m를 기록해 심각한 피해를 초래했다.

### 2) 화산분화

미야케지마의 화산 분화

일본은 세계적으로도 화산이 많은 나라로 유명한데 일본 기상청이 인정한 활화산은 86개이다. 이 중 정밀 감시 · 관측이 필요한 화산이 47곳에 이른다.

최근에 일본에서 분화한 화산으로는 도쿄도(東京都)의 미야케지마(三宅島)를 꼽을 수 있는데 이 섬은 2000년 7월에 화산이 분화하여 섬 주민 전원이 대피하였다.

또, 일본을 대표하는 명산 후지산도 활화산인데 최근 동일본 대지진(2011년)의 영향으로 분화 가능성이 부각되고 있어 일본 정부가 화산 재해 대책 마련에 나섰다.



이처럼 화산 분화 등으로 인한 재해 위협으로부터 자유로울 수 없는 일본이지만 한편으로는 이러한 화산 활동의 영향으로 일본 전역에 양질의 온천이 발달되어 있기도 하다.

#### 일본 제일의 명산 후지산

일본에서 제일 높은 산인 후지산은 시즈오카현(静岡県) 북동부와 야마나시현(山梨県) 남부에 걸쳐 있는 산이다. 예로부터 일본을 대표하는 상징적인 영산(靈山)으로 신앙의 대상이 되어 왔다.

「이런 얼굴을 하고 이렇게 약해서는 아무리 러일전쟁에서 승리하고 일등국이 되어도 안 되지. 하긴 건물을 봐도 정원을 봐도 모두 얼굴과 마찬가지지만... 도쿄에 처음 가는 거면 아직 후지산을 본 적이 없겠지? 곧 보일 테니 한번 봐. 저것이 일본 제일의 명물이야. 저것 외에는 자랑할 것이 아무 것도 없어. 그런데 저 후지산은 예부터 저절로 생겨 있던 것이니까 어쩔 수가 없지. 우리가 만든 게 아냐.」

-나쓰메 소세키(夏目漱石)의 소설 『산시로(三四郎)』 중에서 -

**3) 태풍**

일본에서는 지진이나 화산으로 인한 피해 외에 태풍 피해도 빈번히 발생한다. 북태평양 남서부에서 발생하는 열대성 저기압의 발달로 일본에는 연평균 27개의 태풍이 발생하는데 이러한 태풍은 비바람과 해일, 태풍 등을 동반하여 복합적인 재해를 불러와 큰 피해를 입힌다. 특히 일본 남부의 오키나와, 가고시마(鹿児島), 고치(高知) 등은 매년 여러 차례 몰려오는 태풍으로 인해 인명 피해를 비롯해 상습적으로 많은 수해를 입는 지역으로 유명하다.

**4) 폭설**

한국의 동해안에 접해 있는 일본 혼슈 지역의 해안지대는 평지로서는 세계에서 가장 낮은 위도에 있는 적설지대로, 적설량이 평지에서도 2~3m에 달할 정도로 눈이 많은 지역이다. 실제로 1998년에 열린 나가노(長野) 동계 올림픽은 올림픽 사상 가장 낮은 위도에서 개최된 것인데 이는 나가노가 저위도이지만 그만큼 매년 안정적으로 많은 눈이 내리고 있음을 의미한다. 적설기간도 5개월 이상 지속되고 적설량도 많아 제설작업 등에 많은 비용과 어려움이 동반되기도 하지만 반면에 이런 곳에서는 4~5월이 되어도 스키를 즐길 수 있다.

자동차 위에 쌓인 눈

기상 관측 사상 일정 기간 내의 최대 적설량을 보인 지역은 도야마현(富山県) 도야마시(富山市)로 750cm(1945.2.26)에 달한다. 또, 산악지역의 최대 적설량을 기록한 사가현(滋賀県)의 이부키야마(伊吹山)는 무려 1182cm (1927.2.14)에 달할 정도로 일본은 세계적으로도 유명한 적설지대이다.

**| 인구 |** 총무성 발표(2013. 4)에 따르면 2012년 10월 1일 현재 일본의 총인구는 1억 2,751만 54명이다. 이는 전년에 비해 그 감소폭이 크게 확대되어 28만 4천명(0.22%)이나 감소한 것이다. 이와 같이 일본의 총인구가 큰 폭으로 감소하기 시작한 것은 2008년부터인데 총무성에 의하면 일본은 바야흐로 본격적인 인구 감소 사회가 되었다고 한다.

일본의 총인구는 제2차 세계대전 종전 이후 계속 증가하다가 2005년에 처음 줄었는데 그 후

주춤세를 보이다가 2008년을 정점으로 이후 연속해 감소폭이 확대되고 있다. 현재와 같은 추세라면 2060년이 되면 일본의 인구는 8,600만 명 남짓까지 감소할 것으로 예상되고 있다. 이에 반해 현재 총인구의 23%인 65세 이상 고령자는 2060년에는 40%로 증가해 급속하게 고령화가 진행될 전망이다.

## 2. 발길 닿는 대로 떠나보는 일본의 도시들



**| 일본의 행정구역과 지방 |** 일본의 행정 구역은 광역 자치 단체인 도도부현(都道府県)과 기초 자치 단체인 시정촌(市町村)으로 되어 있다. 도도부현은 도쿄도(東京都) 1도와 홋카이도(北海道) 1도, 교토부(京都府), 오사카부(大阪府)로 이루어진 2부, 그리고 43개의 현(県)으로 구성되어 있다. 또, 이와는 별도로 전국을 지리적, 역사적 배경을 중심으로 8개의 지방으로 구분하고 있는데, 각 지방을 북쪽에서부터 살펴보면 홋카이도(北海道), 도호쿠(東北), 간토(関東), 주부(中部), 긴키(近畿), 주고쿠(中国), 시코쿠(四国), 규슈(九州) 및 오키나와(沖縄)이다.

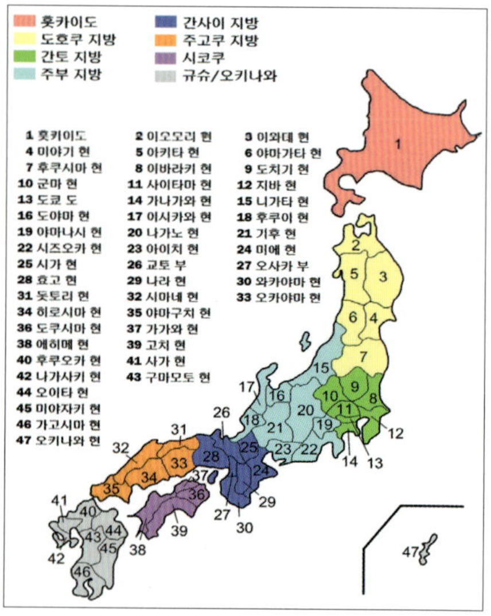


**| 지방별 주요 도시의 위치와 특색 |**

### 1) 홋카이도 지방

4개의 주요 섬 중 두 번째로 큰 홋카이도는 일본열도 최북단에 위치한 섬으로 원래는 아이누 민족의 생활터전이었다. 아이누 민족은 1868년 메이지유신(明治維新) 이후 일본정부의 동화

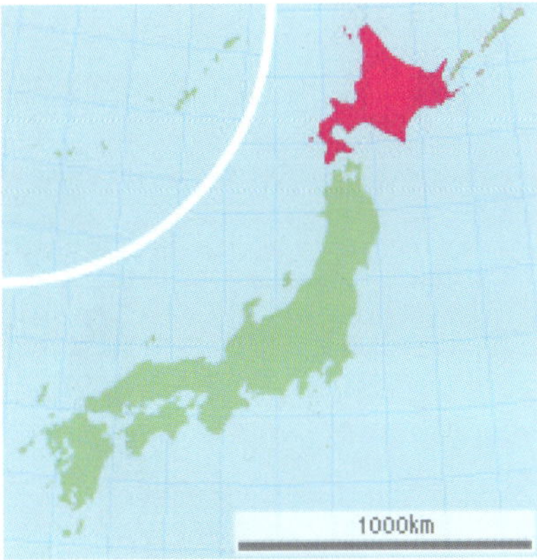

홋카이도 지방

정책에 의해 일본인으로 흡수 통합되어 현재는 거주지를 비롯해 고유의 언어와 문화, 관습이 거의 사라진 상태이며, 홋카이도는 이때부터 본격적으로 개발되기 시작하였다.

본토 혼슈와는 세계에서 두 번째로 긴 세칸 해저터널로 연결되어 있는데 세칸 터널은 착공(1964)에서 완성(1988)까지만도 25년이나 소요된 그야말로 인간의 열의와 지혜와 기술이 집약되어 탄생한 세기의 대사업으로 주목된다.

이 지역의 기후는 위도가 높아 전체적으로 서늘하고 겨울이 길고 여름이 짧다. 울창한 삼림과 아름답고 투명한 칼데라 호수가 홋카이도를 대표하며, 70% 이상이 국립공원으로 지정되어 있을 정도로 자연경관이 뛰어나다. 또한 홋카이도에는 약 40개 정도의 활화산이 있어 온천이 많다.

산업으로는 낙농업이 유명하고, 목축, 밭농사가 발달하였으며 경영 규모가 매우 크다. 그리고 맥주, 목재가공, 식품가공품 등의 인지도가 높으며, 특히 치즈, 버터, 아이스크림 등의 유제품이 많이 생산되고, 후라노(富良野) 등지의 라벤더 농장도 관광지로 유명하다.

삿포로 눈축제가 열리는 오도리공원

**삿포로** - 일본 북부 지역의 최대 도시 삿포로(札幌)는 홋카이도의 도청 소재지로서 이 지역의 정치, 경제, 문화의 중심지이다. '광대한 자연공원'이라고도 불리는 휴양지이기도 한 삿포로는 1869년부터 치밀한 계획에 의해 조성된 계획도시로, 일본 5대 도시 중의 하나로 꼽힌다.

특히 매년 2월 초에 개최되는 눈축제 '삿포로 유키 마쓰리'는 세계 3대 축제의 하나로 손꼽힐 정도로 유명하다.

또, 삿포로는 라면으로도 유명한데 작은 다운타운의 이색문화를 자랑하는 스스키노(薄野)의 '라멘 요코초(ラーメン横町)'에는 많은 라면 가게가 늘어서 있다. 특히 된장으로 기본 맛을 내는 '미소라멘(味噌ラーメン)'이 유명하다.

### 2) 도호쿠 지방

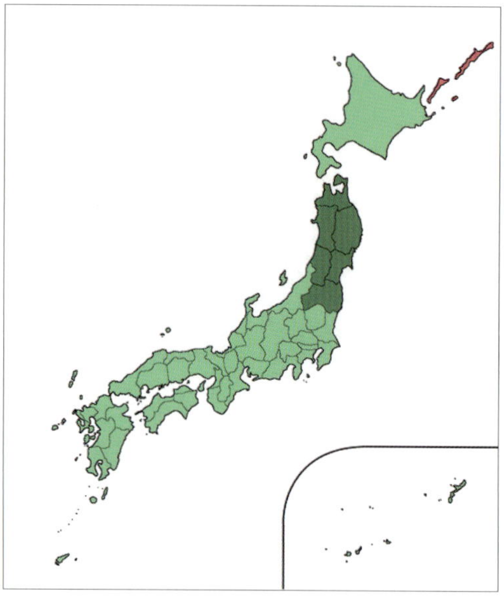

도호쿠 지방

혼슈의 가장 북쪽에 위치한 도호쿠(東北) 지방은 지리적으로 산이 많고 남북으로 길게 뻗어 있어 기온차가 크다. 이 지방은 원래 '에조(蝦夷)'라는 민족이 살고 있던 지역으로 오래도록 중앙 정부에 복종하기를 거부해 오다가 12세기 가마쿠라(鎌倉) 시대에 이르러서야 중앙의 통제 하에 놓이게 된 곳이다.

면적은 전국의 20%를 차지하지만, 인구는 10%가 채 되지 않는 지역으로 여름이 짧고 겨울이 길며, 특히 봄, 가을이 아름답다.



이 지방은 기본적으로 농업지대인데, 경작지의 70% 정도가 논이며, 쌀 생산은 전국의 25% 정도를 차지하고 있다. 또한, 서늘한 기후에 적당한 사과와 앵두 등의 재배도 전국 제일의 규모를 자랑한다.

경제적으로 가장 낙후되어 있었으나 도호쿠 신칸센과 야마가타(山形) 신칸센이 개통되면서 다른 지역과의 연계가 편해지고 빨라지면서 여러모로 변모하고 있다.

**센다이** - 도호쿠 지방의 행정, 경제, 문화의 중심지이다. 국제적인 위상은 낮은 편이지만 지역 전체에 미치는 영향력은 매우 큰 도시이다.

마쓰시마

센다이에서 기차로 1시간 30분 정도 소요되는 마쓰시마(松島)는 소나무(마쓰)로 덮인 260개의 작은 섬(시마)들로 이루어져 있는데, 일본 3경의 하나로 손꼽힐 정도로 수려한 경관을 자랑하는 곳이기도 하다.

### 3) 간토 지방

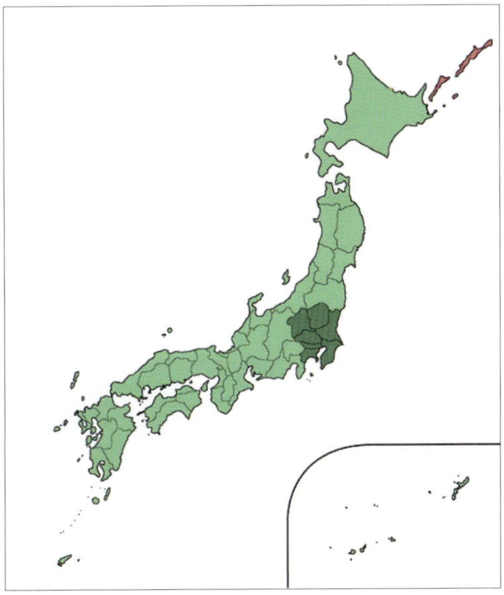
간토 지방

혼슈의 거의 중앙부에 위치해 있으며 일본에서 가장 큰 평야인 간토평야로 이루어져 있다.

이 지방은 일본에서 가장 인구가 많은 곳으로 면적은 전국의 10% 남짓에 불과하지만, 인구는 약 30% 정도를 차지한다. 일본의 현 수도인 도쿄를 비롯해 요코하마(横浜), 지바(千葉) 등의 주요 도시를 포함하는 이 지방은 일본의 정치, 경제, 문화의 중심지이다. 기후는 홋카이도, 도호쿠 등 북쪽 지역에 비해서 따뜻한 편이지만 지역에 따라 기후차가 심하다.

도쿄에서 요코하마에 걸쳐서 펼쳐진 게힌(京浜) 공업 지대는 세계적인 공업 지대로서 경공업에서 중화학공업에 이르기까지 모든 공업이 발달한 지역이다.

이 지방의 관광지로는 일본 제일의 도시 도쿄, 폭포와 온천으로 유명한 닛코(日光), 아름다운 항구도시 요코하마, 일본의 상징인 후지산과 후지고코(富士五湖), 호수로 유명한 하코네(箱根), 온천으로 유명한 아타미(熱海) 등이 있다.

**도쿄** - 일본 혼슈 간토 지방의 남서부에 있는 도시로 일본의 수도이다. 총 인구의 약 11%에 해

도쿄역

황거

당하는 1,400만 여명이 사는 인구과밀 지역으로 인구 밀도가 최저인 홋카이도의 70배를 넘는다. 도쿄의 옛 이름은 에도(江戸)인데, 원래 이곳은 사람이 살기에는 적합하지 않은 습지였다. 그러나 1603년 도쿠가와 막부가 수립된 이후로 도쿄는 줄곧 일본의 정치적 중심지로 자리매김되어 왔고, 현재도 천황이 거주하는 황거(皇居)가 이곳에 있다. 또한 도쿄는 문화와 오락의 중심지로 다양한 현대예술과 전통예술 활동이 이루어지고 있는 곳이다.

**요코하마** - 약 340만 명의 인구가 생활하는 요코하마시는 수도권의 위성도시로 한 몫을 담당하는 대도시로 주목할만하다. 도쿄와 인접해 있긴 하지만 간토 남부 지역에서 국제적으로도 매우 큰 위상을 가진 중요한 도시이다. 개국을 강요하는 구미열강에 끝까지 대항하지 못하고 1859년에 있었던 에도막부의 개국정책을 계기로 발전하게 된 요코하마는 국제 항구도시로 일본 최대 규모의 무역항이 되었다. 또한 요코하마는 가나가와현의 현청 소재지가 있는 곳이어서 행정적으로도 매우 중요한 역할을 할 뿐 아니라, 항만이나 교통에 있어서도 요충지이다. 또, 게힌 공업 지대 남부의 중심 도시로, 철강, 조선, 화학, 석유 등의 공업도 발달되어 있다.

요코하마의 고층빌딩



### 4) 주부 지방

간토 지방과 긴키(近畿) 지방 사이의 지역으로, 일본 열도의 중앙부에 위치하는 중부 혼슈지역을 가르켜 주부(中部) 지방이라고 한다.

이 지역은 지리와 기후 측면에서 크게

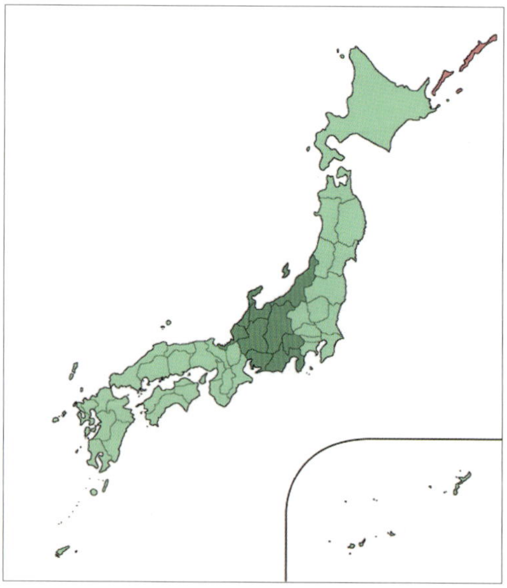
주부 지방

세 부분으로 나뉜다. 동해에 접한 호쿠리쿠(北陸)지방은 눈이 많이 오고 일본 최대의 쌀 생산지인 니가타(新潟)와 전통공예가 발달한 가나자와(金沢) 등이 있다. 내륙은 일본알프스를 포함하는 지역으로 산악 도시이자 동계 올림픽이 개최된 나가노(長野) 등이 있다. 태평양에 접해 있는 도카이(東海)지방은 기후가 온화하고 나고야(名古屋) 등과 같은 대도시가 밀집해 있다.

**나고야** - 메이지유신 이후 현청 소재지가 된 이래로 일본 중부권의 중심도시로 성장해온 나고야(名古屋)는 이 지역의 행정, 산업, 문화, 교통의 중심지이자, 만국박람회(2005)가 개최되는 등 국제적인 위상도 높은 도시이다. 나고야는 연간 2,300만 명의 관광객이 찾는 관광도시일 뿐만 아니라 일본 역사에 커다란 발지취를 남겨온 역사적 도시이기도 하다. 특히 전란의 시대였던 센고쿠(戦国)시대에 활약한 오다 노부나가(織田信長 1534~1582)와 도요토미 히데요시(豊臣秀吉 1537~1598)는 나고야 출신이다. 뒤이어 17세기 초반에 에도 막부를 건설한 도쿠가와 이에야스(徳川家康 1542~1616)도 같은 아이치현 출신인데 나고야성을 축조한 것도 바로 그이다.

도쿠가와엔



나고야항은 요코하마, 고베에 이은 국제무역항이며, 도요타 자동차를 비롯하여 많은 기업이 집중해 있어 현재 이 지역 제1의 도시로 번영하고 있다.

긴키 지방

### 5)긴키 지방

혼슈에 위치한 긴키 지방은 흔히 간사이(関西) 지방이라고도 불린다. '긴키'가 확정되어 있는 경계선이고 지리학적인 구분이라면, 보통 오사카와 교토, 고베를 총칭하는 지역을 일컫는 말인 '간사이'는 문화와 역사적인 구분으로 종종 간토와 대비되기도 한다.

예로부터 정치, 문화의 중심지로서 큰 역할을 담당해 온 이 지방의 중심 도시로는 옛 수도였던 교토부와 일본의 상업 중심지 오사카부를 들 수 있다.

794년에 수도가 나라에서 교토로 옮겨진 뒤 1868년에 다시 도쿄로 옮겨지기까지 천여 년 동안 긴키 지방은 일본의 정치, 문화의 중심지였다. 나라와 교토에는 오래된 도시들과 신사(神社), 역사적인 유적들이 많아 일본 문화를 이해하는 데 적합한 지역이다.

**교토** - 교토는 천년에 걸쳐 일본의 수도였으며 일본 전통 문화의 중심지이다. 국보와 중요 문화재로 지정된 많은 사적과 문화재가 남아 있어 교토시 전체가 하나의 고풍스럽고 오래된 고적을 보는 것처럼 전통이 살아 숨 쉬는 아름다운 곳이다. 니시혼간지(西本願寺), 금각사(金閣寺), 기요미즈데라(清水寺), 헤이안진구(平安神宮) 등 천 년의 역사를 갖고 있는 사찰 및 신사가 2,000여 개 남아 있어 일본적 특성을 고스란히 느낄 수 있는 도시이다.

금각사



**오사카** - 인구로는 요코하마에 밀리지만, 그 위상은 요코하마를 능가하는 일본 제2의 도시이다. 동시에 전형적인 상공업 도시로서 금융의 중심지이자 오사카와 고베에 걸쳐 형성되어 있는 한신(阪神)공업지대의 핵심을 이루는 산업의 중심지이기도 하다. 신칸센을 비롯하여 철도 · 지하철 · 도로가 잘 발달되어 있고 오사카 국제공항과 간사이 국제공항이 자리잡고 있으며, 교토와 나라, 고베 등 인근의 도시 및 관

오사카성

광지와도 잘 연결되어 있다.

오사카는 한국 교포들이 많이 살고 있는 도시(약 30만 명)인데 특히 오사카시 동부의 이쿠노구(生野区) 같은 지역은 한국 교포가 가장 많이 사는 곳이다.

### 6) 주고쿠 지방

주고쿠(中国) 지방은 한국의 동해와 세토나이카이(瀬戸内海) 사이에 위치한 지역으로, 혼슈의 서쪽 끝 전체를 말한다.

주고쿠 지방

또 기타큐슈(北九州)와 긴키 지방을 연결하는 교통의 요충지이자 제2차 세계대전 중 원자폭탄이 투하되었던 히로시마(広島)와 시모노세키(下関)와 부산을 왕래하는 부관훼리가 정박하는 시모노세키항이 위치해 있는 지역이기도 하다.

동해에 면해 있는 북쪽 지역은 산인(山陰)이라 불리는데 겨울이면 폭설과 폭우가 잦아 비교적 발전이 늦지만 자연 그대로의 멋있는 해안과 온천이 많기로 유명하다. 이에 반해 세토나이카이에 면해 있는 산요(山陽)지역은 평야지대가 많은데다가 겨울이 따뜻하고 강수량이 적어 오렌지 재배에 적합하다. 내륙해안 지역은 이 지방에서 인구가 가장 많은 곳으로 상업과 산업의 중심지가 되고 있다.

히로시마 원폭돔

**히로시마** - 청일전쟁 이래 군사도시로 발전해 온 주고쿠 지역 최대의 도시이다. 규슈의 나가사키와 함께 원폭의 상흔을 간직한 도시이지만 전후에 국제평화 문화도시로 발전하여 주고쿠 지방의 정치, 경제, 문화의 중심이 되고 있다. 히로시마에는 일본의 3대 경관 중의 하나로 유명한 '미야지마'(宮島)가 있는데 세계문화유산에도 등록되어 있는 '이쓰쿠시마'(厳島) 신사도 이 곳에 있다.

#### 7) 시코쿠 지방

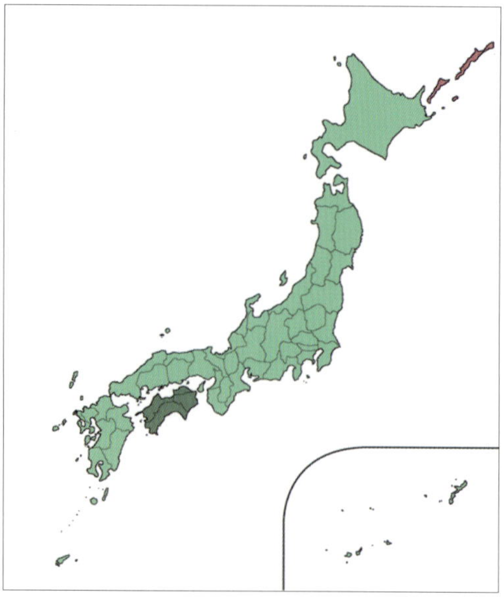

시코쿠 지방

시코쿠 지방은 혼슈 아래에 위치한 섬으로 일본열도의 4개의 주요 섬 가운데 가장 작다. 이 지역의 북쪽은 강우량이 적고 온화한 기후인데 비해 남쪽은 습기가 많고 태풍이 잦다. 또한 높고 험준한 산맥 때문에 농업과 거주에 제한을 받고 있으며, 대규모 산업도 없기 때문에 이 지역의 경제 발전은 뒤떨어지고 있는 형편이다. 혼슈와는 1988년에 개통된 세토오하시(瀬戸大橋)로 연결되어 있다.



**마쓰야마** - 시코쿠 지방에는 눈에 띄게 큰 도시는 없지만 에히메현 중부에 위치한 시로, 에히메현(愛媛県)의 현청 소재지인 마쓰야마(松山)에 인구가 집중되어 있다. 인구는 약 51만 명으로 시코쿠에서 인구가 가장 많은 곳이다. 마쓰야마성을 중심으로 발전해 왔고, 백로가 다친 다리를 쉬게 했다는 전설을 가진 일본 최고(最古)의 온천인 도고온천(道後温泉)은 나쓰메 소세키(夏目漱石)의 소설 『도련님(坊っちゃん)』의 무대로도 유명하다.

도고온천

#### 8) 규슈 지방

한반도나 중국 대륙과 인접해 있어서 이미 오래 전부터 외국과 교류를 하는 현관 역할을 해 온 규슈 지방은 일본의 4개 열도 가운데 가장 남쪽에 위치한 지역이다. 일본에서 세 번째로 큰 섬인 규슈는 전국에서 가장 온난다우하며 자동차와 사람이 다닐 수 있는 간몬(關門)터널로 혼슈와 연결되어 있다. 간몬터널은 1936년에 착공하여 1942년에 개통(하행선)한 것으로 일본 최초의 해저 터널이며, 해저 철도 터널로서도 세계 최초이다.

규슈 지방

이 지역은 특히 해안과 평야, 화산과 온천이 있는 아열대기후지역으로 농업과 축산업, 양돈업이 유명하다.

한편 오키나와는 원래 류큐(琉球) 왕국이라는 독립국이었는데, 1609년에 현재의 가고시마 지방을 지배했던 영주에 의해 정복되어 일본에 복속하게 되었고, 메이지유신 후인 1879년에 오키나와현으로 편입되었다. 1945년에 미군에 의해 점령되어 1972년까지 27년간 미군의 지배를 받다가 반환되었다. 현재에도 태평양과 동북아 정세를 관망하는 미군의 요충지로서 미군이 주둔하고 있다.

연중 따뜻한 날씨와 류큐 전통의 이국적 정서가 많이 남아 있어서 관광산업이 주를 이루며 해상스포츠와 아름다운 산호섬으로 유명한 관광 휴양도시이다.

**후쿠오카** - 후쿠오카(福岡)는 일본 규슈 후쿠오카현의 북서부에 있는 규슈 지역 최대의 도시로 하카타만에 면한 현청 소재지이다. 규슈의 정치, 경제, 문화의 중심도시이자 화학, 방적, 기계, 인쇄제본, 식료품 공업 외에 하카타 견직물, 하카타 인형 등의 전통산업도 활발한 상업 도시이다. 또 부산과의 국제 여객선이 오가는 거점이기도 하다.

다자이후 덴만구

학문의 신으로 추앙받고 있는 스가와라노 미치자네(菅原道真 845~903)를 모신 신사 다자이후 덴만구(太宰府天滿宮)가 있는데 이 곳에는 해마다 입시철이 되면 합격을 기원하는 부적을 사기 위해 200만 인파가 몰린다고 한다.

### 바닷길로 떠나는 일본여행

시모노세키항 국제터미널

부산항과 일본의 주요 항구도시를 잇는 한일항로에는 부산에서 오사카, 후쿠오카, 쓰시마(対馬), 시모노세키에 이어 일본 서쪽 해안의 가나자와, 기타큐슈시의 모지(門司)항 총 6개 노선이 있다. 이들 한일항로를 오가는 배편은 크게 화물과 여객을 함께 싣는 화객선과 쾌속선으로 나뉜다. 화객선은 부산과 시모노세키를 연결하는 부관훼리 하마유, 성희호와 하카타(博多)행 뉴카멜리아호, 오사카행 팬스타 드림호와 팬스타 서니호, 가나자와행 팬스타 허니호, 모지행 케이씨 브릿지호 등이다. 쾌속선은 부산과 하카타를 3시간 안팎에 주파하는 비틀과 코비호, 부산에서 쓰시마까지 1시간 40분에 운항하는 씨플라워호 등이 운항중이다. 따라서 쾌속선을 타고 가까운 쓰시마 또는 후쿠오카를 다녀오거나 여유로운 항해를 즐기며 시모노세키나 오사카행 등을 선택할 수 있다.

부관훼리 성희호

특히 일본 전역을 잇는 신칸센이 지나는 시모노세키의 경우에는 규슈와 혼슈 어디를 가더라도 이동이 편리하다. 규슈의 후쿠오카, 벳부(別府)는 물론 3~4시간 정도면 혼슈의 히로시마, 오사카, 교토 지역까지도 갈 수 있다. 뿐만 아니라 시모노세키는 조선통신사가 처음으로 발을 내디딘 곳이기도 하거니와 일제강점기에는 부산과 일본을 오가는 관부연락선의 거점이었다는 것을 생각하면 그 역사적 의의도 큰 도시이다. 또 최근에 개설된 기타큐슈의 모지항 노선은 벳푸, 구마모토(熊本), 나가사키(長崎) 등 주요 관광지가 가깝기 때문에 규슈지역 여행에 적합하다.

1876년에 부산항이 개항하고 1905년에 첫 관부연락선 이키마루(壹岐丸)가 취항한 지 100년 만에 새롭게 주목받고 있는 이들 항로를 오가는 국제 여객선은 현대적이고 쾌적한 객실 설비와 면세점을 비롯한 각종 편의시설 등을 고루 갖추고 있다.

(박미경)

042

**Answer** 1. × 2. ○ 3. × 4. × 5. ○

이야기와 감동이 있는
일본문화 탐방

chapter 03

# 과거를 통해 보는 현재, 그리고 미래

chapter 03

# 과거를 통해 보는 현재, 그리고 미래

풀어봅시다

1. 정치의 중심이 귀족에서 무사로 바뀐 것은 중세시대이다. (    )
2. 오다 노부나가는 천하통일의 위업을 달성하고 오사카성을 건립하였다. (    )
3. 도쿄의 옛 이름은 에도이다. (    )
4. 일본 근대는 메이지유신부터 시작되었다. (    )
5. 일본의 현재 연호는 헤세이다. (    )

# 과거를 통해 보는 현재, 그리고 미래



인간의 삶은 역사 속에 존재하고 인간 없이는 역사가 이루어지지 않듯이, 인간, 인간의 삶과 역사는 서로 밀접한 관련이 있다. 그러므로 한 나라의 역사는 그 나라와 국민의 정체성을 대변해 주는 거울과도 같다. 또한 과거를 뒤돌아보는 것은 그 나라의 현재와 미래를 내다볼 수 있는 밑거름이 되기도 한다. 역사는 돌고 돌기 때문이다.

일본역사는 빙하기가 끝나고 대륙과 떨어진 섬나라가 만들어지면서 시작되었고 오랜 세월 외부와는 단절된 공간적 특성에 의해 그들만의 독자적이고 독특한 문화가 형성되었다. 역사와 함께 시작된 세습 군주제인 천황제를 아직까지 유지하고 있는 것도 하나의 특색이라고 볼 수 있다.

# 1. 귀족에서 무사, 조닌으로 이어지는 역사

**| 원시시대 |** 일본의 역사는 기원전 1만년 경에 시작된 것으로 추정된다. 이 시기의 것으로 여겨지는 줄무늬 모양의 토기가 발견되어 그 이름을 본 따 조몬(縄文)시대라고도 한다. 사람들은 주로 수혈식(竪穴式) 주거에서 살았으며 수렵과 어로를 통해 생계를 유지하였다. 공동생활이 형성된 것으로 보이지만 신분이나 빈부의 격차는 없었고 후기에는 벼농사 중심의 농경생활이 시작되었다.

이후 조몬토기에 비해 곡선미를 나타내며 붉은 색을 띠는 토기가 발굴되었는데 이것은 기원전 3세기 경의 것으로 추정되고 발굴된 지역의 이름을 본 따 야요이(弥生)토기라는 이름이 붙여졌다. 이 시기에는 농경사회가 발전하여 집단생활이 시작되었고 풍작을 기원하는 종교의식이 행해졌다. 벼농사의 발달과 함께 청동기 및 철기가 유입되었고 이로 인해 빈부의 격차가 발생하였다. 그리고 공동촌락을 지배하는 사람이 나타나 각시에 부족국가가 형성되기 시작하였다.

조몬토기

수혈식 주거

야요이토기

**| 고대시대 |** 3세기 중엽에 고분군이 출현하였는데 이것은 당시 정치와 종교를 같이 다스렸던 수장(首長)의 것으로 추정된다. 고분의 규모로 볼 때, 수장을 중심으로 한 강한 정치세력이 형성되기 시작한 것을 알 수 있다. 그리고 4세기 초에 야마토(大和)를 중심으로 통일국가가 생겼다. 야마토 정권이 현재 나라현(奈良県)의 아스카(飛鳥)를 중심으로 형성되었기 때문에 아스카시대라고도 칭하는데, 점차 지배권을 넓혀 5세기에는 일본 대부분을 지배하였다. 오키미(大君)라고 불렸던 야마토 정권의 수장은 7세기 무렵부터 천황(天皇 덴노)으로 변경되었다.

604년 천황의 조카인 쇼토쿠태자(聖德太子 574~622)에 의해 일본최초의 성문법인 '17조 헌법'이

다이센료고분

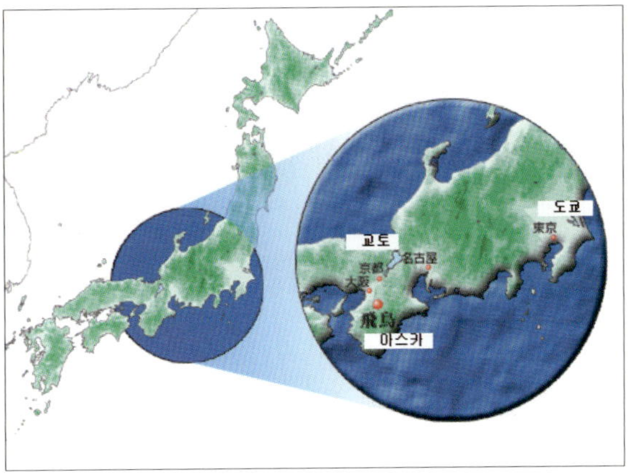


아스카

제정되었는데, 여기에는 관리와 귀족이 지켜야할 정치, 도덕에 대한 17조가 규정되어 있다. 이후 일본이라는 국호를 사용하게 되었고 천황을 중심으로 한 중앙집권적인 국가의 기틀이 마련되었다. 한편 백제로부터 전래된 불교가 귀족층에 적극적으로 수용되어 조정은 불교를 보호하고 사원을 만들었다.



710년 행정적 기반을 견고히 하기 위해 수도를 나라의 헤조쿄(平城京)로 천도하였다. 헤조쿄는 중국 당나라의 장안성을 모델로 하여 만들어졌다. 이 시대에는 율령제가 더욱 강화되었고 문화적으로나 기술적으로 당과 백제, 신라로부터 많은 영향을 받았다. 일본 최고(最古) 역사서인 『고사기(古事記)』(712)와 『일본서기(日本書紀)』(720)가 편찬된 것도 이때이다. 그리고 도다이지(東大寺)를 비롯한 많은 절들이 건립되는 등 불교문화가 꽃을 피웠다.

도다이지

**| 중고시대 |** 간무(桓武)천황이 즉위한 뒤 계속해서 좋지 않은 일이 생기자 794년 현재의 교토(京都)인 헤이안쿄(平安京)로 수도를 옮긴다. 이때부터 무사들에 의해 가마쿠라(鎌倉) 막부(幕府 바쿠후)가 성립되기 전까지를 헤이안시대라고 한다.

이 시기에는 나라시대의 율령제를 계승, 발전시켰고 천황을 중심으로 하는 중앙집권적인 국가가 형성되었다. 그러나 사유지(私有地)인 장원(莊園)을 많이 소유한 귀족의 힘이 강력해지면서 천황의 세력과 대립하게 된다. 그리고 외척관계를 이용하여 천황 대신 나라의 정사를 돌보는 셋칸(摂関)정치가 실시되어 후지와라(藤原) 가문을 중심으로 하는 귀족세력이 정치의 중심에 서게 된다. 그러나 후지와라 가문의 부정부패가 심해지고 천황을 중심으로 하는 율령제 국가의 기강도 무너지기 시작한다.

한편 불모지 땅을 개간한 유력농민들이 생겼는데 이들이 훗날 무사계급의 출발이라고 할 수 있다. 이들은 천황과 귀족의 싸움이 치열해지는 가운데 귀족을 보호하며 그 세력을 확장시켰다.

헤이안시대는 당의 문화를 이어받은 우아하고 화려한 궁정문화가 발달하였다. 또한 한자를 근간으로 하는 가나(仮名)문자가 사용되기 시작하여 여성문학이 꽃을 피우기도 하였다.

**| 중세시대 |** 1185년 귀족정치가 붕괴하고 무사들에 의해 가마쿠라시대가 성립된 후, 남북조(南北朝)시대, 무로마치(室町)시대, 센고쿠(戰国)시대를 거쳐 도쿠가와 이에야스(徳川家康 1542~1616)가 에도(江戸) 즉, 지금의 도쿄에 막부를 수립하기 전까지를 중세라고 한다.

일본 최초의 쇼군 미나모토노 요리토모

단노우라(壇の浦)에서 다이라(平) 가문을 멸망시킨 미나모토(源) 가문은 가마쿠라를 근거지로 하여 막부를 수립한다. 막부란 중세, 근세시대에 쇼군(将軍 막부의 수장)을 중심으로 한 일본의 무사정권을 지칭하는 말이다. 일본에는 가마쿠라막부, 무로마치막부, 에도막부가 있었다. 막부는 처음에는 군사지휘 본부의 역할을 담당하였지만 쇼군이 실질적인 국가의 통치자가 되면서 정부라는 의미로 쓰이게 되었다. 최초의 쇼군은 가마쿠라 막부를 수립한 미나모토노 요리토모(源頼朝 1147~1199)이다. 쇼군은 1만 석 이상의 독립된 영지를 소유했던 영주(領主)인 다이묘(大名)를 지배할 수 있는 권력을 가진 군사독재자로 천황에게 실권이 없던 막부시대에 실질적인 최고의 권력자였다. 그러나 1868년 메이지유신(明治維新)으로 인해 막부와 함께 쇼군 또한 역사 속으로 사라지게 되었다.

가마쿠라막부는 무사들에게 영지를 분배하였고 영지를 받은 무사들은 영지의 농민을 지배하였다. 이 시기에는 농업 및 상공업의 생산 활동이 활발했다. 그러나 2차에 걸쳐 몽고가 침입해 오는 등 잦은 전란으로 인해 재정적인 압박을 받으면서 전쟁에 동원된 무사들에게 정당한 보상이 이루어지지 못한 것에 대한 불만이 고조되었다. 이에 막부를 몰아내고자 하는 천황을 중심으로 한 정부가 이러한 무사들의 힘을 빌려 전국적인 거병을 일으켜 가마쿠라막부는 붕괴하게 된다.

아시카가 다카우지

1336년부터 1392년 사이 즉, 가마쿠라시대 후기부터 무로마치시대 초기에 걸쳐 남조와 북조로 나뉘어 두 개의 조정이 존재하였는데 이를 남북조시대라고 한다. 막부 정권을 타도하고 황실의 권력을 되찾기 위해 고다이고(後醍酉胡 1288~1339) 천황이 요시노(吉野 나라현 남부지역)에 남조를 열고, 이에 맞서 아시카가 다카우지(足利尊氏 1305~1358)가 새 천황을 옹립해 막부를 세운 것이다. 60여 년간의 대립 끝에 북조의 승리로 남북조시대는 막을 내리고 교토의 무로마치에 막부가 수립된다. 결국 북조를 중심으로 하는 무로마치막부가 통일한 후에 메이지천황이 즉위할 때까지 천황은 통치권 없는 상징적 존재로 남게 된다.

무로마치막부는 가마쿠라막부의 통치기구를 계승하여 봉건적 주종관계의 지배체제를 그대로 유지하였다. 특히 쇼군이 임명한 슈고다이묘(守護大名 슈고는 지방의 치안유지를 맡던 직명이고, 슈고다이묘는 지방에서 득세하여 다이묘가 된 슈고를 가리킴)가 장원과 지방 관리를 통제하게 되면서 지역적인 봉건 권력이 성립하게 된다.

무로마치시대 중엽, 쇼군의 후계 문제를 둘러싸고 1467년 '오닌의 난(応仁の乱)'이 일어났는데, 이후 일본 각지에서 주도권을 잡기 위한 무사와 영주들의 싸움으로 확대된다. 쇼군은 권력을 잃고 교토는 폐허가 되면서 센고쿠시대의 서막이 열린다.

'오닌의 난'을 시작으로 1603년 에도막부가 들어서기까지 혼란했던 시기를 센고쿠시대라고 하는데, 혼란을 틈타 자신의 힘으로 독립적인 국가를 만든 센고쿠다이묘들이 등장하게 된다.

센고쿠다이묘 출신으로 천하통일을 꿈꾼 장군은 오다 노부나가(織田信長 1534~1582)이다. 오다 노부나가는 결단력과 실행력이 뛰어난 인물로 일본 역사상 최고의 지도자로 꼽히기도 한다. 그는 기독교를 적극 수용하였고 서양의 발달된 과학문명과 지식에 관심을 기울였으며 총포를 실전에 전술적으로 사용하였다. 16세기 말 여러 다이묘를 흡수, 통합하여 일본 전국을 거의 평정하였지만, 천하통일을 목전에 두고 혼노지(本能寺)에서 쉬고 있던 중 반기를 든 부하의 습격을 받아 자결하고 만다.

천하통일의 위업을 달성한 사람은 오다 노부나가의 심복이었던 도요토미 히데요시(豊臣秀吉 1537~1598)이다. 농민 출신에서 천하의 일인자가 된 그는 일본 역사상 가장 출세한 영웅으로 평가되는데, 마음먹은 일은 반드시 이루고야 마는 성격의 소유자로도 유명하다. 또한 그는 천하통일 후 영토를 확장하고자 하는 야망으로 임진왜란(1592)과 정유재란(1597)을 일으켰다. 오다 노부나가가 정권을 장악하고 도요토미 히데요시가 전국통일을 이뤘던 약 30년간을 합쳐서 아즈치 모모야마(安土 · 桃山)시대라고 한다. 오다 노부나가의 본거지가 아즈치성(安土城)이고 도요토미 히데요시가 교토 모모야마(桃山)의 후시미성(伏見城)에 주로 거주하였기 때문에 이와 같은 명칭이 붙여진 것이다. 이 시기에는 황금색으로 이미지되는 화려한 모모야마 문화와 다도(茶道)가 발달하기도 하였다.

도쿠가와 이에야스는 어릴 때부터 세력싸움의 희생양이 되어 인질이 되기도 했지만 도요토미 히데요시가 죽은 뒤 그 세력을 물리치고 1603년에 에도, 지금의 도쿄에 새로운 막부를 세워 일본 근세 봉건제사회를 확립하였다. 그는 인내심이 강한 인물로 평가되고 있다.

오다 노부나가

도요토미 히데요시

도쿠가와 이에야스

**나는 어떤 스타일???**

세상에서 가장 짧은 시라고 일컬어지는 하이쿠(俳句 5·7·5)에 오다 노부나가, 도요토미 히데요시, 도쿠가와 이에야스에 관한 시가 있다.

노부나가: 울지 않으면 죽여 버리리 두견새(鳴かぬなら 殺してしまえ ほととぎす)
히데요시: 울지 않으면 울게 하리 두견새(鳴かぬなら 鳴かしてみせよう ほととぎす)
이에야스: 울지 않으면 울 때까지 기다리리 두견새(鳴かぬなら 鳴くまで待とう ほととぎす)

**근세시대** 1600년 세키가하라(関ヶ原) 전투에서 도요토미 히데요시의 추종세력을 제압하고 정권을 장악한 도쿠가와 이에야스는 1603년 에도막부를 열었다.

에도막부는 막번체제(幕藩体制)를 실시하였는데 이는 중앙통일정권인 에도막부와 그 지배하에 있으면서 독립된 영토를 갖는 번(藩)을 통치기관으로 하는 정치행정체제이다. 그리고 지방호족세력을 견제하기 위하여 다이묘의 가족을 인질로 잡고 모든 번의 다이묘들을 정기적으로 에도와 영지로 오가게 하는 산킨코타이(参勤交代)제도를 의무화하였다. 무사, 농민, 기술자, 상인 등의 신분제도를 확고히 굳혔다. 그리고 무사에게는 성을 부여하고 칼을 차는 특권을 누리게 하였다. 또한 실추된 조선과의 국교 회복을 위해 조선통신사(朝鮮通信使)를 요청하기도 하였다.

조선통신사의 행렬

한편 외국과의 무역이 활발해지면서 기독교 신자가 증가하자 정치가 혼란에 빠질 것을 두려워한 막부는 기독교를 탄압하였는데, 이것은 지방의 다이묘들이 외국과 무역을 통해 경제적, 정치적으로 세력을 확장하는 것을 견제하는 방편이기도 하였다. 쇄국을 한 결과 근대화가 늦어지는 결과를 초래하였지만 일본 고유의 문화가 내부적으로 발전을 거듭하였고 서민문화가 크게 발전하였다.

에도시대 중에서도 1688년부터 1704년 사이에는 도시문화가 발전하고 경제적으로 가장 풍요로웠는데 이 시기를 일컬어 겐로쿠(元禄)시대라고도 한다.

도시에 사는 상공업자 즉, 조닌(町人)들은 탄탄한 경제력을 기반으로 하여 도시문화를 이끌어나가는 주역이 되었고 인형극인 분라쿠(文楽)와 가부키 등 전통연극이 꽃을 피웠으며 풍속화인 우키요에(浮世絵) 등도 발달하였다.

우키요에



## 2. 연호로 알아보는 일본의 근현대사

**| 메이지시대 |** 1853년 가나가와현(神奈川県)의 우라가(浦賀)에 미국의 페리제독이 이끄는 구로후네(黒船)가 나타나 일본의 개항을 요구하자 서양의 문물을 받아들여야 한다는 막부 중심의 개화파와 천황을 중심으로 한 보수파가 정면대결을 하게 된다. 몇 차례의 내란을 거쳐 개화파가 천황을 옹립하게 되고 쇼군이 천황에게 정권을 돌려주면서 무사시대는 막을 내린다.

구로후네

메이지정부는 1868년 메이지천황을 중심으로 한 신정부를 수립하고 입헌군주제를 도입하는 등 일련의 개혁을 시작하였다. 이것을 메이지유신이라고 하는데, 이는 260여 년간 유지되어 오던 에도막부를 종식시키고 서양을 모델로 하여 근대국가로 도약하고자 한 위로부터의 개혁이었다.

메이지정부는 수도의 이름을 에도에서 도쿄로 바꾸고, 번을 폐지하고 현(県)을 설치하였다. 각 현에는 정부에서 임명한 지사를 파견하였다. 그리고 기존의 신분제도를 철폐하고 단발령 및 징병제도를 실시하고 의무교육 제도를 도입하였다. 1889년에 새로운 헌법이 공포되면서 천황은 국가의 최고 권한을 가진 절대군주이자 유일한 주권자로 군림하게 되었다.

메이지정부의 부국강병과 근대화 정책은 1894년 조선의 지배권을 둘러싸고 일본과 청나라 간에 벌어진 청일전쟁을 통해 활기를 띠게 된다. 이 전쟁에서 승리한 일본은 1895년 대만을 식민지화하였다. 그리고 막대한 배상금을 받아 경제적인 안정을 찾게 되었다. 1902년 만주를 점령한 일본은 남하하는 러시아를 견제하기 위해 영국과 동맹을 맺었다. 1904년에는 만주지배권과 조선의 지위에 대한 우선권을 놓고 러시아와 전쟁을 시작하였다. 영국과 미국의 지원으로 러일강화조약을 맺으며 승리를 거둔 일본은 동아시아지역에서 제국주의 강국으로 자리를 잡았다. 청일전쟁과 러일전쟁을 통해 군수산업과 해운 조선업, 그리고 철도산업이 급격하게 발전하였다.



**| 다이쇼시대 |** 1912년 메이지천황이 세상을 떠나고 병약한 다이쇼(大正)천황이 즉위하면서 다이쇼시대의 막이 열렸다.

1914년 제1차 세계대전이 발발해 유럽의 생산이 크게 줄게 되자 일본의 수출이 증가하여 일본은 무역 흑자국, 채권국으로 올라섰다. 이 전쟁특수로 해운업계, 조선업계가 호황을 맞았다. 그리고 방적업과 은행업 등의 합병에 의한 자본집중, 같은 분야의 기업들이 시장통제를 목적으로 경제적 독립성을 유지하며 상품의 생산량, 가격 등에 대한 여러가지 협약을 맺는 기

다이쇼시대 거리모습

업연합인 카르텔이 형성되면서 '재벌'이라는 말이 생겨났는데 대표적으로 미쓰비시(三菱), 스미토모(住友), 미쓰이(三井) 등을 들 수 있다.

1920년대에는 자본가에게 착취당하는 노동자들의 사회주의운동, 농민운동이 격렬해지고 민주화운동도 거센 물결을 타게 된다. 그리고 정당 활동이 활발해지면서 정당 간의 경쟁으로 내각이 교체되는 정당정치가 생겼다. 그러나 국가의 주권이 천황에게 있고 국회와 국민의 권리가 제한되는 전제정치로 인해 사회주의운동과 민주화운동이 탄압을 받게 된다. 이후 제2차 세계대전에서 패망할 때까지 군부에 의한 군사정권이 이어진다.

1923년 9월에 도쿄에서 발생한 간토(関東)대지진으로 민심이 흉흉해지면서 유언비어가 확산되었다. 조선인들이 불을 지르고 우물에 독약을 풀었다는 유언비어가 나돌아 6천 명이나 학살되는 참사가 벌어지고 사회주의자나 반정부 인사 등이 무자비하게 처형되기도 하였다.

| **쇼와시대** | 1926년 다이쇼천황의 아들인 히로히토(裕仁)가 천황으로 등극하면서 쇼와(昭和)시대가 시작되었다.



1929년 세계대공황의 여파로 인해 일본은 경제적으로나 사회적으로 큰 혼란에 빠졌다. 한편 군부의 세력이 확장되어 1931년 9월 만주사변을 일으켰는데 국제연맹이 일본군의 만주철수를 요구하자 일본은 1933년 국제연맹을 탈퇴하면서 국제연맹과 적대관계를 형성하기도 하였다. 일본 국내에서는 반란과 쿠데타, 정부요인 암살 등이 이어지고 2 · 26사건으로 인해 군부가 정치 전면에 등장하면서 일본은 군국주의 국가로 변모하게 된다. 1935년을 전후하여 공산주의자들의 색출과 탄압에 성공한 군부는 천황을 신격화하고 신도를 국가 유일의 종교로 믿도록 강요하였고 자유주의적 사상과 학문에 혹독한 탄압을 가하였다.

원폭 투하

중국 대륙 전체를 점령할 목표를 세웠던 일본 군부는 1937년 중일전쟁을 일으키며 전면전에 돌입하였다. 그해 12월 난징(南京)까지 점령한 일본은 무고한 중국 양민 30만 명을 학살하는 만행을 저지르는데, 이 부분에 대한 일본 역사 교과서의 왜곡도 중국과 끊임없이 마찰을 일으키는 요인이 되고 있다. 중국과의 전쟁에서 승리를 거듭한 일본은 1938

년 말 '대동아공영권(大東亜共榮圈)'이라는 슬로건 아래 아시아의 여러 나라를 침략하였다. 1939년 제2차 세계대전이 시작되고 일본은 1940년 9월 독일, 이탈리아와 3국 동맹을 결성하였다. 석유 수출을 금지하면서 3국 동맹을 무효화하려는 미국의 압력에 반발하여 1941년 도조 히데키(東条英機 1884~1948)를 수상으로 하는 전쟁내각이 진주만에 주둔했던 미 함대를 궤멸하자 이에 격분한 미국이 전쟁에 개입하면서 태평양전쟁이 본격화되었다.

1944년 가미카제(神風)특공대가 나타나는 등 일본의 패색이 짙어짐에도 불구하고 일본이 포츠담 선언에서조차 항복하기를 거부하자 연합군은 1945년 히로시마(広島), 나가사키(長崎)에 원폭을 투하하고 일본은 1945년 항복하였다. 일본은 역사상 처음으로 연합군에 의해 점령당했고, 연합군 총사령관이었던 맥아더가 군정을 시작하였다.

1946년 쇼와천황은 인간선언을 하고 '침략전쟁을 영원히 포기하고 무장하지 않는다'는 것을 기조로 하는 신헌법을 채택하였다. 그리고 민주화를 추진하면서 여성에게 참정권을 주고 평등선거를 실시하였다. 또한 교육을 자유화하면서 미국식 학제를 도입하고 국가와 신도를 분리하여 신도를 억압하는 한편 군부에 협력한 경제인을 추방하고 재벌을 해체하였다.

그러나 1950년에 발발한 한국전쟁(6 · 25)으로 인해 일본은 다시 무장되며 재도약의 기회를 마련하게 된다. 1960년에는 미국이 주도하는 냉전에 가담하는 미일상호방위조약 개정에 반대하는 안보투쟁이 일어났고, 1964년 도쿄올림픽과 1970년 오사카만국박람회를 개최하여 경제적인 기틀을 세우면서 1970년, 1980년대에는 경제가 고도성장하였다.



**| 헤세시대 |** 헤세(平成)시대는 1989년 1월 아키히토(明仁)가 일본의 125대 천황으로 등극하면서 시작되었다. '헤세'는 '안과 밖, 하늘과 땅 모두 평화가 달성된다'는 의미에서 비롯되었다.

1990년 초반 부동산 및 주식이 폭락하면서 버블이 붕괴되고 '잃어버린 10년'이라고 일컬어지는 경제적인 장기침체기를 맞는다. 2001년 수상으로 취임한 고이즈미 준이치로(小泉純一郎 1942~)에 의해 추진된 구조개혁 이후 은행의 불량채권 처리가 진행되면서 경기가 회복되기 시작하고 2002년 한국과 일본이 공동으로 월드컵을 개최하기도 하였지만, 2008년에는 미국의 서브프라임 사태를 시작으로 한 세계 동시불황이 일어나 일본 또한 타격을 받았다. 그리고 2011년에는 일본 관측 사상 최대 규모인 동일본 대지진이 발생하였고 이로 인해 후쿠시마(福

2002 한일월드컵

島)의 원자력발전소에서 방사능 물질이 유출되는 등 사상 초유의 사태가 일어났다.

또한 헤세시대에는 1994년에 노벨문학상을 수상한 오에 겐자부로(大江健三郎 1935~)를 시작으로 시라카와 히데키(白川英樹 1936~), 노요리 료지(野依良治 1938~), 다나카 고이치(田中耕一 1959~), 고시바 마사토시(小柴昌俊 1926~) 등의 과학자가 연이어 노벨상을 수상하였다.

### 근·현대 역대천황

**메이지천황(明治天皇 1852~1912)**

제122대(1867~1912) 천황인 메이지천황은 절대 군주로서 일본의 근대화를 추진하였다. 충군, 애국을 최고의 국민 도덕으로 제시하는 교육칙어를 제정하였다.



**다이쇼천황(大正天皇 1879~1926)**

메이지천황의 셋째아들로 제123대(1912~1926) 천황인 다이쇼천황은 병약하여 1921년 황태자인 히로히토(후의 쇼와천황)를 섭정으로 임명하였다. 조선에 대한 무력지배를 비롯하여 제1차 세계대전 참전, 러시아혁명을 저지하기 위한 수차례의 시베리아 출병 등 제국주의적 침략에 대한 야망을 지속적으로 추진하였다.

**쇼와천황(昭和天皇 1901~1989)**

다이쇼천황의 장남으로 제124대(1926~1989) 천황인 쇼와천황은 전전(戰前)에는 현인신(現人神 아라히토가미, 살아있는 신)으로서 신성시되었으나, 전후 신격을 부정하는 '인간선언'을 한 뒤 새로운 일본국헌법 아래 상징적인 존재가 되었다.

**헤세천황(平成天皇 1933~)**

쇼와천황의 장남으로 제125대(1989~) 천황인 헤세천황은 1959년 황족사상 최초로 평민출신인 미치코(美智子) 황후와 연애 결혼하여 화제가 되었다.

(장남호)

Answer 1. ○ 2. × 3. ○ 4. ○ 5. ○

이야기와 감동이 있는
일본문화 탐방

chapter 04

# 신을 받들며 신과 함께 즐기는 일본인의 삶

1. 전통과 관습이 만들어낸 신앙
2. 신을 향한 인간의 향연

chapter 04

# 신을 받들며 신과 함께 즐기는 일본인의 삶

풀어봅시다

1. 일본인들이 가장 많이 믿고 있는 종교는 기독교이다. ( )
2. 신사 입구에 세워져 있는 기둥은 그 안이 신성한 영역임을 표시하는 것이다. ( )
3. 인간도 신이 될 수 있는 것이 신도이다. ( )
4. 일본에서도 한국에서와 같이 교회를 쉽게 찾아볼 수 있다. ( )
5. 마쓰리는 불교의 영향으로 생긴 축제이다. ( )

# 신을 받들며 신과 함께 즐기는 일본인의 삶



일본에는 신도(神道), 불교, 기독교, 신흥종교 등 다양한 종교가 존재하고 있다. 특히 불교와 신도는 일본 관습과 풍속에 밀접한 관련을 맺고 있어 새해가 되면 일본인들은 절이나 신사에 가서 신에게 참배를 하며 한 해의 건강과 운을 기원한다. 또한 신도식이나 기독교식으로 결혼식을 올리고 불교식으로 장례식을 하는 것이 일반화되어 있다. 이렇게 일본인이 종교에 대해 모순된 양상을 보이는 이유는 무엇일까? 이것은 일본인들이 보통 종교를 절대 신앙이 아니라 관습이나 풍속과 연결하여 믿고 있기 때문이다.

종교와 함께 일본인들의 생활 속에 깊숙이 뿌리박혀 있는 마쓰리는 원래 신사에서 종교적인 목적으로 치르던 행사의 일부였으나 최근에는 신앙적 · 종교적인 색채를 벗어난 일종의 축제로서 종교와 함께 일본인들의 삶속에 깊이 자리 잡고 있다.

# 1. 전통과 관습이 만들어낸 신앙

| **신도** | 신도(神道)는 정령신앙을 믿는 애니미즘적 자연종교로 일본에서 가장 오래된 종교이자 일본 고유의 민족종교이다. 일본에서 신도라는 명칭이 쓰인 가장 오래된 기록은 일본의 역사서인 『일본서기(日本書紀)』(720)로, 당시에는 신도 외에 본교(本教)·신습(神習)·신교(神教)·대도(大道)라고도 불리었으나 시대가 흐름에 따라 신도라는 말만 남게 되었다.

신도는 원래 천둥과 번개와 같은 자연현상이나 각종 자연물, 신화나 역사상의 인물, 조상 등을 신으로 받들어 왔으므로 서구종교인 기독교나 불교, 이슬람교와는 달리 성서나 불경, 코란과 같은 경전이 없으며 예수나 석가모니, 마호메트와 같은 교조도 존재하지 않는다. 또한 신도는 무수한 신을 모시는 다신교로 신도에서는 흔히 '야오요로즈노카미(八百万神)를 믿는다' 라는 말을 하는데 '야오요로즈노카미' 란 팔백만 신이라는 뜻으로 말 그대로 신이 무수히 많이 존재한다는 의미이다. 신도에는 실제로 1천만이 넘는 신이 존재한다.



신도는 일본인의 자연관과 조상숭배사상의 핵심을 이루고 있고 일본인의 일상생활과 뿌리 깊게 연결되어 일본의 풍습이나 습관, 연중행사, 마쓰리와 같은 각종 행사와도 밀접한 관계를 가지고 있다.

신도에서 섬기는 각종 신을 모셔둔 사찰이 신사(神社)인데 일본인에게 신사는 언제나 신이 존재하는 신성한 곳으로 여겨진다. 신사 입구에는 도리이(鳥居)가 세워져 있는데 도리이는 신사 입구 정면에 세운 두 기둥으로 신이 머무는 신성한 영역임을 상징적으로 알리는 기능을 한다. 일반적으로 도리이는 나무로 만들어진 것이 많지만 때로는 돌이나 청동으로 만든 것도 있다. 히로시마(広島) 미야지마(宮島)에 있는 이쓰쿠시마(厳島)신사의 붉은 도리이는 바다 가운데 서있는 것으로 유명하며 세계 문화유산으로도 지정되어 있다.

현재 일본 전역에 산재하는 신사의 수는 대략 8만 5천 여 개로 추정되고 있는데 신도의식을 행하는 신사를 중심으로 같은 마을의 수호신인 우지가미(氏神)를 모시는 경우가 많으며 이러한 공통의 유대감을 통해 주민들에게 공동체 의식을 부여한다.

예를 들어 일본인은 자식이 태어나면 신사에 가서 참배를 하고 정월에는 하쓰모데(初詣 새해 첫 참배)라 하여 모든 가족이 신사에 가서 한해의 건강과 행운을 기원하며, 합격, 교통안전, 가업

도리이

번창 등을 기원하기도 한다. 또한 마을 사람들은 정해진 날에 신사에서 축제를 열기도 하며 결혼식을 올리기도 한다.

이러한 일본 고유의 종교인 신도는 6세기 중엽 불교가 일본에 처음 들어왔을 때 불교와 마찰을 빚게 되는데 불교를 적극적으로 권장한 쇼토쿠태자(聖徳太子 574~622)의 영향으로 서로 혼재되어 인식되게 된다.

그러나 에도시대에는 모토오리 노리나가(本居宣長 1730~1801)와 같은 국학자들의 국학운동에 의한 영향으로 불교가 도래하기 전의 순수했던 일본 고유신앙으로 돌아가려는 복고신도운동이 일어난다. 이 과정에서 신도의 교의는 재확립되었지만, 메이지시대에 들어서는 신불분리정책으로 절을 부셔버리고 불상이나 법구를 파손시키는 일이 발생하게 된다.

또한 19세기에 신도는 메이지정부의 천황주권국가시스템의 영향으로 인해 신사신도에서 국가신도로 변모하게 되어 1870년 정부의 관리 하에 각 지역별로 신사를 정리하고 체계화하게 된다. 근대화를 추진하던 메이지정부는 서양에 어깨를 견주고 근대화를 성공시키기 위해서 서양의 기독교와 같이 국가와 국민을 하나로 결속시켜 줄 역할자를 절실하게 필요로 하고 있었다. 서양의 기독교에 맞서 일본을 동등하게 해줄 하나의 이데올로기, 이것을 메이지정부는 천황제에서 찾은 것이다. 이어 메이지정부는 천황을 절대화, 신격화하기 위한 일환으로 천황의 조상신을 숭배하는 신도를 전국적으로 조직화하고 국교화를 진행하였으며 신도에 의해 국가의 제사를 담당하게 함으로써 기존의 신사신도의 범주를 벗어나 국가신도로 변모시킨다. 이로 인해 타 종교가 각종 제제와 탄압을 받게 된다. 특히 제2차 세계대전 당시의 일본은 국가신도로 인한 종교탄압의 시대라고 할 수 있는데, 신도의 경우 절대적인 권위로서 천황을 섬기는 국가신도와는 달리, 천황이 아닌 별개의 권위를 숭배한다는 이유로 신사신도를 탄압하기에 이른다.

그러나 패전 이후 국가신도가 폐지되고 현재와 같은 신사신도만이 존속하게 되며 오늘날처럼 여러 가지 종교행사는 각 신사별로 이루어지게 된다.

### 신사에 가면...

오마모리

에마

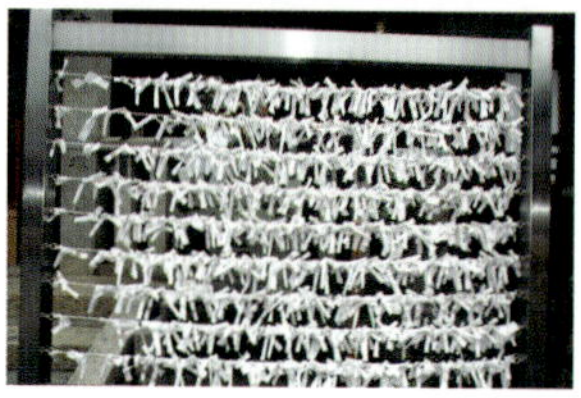
오미쿠지

오마모리(お守り)는 한국어로 부적을 가리키는 말로 신사의 경내에서 구입할 수 있다. 신사 내 상점에는 가내 안전, 학업 성적, 안전 운전, 순산 등을 비는 다양한 목적의 오마모리가 판매되고 있다.

에마(絵馬)는 신사나 사원에 무언가를 기원하거나 또는 기원한 소원이 이루어져 그 사례를 할 경우에 지샤(寺社 신사와 사원을 통합해 부르는 말)에 봉납하는, 그림이 그려진 나무판이다. 개인이 봉납하는 에마는 주로 소형으로 말 등의 그림이 그려지고, 여백이나 그림 뒷면에 기원의 내용이나 이름 등을 쓴다. 크게 봉납하는 에마는 대형으로 화가에게 위탁하여 준비하기도 한다.

오미쿠지(おみくじ)는 일본의 신사나 사원 등에서 길흉을 점치기 위해 뽑는 제비와 같은 것이다. 일반적으로 100엔을 넣고 통을 흔들어 숫자가 적힌 막대기를 뽑는다. 숫자에 해당하는 서랍을 열고 안에 있는 길흉이 적힌 종이를 꺼내어 운세가 좋지 않을 경우 나쁜 운이 나오지 못하게 접어 나뭇가지나 지정된 장소에 매어 놓는다. 좋은 운이 나오면 가지고 돌아가서 다음에 그 신사나 사원에 왔을 때 두고 간다. 그러나 요즘은 오미쿠지의 결과와 상관없이 신사나 사원의 지정된 장소에 매어 놓는 사람들이 많다.



**| 불교 |** 불교는 신도와 함께 일본의 정치, 사회, 문화, 미술 등에 많은 영향을 미치고 있는 종교이다. 불교는 6세기 중엽 중국과 한반도를 거쳐 전래되었는데, 7세기 고대 일본의 정치체제를 뒷받침하기 위한 수단으로 불교를 적극적으로 장려한 쇼토쿠태자의 후원 하에 공식적인 지위를 굳히게 된다. 이후 12세기까지 헤이안(平安)시대 등을 거치며 불교는 귀족들의 귀의와 보호를 받은 귀족 중심의 종교로 성장하게 된다.

일본에서 불교가 민중 속으로 정착하게 된 것은 가마쿠라(鎌倉)시대인데 이때 일본적 불교인 정토종, 정토진종(浄土真宗) 등의 보급으로 비로소 불교는 일반 민중에게도 뿌리를 내리게 된다. 정토종을 창시하고 보급한 이는 신란(親鸞 1173~1263)으로 정토종은 불교의 흐름이 시대에 따라 달라진다고 보는 말법사상(末法思想 석가모니가 열반한 후 천오백 년, 또는 이천 년 후에 불법이 쇠퇴하고 시대가 어지러워진다는 사상, 일종의 불교적 역사관)을 배경으로 하고 있다.

이후 무로마치(室町)시대와 오다 노부나가(織田信長 1534~1582), 도요토미 히데요시(豊臣秀吉 1537~1598)가 천하를 지배하던 아즈치 모모야마(安土桃山)시대를 거치며 일본 불교의 교세는 한때 쇠퇴 일로를 걷게 된다. 에도시대에는 정권의 도구로 타락하거나 국학운동 등의 영향으로 인한 배불(排佛)운동이 일어나 타격을 입기도 한다.

불교가 정권의 도구로 타락한 대표적인 예가 단가(檀家)제도인데, 단가제도란 에도막부가 중앙집권적 시스템의 하나로 도입한 제도이다. 당시 에도막부는 카톨릭을 철저히 금지하고 종교의 자유를 억압하였는데 이러한 카톨릭 금지령의 일환으로 농민, 무사 등 신분에 관계없이 모든 사람이 어느 절이든 한 곳을 정해 그곳을 단가(불교신자)로 등록할 것을 강요하였다. 각 개인의 연령 및 종교 기록을 모두 소속 단가에 기록으로 남기면 개인이 소속한 절의 주지는 이를 증명해 주는 일종의 호적과 같은 것을 배부하게 된다. 오늘날 일본인의 90% 이상이 불교식 장례식을 치르는 것은 모두 이 단가제도의 영향이라고 할 수 있다. 또한 오늘날에도 종교가 무엇이냐고 하는 질문에 대부분의 일본인들이 개인적으로 신앙심을 갖고 있지 않다고 해도 자신과 집안의 종교가 불교라고 대답하는 사람이 많은 것 역시 단가제도의 영향이 남아 있기 때문이다.

현재 일본 각지에는 약 7만 5천 개의 사찰이 있으며, 승려 수는 18만 명, 신도는 9천만 정도로 추정되고 있다.

### 신불습합(神仏習合)

신불습합이란 일본 고유의 종교인 신도와 외래 종교인 불교의 융합을 가리키는 말로 일본다운 절충문화, 복합문화를 엿볼 수 있는 예이다. 현재 일본 가정집에 가미다나와 부쓰단이 공존하는 것은 이 영향이라고 할 수 있다.

**가미다나(神棚)**

가미다나는 가정이나 사무실 등에서 가미(神 신)를 모시기 위해 만든 선반 또는 제물상이다. 일종의 소형 사당이라고 볼 수 있다. 천정 근처에 남쪽이나 동쪽을 바라보도록 높이 설치하고 부적을 모셔둔다. 선반은 신구(神具)라고 불리는 여러 가지 도구로 장식하는데 신구에는 거울, 등, 장식 술병 등이 있으며 가정마다 길조를 바라는 다양한 물건을 장식하는 경우가 많다. 일본인들은 설치해 둔 가미다나에 공물을 바치고 신의 가호를 기원한다.

**부쓰단(仏壇)**

부쓰단은 넓은 의미로는 절의 불당에서 불상을 안치하는 제단이라는 뜻이지만, 현대 일본에서 부쓰단이라고 하면 일반 가정 안에 설치된 작은 재단을 가리키는 경우가 일반적이다. 즉 부처를 모시거나 조상의 위패를 모신 제단을 말한다.

가미다나와 부쓰단이 함께 놓여진 모습



| 기독교 | 일본에서 기독교는 1549년 스페인 예수회 소속 선교사인 프란치스코 하비에르가 가고시마(鹿児島)에 상륙하면서 전파되기 시작했다. 그는 가고시마를 비롯하여 야마구치(山口), 교토(京都), 오이타(大分) 등을 돌며 적극적으로 선교활동을 펼쳐 나갔는데 그가 선교활동을 펼친 지 불과 30년 만에 기독교 신자는 10만 명을 넘어섰다.

이와 같이 초기에 기독교가 급격하게 확산될 수 있었던 원인 중의 하나는 당시 권력자이던 오다 노부나가가 자신의 천하통일의 꿈을 실현시키기 위해 기성 종교인 불교 세력을 견제할 필요를 느껴 그 대신 외래종교인 기독교를 적극적으로 보호했기 때문이다. 도요토미 히데요시 정권 초기에는 다이묘(大名 일본 헤이안시대 말기에서 중세에 걸쳐 많은 영지를 가졌던 봉건 영주, 무사 계급으로서 그 지방의 행정권, 사법권, 징세권을 가졌으며 군사 사무도 관할)나 무사, 농민에 이르기까지 전국 각지에 많은 수의 기독교 신자들이 생겨나 기독교의 교세는 점점 확장되었다.

그러나 오다 노부나가가 죽은 후 기독교 수용에 너그러웠던 도요토미 히데요시가 자신의 전국지배에 장해물이 될 것이라는 생각에 1587년 갑자기 기독교 금지령을 선포하였다. 이어 도쿠가와 이에야스(徳川家康 1543~1616) 역시 기독교도가 70만을 넘고 멀리 홋카이도까지 교회가 세워지게 되자 기독교의 종교사상이 신분질서와 봉건체제 유지에 유해하다고 판단하여 기독교 금교정책을 취하였다.

이러한 에도막부의 기독교 금교정책에 불만을 품은 기독교인들은 대규모 난을 일으키게 되는데, 이것이 시마바라의 난(島原の乱)이다. 시마바라의 난은 1637년부터 1638년까지 규슈의 시마바라 반도와 아마쿠사시마(天草島)에서 기독교를 믿는 농민들을 중심으로 일어난 봉기이다. 막부의 금교정책에 대한 불만에 시마바라 영주의 가혹한 정치가 도화선이 되어 일어난 이 반란은 약 4개월에 걸쳐 벌어졌다. 결국 시마바라의 난은 에도 막부군에 의해 진압되게 되고, 난이 진압된 후에도 막부의 철저한 색출작업을 통해 반란군이 검거되고 처형되었다.

시마바라의 난의 결과로 일본정부의 금교정책은 한층 강화되어 기독교는 더욱 혹독한 탄압을 받고 일본에서 기독교가 250여년이라는 긴 세월동안 사회적으로 금지를 당하게 된다. 또한 전국적으로 본격적인 기독교 박해가 시작되어 외국인 선교사들이 국외로 추방되고 일본인 신자들도 마닐라나 마카오 등지로 추방되며 수많은 신자들이 화형에 처해지거나 자신이 기독교 신자가 아님을 증명하기 위해 강제적으로 후미에(踏み絵)를 밟아야만 했다. 

시마바라 반도

후미에

후미에란 그리스도, 성모 마리아 등의 상을 새긴 목판 혹은 동판을 말하는데, 기독교를 금지하기 위하여 이 후미에를 밟아 신자가 아님을 증명하게 하던 것이 후미에제도이다. 즉 후미에제도란 에도막부가 기독교인을 적발하기 위해 사용한 일종의 기독교인 감별책이라고 할 수 있다. 이후 일본에서 기독교는 유혈로 물든 처참한 박해와 순교의 역사가 전개되는데 이는 1858년 일미통상조약 체결 때까지도 계속되었다.

기독교 박해 모습을 그린 그림

그러나 메이지시대에 들어서면서 일본 정부는 기독교 금교정책을 풀고 기독교를 받아들인다. 기독교를 받아들이게 된 가장 큰 이유는 문명개화운동과 구미와의 국교 수립을 위해서이다. 국제사회로 발돋움하기 위해서는 구미와 국교를 수립해야 하는데 기독교를 거부하면 국교수립 자체가 어려워지기 때문이다.

1873년 기독교 금교정책 해제 후 일본에서는 다시 본격적으로 기독교 포교활동이 재개되는데 에도(江戸)시대까지는 카톨릭이 주를 이루었다면 메이지시대 이후부터는 프로테스탄트계의 진출이 활발해진다. 이 밖에도 러시아의 동방정교회 등까지 합세하면서 일본에서 기독교 포교활동은 오랜 탄압기를 벗어나 활기찬 움직임을 보인다. 특히 1880년대는 프로테스탄트의 전국적인 발전기라고도 할 수 있다. 이를 통해 일본은 구미문화의 도입에 여러 가지 도움을 받는데, 각 기독교 단체들은 고아원이나 의료기관, 심신장애자를 위한 교육 등과 관련된 사회사업이나 교육사업에 힘을 쏟음으로써 신자수가 급격히 늘어난다.

그러나 일본의 기독교는 군국주의화 물결과 함께 천황숭배와 신사참배에 앞서는 등 어용화의 길을 걷기도 하였다. 전쟁 중이던 1941년에는 난립하던 기독교 교단을 하나로 통합하는 움직임을 보이며 새롭게 일본 기독교단을 결성하기도 하지만, 전후 많은 교단이 일본 기독교단을 탈퇴, 새롭게 조직이 정비되어 현재에 이르게 된다.

현재 일본의 기독교는 오랜 탄압으로 점차 신자가 줄어 카톨릭과 프로테스탄트를 모두 합쳐도 180만여 명으로 전체 국민의 1% 정도이지만 하나의 종교로 인정받아 일본사회에 정착하고 있다.

### 가쿠레 키리시탄

가쿠레 키리시탄(隠れキリシタン)이란 기독교 탄압을 피해 깊은 산 속이나 멀리 떨어진 작은 섬 같은 곳에서 몸을 지키려했던 일련의 무리, 즉, 잠복 기독교인, 또는 은둔 기독교인을 일컫는 말이다. 특히 이들은 정식 교회에 속하지 않고 자신들만의 그룹 안에서 그리스도나 성모마리아 상을 부쓰단이나 가미다나 속에 감추어 두고 아침, 저녁으로 기도하면서 현재까지 그 명맥을 이어 왔다.

이들은 사제도 없이 스스로의 신앙심으로 기독교의 교의와 의례를 지키려고 노력했지만 200여년이 넘는 박해 속에 고립되어 본래의 카톨릭의 교의나 미사와는 그 형태가 상당히 변질되고 말았다. 그들이 외우는 라틴어는 거의 의미를 알 수 없는 주문처럼 되어 버렸고 기독교가 신도와 섞여 버린 예도 있다.

## | 신흥종교 |

### 1) 창가학회

창가학회(創価学会)는 13세기에 니치렌(日蓮 1222~1282)이 주창한 불법(佛法)을 신앙의 근간으로 하는 종교로 1928년 종단의 한 사람이었던 마키구치 쓰네사부로(牧口常三郎 1871~1944)가 니치렌의 불법을 접하고 이것이 그의 교육이론의 근저가 되는 '인격가치의 창조'를 가능하게 한다는 점을 깨달으면서 시작되었다.

사상의 근본은 생명의 존엄이라는 입장에서 민중을 구제하고 행복을 추구하며 웅대한 문화를 건설하는 것으로 처음에는 '가치를 창조한다'는 의미의 '창가교육학회'로 출발했다. 그 후 교육개혁운동의 범위를 넘어 불법을 근본으로 한 사람 한 사람의 인간혁명과 생활혁신, 그리고 보다 나은 사회건설을 지향하는 종교단체로 발전하게 되어 1937년에는 회원수가 3천 세대를 넘어서게 된다. 그 후 제2차 세계대전 중 군국주의 정부가 신도(神道) 중심으로 사상통일을 추진하는 과정에서 탄압을 받게 되어 많은 간부가 투옥되며 마키구치 쓰네사부로는 1944년 감옥에서 병사한다.

그러나 1951년 도다 조세(戸田城聖 1900~1958)가 제2대 회장으로 선임되어 조직이 정비되고 명칭도 현재의 명칭으로 바뀐다. 1970년대에는 회원수 780만 세대를 가진 종교로 성장하게 되는데 이후 국내외에서 사회적 문제에 대한 여론조성 활동 등을 통하여 활동범위를 넓히고 조직을 확대하고 있다.

창가학회와 공명당

공명당(公明党)은 창가학회가 정치적 활동을 목표로 결성한 공명정치연맹이 모태가 되어 창당되었으며 당시 참의원(参議院) 14석, 지방의회에 1,200여 명의 의원이 있었다.

창당 당시의 강령은 정교일치(政教一致)의 색채가 강하였다. 그러나 1969년 창가학회를 비판한 서적의 출판을 방해하는 사건이 일어나 물의를 빚으면서 창가학회는 1970년 정교분리를 선언하였다. 그러나 실질적으로 선거운동은 여전히 창가학회의 지원에 의지하는 경우가 많고, 창가학회의 3대 회장으로 공명당을 창당한 이케다 다이사쿠(池田大作 1928~) 명예회장의 영향력이 강하게 작용한다. 현재 공명당은 일본 제2의 야당이다.

### 2) 천리교

천리교는 일본 나라현의 천리(天理)시에 본거지를 둔 신흥종교로 일본신도의 일종으로 보는 의견도 있으나 교리나 신앙생활에 있어 차이가 크다. 교조는 나카야마 미키(中山美伎 1798~1887)라는 농민여성으로 천리왕명(天理王命)이 내린 후 포교에 힘쓰게 되었다고 전해진다.



에도시대 말기의 혼탁한 사회정세 속에서 순산과 치병 등의 주술을 행하여 농민과 서민들 사이에 널리 퍼져 나갔고 그 후 정부로부터 박해와 압박을 받았으나 1908년에는 교파신도(教派神道)의 한 파로서 독립되었다.

현재 일본 내에 150만 명을 비롯하여 전 세계에 약 200만 명 정도의 신자가 있는 것으로 추정되며, 한국에도 1893년 포교 이래 27만여 명의 신자가 있는 것으로 알려져 있다.

## 2. 신을 향한 인간의 향연(饗宴)

| 마쓰리의 기원과 역사 | 일찍부터 농경사회를 이루어 온 일본은 수많은 자연재해로부터 농작물을 보호하고 풍작을 기원하며, 마을의 평안을 기원하는 의식행위를 해 왔는데 마쓰리는 신을 부르고 영접하며 자신들의 안녕을 기원하는 제사적 의례행위였다.

이러한 마쓰리는 농경 주기에 맞춰 행해져 왔는데 봄철에는 경작이나 파종에 앞서 농작물이 순조롭게 자라기를 기원하고 풍수해나 병충해로부터 농작물을 보호해 줄 것을 신에게 기원하는 하루마쓰리(春祭り)가 곳곳에서 이루어졌다. 그리고 가을에는 풍작을 기뻐하고 이에 대해 신에게 감사하는 의례를 올리게 되는데 이것이 아키마쓰리(秋祭り)이다. 이러한 마쓰리들은 오랜 전통 속에서 다양하게 변화해가며 일본사회 전역으로 확산되었다.

그러다가 12세기 무렵부터 일본열도 곳곳에 도시가 발달하면서 도시마쓰리가 만들어지게 된다. 도시마쓰리는 전통적으로 행해져 온 농촌사회의 마쓰리와는 다른 양상을 띠게 된다. 도시에서 전통적으로 여름에 행해져 온 축제는 도시에 거주하는 사람들이 가장 무서워하는 질병을 신들의 도움으로 접근하지 못하게 하고 태풍이나 홍수와 같은 천재지변을 피하는 것에 유래를 두는 마쓰리도 많았다. 교토(京都)의 기온마쓰리(祇園祭), 오사카(大阪)의 덴진마쓰리(天神祭), 도쿄(東京)의 산자마쓰리(三社祭), 센다이(仙台)의 다나바타마쓰리(仙台七夕祭) 등과 같은 것이 이에 속하는 대표적인 것들이다.

한편 신앙적 · 종교적인 색채를 벗어난 마쓰리들이 시민들을 위한 일종의 축제로 행해지게 되는데 이러한 마쓰리는 대중적인 성격이 짙고, 지역의 독특한 특색과 역사적 내용을 내포하며 거의 대부분이 주민의 자발적인 참여와 진행으로 이루어진다. 대표적으로 홋카이도 삿포로(札幌)의 유키마쓰리(雪祭), 고베의 고베마쓰리(神戸祭り)가 이런 종류에 속한다. 이러한 마쓰리는 전통적인 마쓰리들에 비해 상대적으로 역사가 짧고, 전후 1950년대부터 시작하여 1970, 1980년대에 집중적으로 만들어졌다는 의미에서 현대적 마쓰리에 속한다고 볼 수 있다.



**| 마쓰리의 역할과 기능 |** 마쓰리는 행사 당일로 한정된 것이 아니라 행사를 위한 준비 과정에서부터 행사가 끝난 후까지 여러 달에 걸쳐 진행된다. 오랜 기간 마쓰리를 준비하고 행사를 진행하면서 마을 사람들은 자신이 사는 지방에 대한 긍지와 함께 협동을 통한 주민 간의 공동체 의식을 높여 간다. 일본인들의 단결된 협동정신의 원천은 어려서부터 일생에 걸쳐 여러 차례 체험하게 되는 마쓰리에서 나온 것이라 해도 과언이 아니다. 마쓰리는 이렇게 참여를 통해 주민 간의 협동의식을 고양시키는 가장 일본다운 행사라고 할 수 있다.

또한 전국적으로 유명한 마쓰리에는 수많은 사람들이 찾아와 그 열기를 더욱 뜨겁게 하는데 타 지역에서 온 많은 손님들로 인해 숙박업소, 상점 등이 호황을 이루어 지역 경제발전에도

커다란 공헌을 하게 된다. 국내 뿐만 아니라 외국의 수많은 사람들도 매년 일본의 마쓰리를 보기 위해 찾아 오는데, 외국인에게 마쓰리는 일본에서만 맛볼 수 있는 독특한 문화 체험으로 지역적 특색과 함께 역사적 내용까지 담고 있기 때문에 틀에 박힌 단순한 여행에서 벗어나 색다른 여행의 묘미를 느낄 수 있는 좋은 기회가 된다. 마쓰리는 이미 일본의 대표적이고 국제적인 관광상품으로 자리 잡고 있다.

**마쓰리의 행렬방법: 미코시(가마)메기, 다시(수레)끌기, 오도리(춤추기)**

마쓰리의 기본형식은 특정한 날에 신이 신전을 나와 미코시(神輿 신위를 모시는 가마)나 다시(山車 인형 · 꽃 등으로 장식한 수레)에 옮겨 타 오다비쇼(御旅所 미코시를 임시 안치하는 곳)까지 행차했다가 다시 안치되었던 장소인 신전으로 돌아가는 과정을 따르고 있다. 도쿄를 중심으로 한 간토지방에서는 미코시가 주로 사용되고, 교토, 오사카 등의 간사이지방에는 다시가 중심을 이루고 있다. 미코시, 다시의 전후에는 예능인 집단이나 화려한 가장 행렬이 춤을 추거나 무리지어 따름으로써 구경꾼들에게 볼거리를 제공한다.

미코시

다시



## 일본의 주요 마쓰리

### 1) 교토의 기온마쓰리

교토는 일본의 역사가 살아 숨 쉬는 도시이다. 그런 교토에서 벌어지는 기온마쓰리(祇園際)는 교토의 역사와 함께 해온 가장 일본적이며 전통 있는 마쓰리라 할 수 있다. 기온마쓰리는 일본의 중요 무형민속문화재로 천 년 전 전염병을 퇴치하기 위해 기원제를 열었던 것이 유래가 되어 지금의 마쓰리로 자리 잡게 되었다. 기온마쓰리는 매년 7월 1일부터 31일까지 한 달 동안 이어지는데 특히 16일의 요이야마(宵山)와 다음날의 야마호코(山車 축제 때 끌고 다니는 장식을 한 수레)행진이 가장 유명하다. 요이야마는 전야제로 초저녁이 되어 어두워지면 모든 야마보코가 제등을 하고 모습을 드러내는 행사이며 이날 밤에는 집집마다 길에 양탄자를 깔고 병풍을 예쁘게 장식하기 때문에 병풍축제라고도 한다. 34대에 이르는 거대한 야마보코의 순례가 이루어지는 17일은 축제의 절정을 이루는데, 수레의 행진이 시작되면 일본은 물론 세계 각국에서 많은 사람들이 모여든다. 교토에서 기온마쓰리가 열려야 비로소 여름이 시작된다고 생각할 정도로 중요한 의미를 지니는 민속축제이다.

기온마쓰리



2)도쿄의 간다마쓰리

헌 책방이 끝없이 늘어서 있는 도쿄의 간다지역에서 벌어지는 간다마쓰리(神田祭)는 1603년 도쿠가와 이에야스가 세키가하라(関ヶ原)전투에서 승리한 것을 기념하여 벌인 축제에서 비롯되었다. 매년(주요행사는 홀수해) 5월 14일에서 15일에 열리며 크고 작은 수십 개의 미코시가 동시

간다마쓰리1

간다마쓰리2

에 출발하는 큰 규모의 마쓰리이다. 108개의 자치회에서 간다묘진(神田明神 에도성과 도쿠가와 가문의 수호신)을 모시는 200여 개의 크고 작은 미코시를 준비하는데, 가마를 만드는 데는 지역주민들은 물론 자치회나 은행, 일반기업 등도 참여한다. 일본 3대 마쓰리 중에서도 특히 서민의 마쓰리로서 인기가 높다.

### 3)오사카의 덴진마쓰리

덴진마쓰리

물의 도시 오사카를 대표하는 덴진마쓰리(天神際)는 천 년 이상의 긴 역사를 자랑하는 선상마쓰리이다. 덴진마쓰리는 949년 덴만구(天満宮)가 건립된 2년 후인 951년 6월 1일 학문의 신인 스가와라노 미치자네(管原道真 845~903)의 영을 진정시키려는 의도에서, 무기인 가미호코(神鉾)를 바다에 띄워서 그것이 닿은 해변에서 의식을 치른 데서 비롯되었다. 매년 7월 24일, 25일에서 덴만구에서 열리며, 하이라이트인 후나토교(船渡御 100여 척의 화려한 배들이 강을 거슬러 올라가는 행사)와 불꽃놀이가 시작되면 강 위에서 벌어지는 배들의 행렬과 하늘을 수놓는 수많은 불꽃들이 오사카의 여름밤을 아름답게 장식한다. 육지뿐만 아니라 강에서 함께 축제를 즐기는 점이 매력적인데, 이때가 되면 매년 각국 각지에서 100만 명이 넘는 사람들이 오사카로 몰려 북새통을 이룬다.



## | 각 지방별 주요 마쓰리 |

### 1) 아오모리의 네부타마쓰리

도호쿠(東北)지방의 3대 마쓰리 중 하나인 네부타마쓰리(ねぶた祭)는 일본을 대표하는 불의 축제로 각지에서 열리는 유명한 마쓰리 중에서도 크게 성장한 축제라고 할 수 있다. 네부타란 커다란 나무나 대나무에 종이를 부친 매우 큰 등롱(나무, 돌, 금속 따위로 만든 테두리 안에 불을 붙이게 한 기구)을 말한다. 네부타마쓰리는 헤이안(平安)시대의 유명한 장군인 사카노우에 다무라마로(坂上

田村麻呂 758~811)가 무쓰노쿠니(陸奥国 현재의 후쿠시마(福島), 미야기(宮城), 이와테(岩手), 아오모리(青森), 아키타(秋田)현)의 토벌 전장에서 적을 유인하기 위해 피리, 북 등으로 흥을 돋운 것이 유래라고 전해진다. 매년 8월 2일부터 8월 7일까지 아오모리에서 열리며 축제 마지막 날에는 해상 운항이 행해져 아오모리항을 운항하는데, 이 때 화려한 네부타마쓰리 속에서 느껴지는 고요함과 엄숙함이 구경하는 사람을 환상의 세계로 이끈다. 또한 하네토(跳人)라 하여 네부타 뒤에 1,000명에서 1,500명의 춤추는 사람들의 행렬이 이어진다.

네부타마쓰리

### 2) 도쿠시마의 아와오도리

일본 추석인 오본(お盆)에는 죽은 사람의 혼을 염원하는 의미로 본오도리(盆踊り)를 춘다. 동네에서도 흔히 볼 수 있으며 마쓰리에서 빼놓을 수 없는 것이기도 한 이 본오도리는 무로마치시대에 서민들에게 보급되었으며 그 중 시코쿠(四国) 도쿠시마현(徳島県)의 아와오도리(阿波踊り)가 유명하다. 유래는 1587년에 도요토미 히데요시의 신하가 도쿠시마현에 성을 세웠을 때 축하잔치에서 서민들이 춤을 췄다는 설이 가장 유력하다. 아와오도리는 매년 8월 12일부터 15일까지 도쿠시마에서 행해지는 마쓰리로 '춤추는 바보에 보는 바보, 같은 바보라면 안 추면 손해다 손해'라고 노래하며 춤을 춘다.

아와오도리



### 3) 후쿠오카의 하카타기온야마카사

후쿠오카(福岡)의 중심인 하카타(博多)에서 열리는 하카타기온야마카사(博多祇園山笠)는 남자들이 중심이 되는 마쓰리다. 가마쿠라시대에 하카타 일대에 전염병이 유행하여 그 병을 퇴치하기 위하여 시작한 것이 기원이다. 매년 7월 1일부터 15일까지 열리며 이 시기에 하카타는 일본 남성의 웅장함과 묵직함이 거리를 가득 메운다. 행사의 하이라이트는 야마카사(山笠 장식을 한 가마)의 행진속도를 겨루는 것으로 정신을 통일하여 야마카사를 짊어지고 달리는 남성들의 힘찬 모습이 여름의 무더위를 시원하게 해준다.

하카타기온야마가사

#### 4) 히로시마의 미야지마간겐사이

미야지마(宮島)의 이쓰쿠시마(厳島)신사는 12세기 당시 권력자였던 다이라노 기요모리(平清盛 1118~1181)에 의해 세워진 것으로 일본의 세계문화유산이다. 해상에 세워진 신사는 주위 배경과 건물이 하나가 되어 보는 이를 압도한다. 또한 이곳은 일본 삼경(三景)이라 하여 미야기현의 마쓰시마(松島), 교토의 아마노하시다테(天橋立)와 함께 일본의 대표적인 경승지이다. 이 이쓰쿠시마신사의 대표적인 행사가 바로 미야지마간겐사이(宮島管絃祭)이다. 오사카 덴진마쓰리와 함께 일본 3대 선상마쓰리의 하나로 과거 교토의 귀족들이 배 위에서 여가생활을 즐긴 것이 전해져 현재에 이른 것이다. 매년 7월 25일에 히로시마에서 행해지며 선단의 웅장함과 해면에 비친 화톳불의 아름다움의 조화가 환상적인 마쓰리이다.

미야지마간겐사이



#### 5) 고치의 요사코이마쓰리

요사코이마쓰리

요사코이마쓰리(よさこい祭り)는 일본 시코쿠 남부에 위치한 고치(高知)에서 개최되는 축제이다. 이 축제는 1954년 도쿠시마의 아와오도리에 대항하는 형태로 고치상공회의소의 유지(有志)에 의해 개최되었으며 전후 정체된 지역경제에 활기를 불어넣고 주민들의 사기를 북돋우기 위해 기획되었다. 요사코이마쓰리는 매년 8월 9일부터 12일까지 열리며 젊은이들이 가장 참여하고 싶어하는 축

제의 하나로 자리 잡았다. 매년 약 150여 개 팀 1만 7000여명이 참가해 음악에 맞추어 춤을 추는 경연방식으로 진행된다.

### 세계의 3대 축제 유키마쓰리

유키마쓰리(雪祭)는 2월 초순부터 일주일간 홋카이도의 삿포로(札幌)에서 행해지는 최대 눈축제로 화려하고 정교한 눈조각을 볼 수 있다. 삿포로시, 삿포로상공회의소, 삿포로시내의 기업 · 단체 등으로 구성되는「삿포로 유키마쓰리 실행위원회」에 의해 기획, 운영되고 있으며 세계평화와 인류의 화합을 기원하는 의미로 세계 각지의 조각가들이 참가해 그들의 뛰어난 실력을 자랑한다.

이 축제는 1950년부터 시작되었는데 최근에는 국제적으로도 유명해져 삿포로시내 네 곳에서 개최된다. 그 중에서도 번화가에 위치한 오도오리(大通)공원의 대회장이 가장 아름답다. 크고 작은 약 170개의 눈조각이 거리를 장식하고 밤의 적막 속에서 파란색과 오렌지색의 조명에 의해 아름다운 눈조각이 아련히 떠올라 환상적이고 로맨틱한 분위기를 자아낸다. 홋카이도 뿐만 아니라 일본 전국, 해외로부터 약 200만 명 정도의 관광객이 방문하는 홋카이도에서 가장 큰 이벤트 중 하나이다.

유키마쓰리 출품작

유키마쓰리가 열리는 오도오리 전경

(이묘희)

Answer 1.× 2.○ 3.○ 4.× 5.×

이야기와 감동이 있는
일본문화 탐방

chapter 05

# 신과 함께 하는 일본인의 일 년

1. 사계절을 통해 본 일본의 연중행사
2. 역사가 보이는 일본의 국경일

chapter 05

# 신과 함께 하는 일본인의 일 년

풀어봅시다

1. 일본의 설날은 음력 1월 1일이다. (　)
2. 시치고상과 히나마쓰리는 어린이와 관계되는 연중행사이다. (　)
3. 일반적으로 일본인들은 섣달 그믐날 밤에 메밀국수를 먹는다. (　)
4. 체육의 날은 도쿄올림픽을 기념하여 만들어졌다. (　)
5. 일본에서는 달력상으로 표시 안 된 공휴일이 있다. (　)

# 신과 함께 하는 일본인의 일 년



연중행사란 계절감과 삶의 활력을 주기 위해 매년 계절의 변화에 맞추어 같은 시기에 같은 양식으로 반복되는 특정행사를 뜻한다. 이러한 행사들은 마을, 또는 사회집단을 단위로 행해지는 전통적 관습으로 계절에 따라 다양한 모습으로 전개되고 있다. 일본은 축제의 나라로 연중 어느 때라도 일본을 방문하면 다양한 일본의 연중행사를 즐길 수 있다. 봄, 여름, 가을, 겨울에 행해지는 연중행사와 국경일에는 일본인이 오랜 역사 속에서 길러온 생활의 지혜와 가치관이 내포되어 있어 우리가 일본을 정확하게 이해할 수 있는 좋은 척도가 된다고 할 수 있다.

# 1. 사계절을 통해 본 일본의 연중행사

## | 봄의 연중행사 |

### 1) 오쇼가쓰

1월 1일부터 3일까지는 산가니치(三が日 정초의 3일간)로 대부분의 일본인은 신사나 사찰에 참배하며, 오쇼가쓰(お正月 새해)의 출발을 축하한다. 일본인들은 정초에 신사를 참배해 새로운 한 해를 기원하는 것이 관례인데, 이를 하쓰모데(初詣)라 한다. 매년 일본 국민의 70% 이상이 하쓰모데에 참여한다. 이세신궁(伊勢神宮)이나 메이지신궁(明治神宮)처럼 큰 신사에는 매년 정초에 수백만 명이 참배하며, 이 무렵에는  참배객들의 편의를 돕기 위해 전차나 버스가 1월 3일까지 철야 운행된다. 신사나 사찰에서는 액을 물리친다는 부적이나 화살 또는 달마인형 등을 만들어 파는데 참배객들은 이를 사다가 가미다나(神棚) 등에 장식을 하며 신년의 경사스러운 분위기를 즐긴다.

하쓰모데

오세치요리

오조니

명절에 먹는 요리, 특히 설에 먹는 요리를 오세치요리(おせち料理)라고 하는데, 이 오세치요리를 먹는 것은 신에게 공양했던 음식을 여러 사람과 나누어 먹는다는 의미와 함께 도시가미(年神 신년에 집을 방문하는 특별한 신)를 맞이하고 있는 기간 동안에 음식을 만드는 것을 삼가하기 위해서이다. 오세치요리는 연말에 만들어 두었다가 설날부터 가족도 먹고 손님에게도 내어 놓는다. 오세치요리로 연근조림, 마른 멸치조림, 새우, 검은콩, 다시마조림 등이 있는데, 각각의 음식마다 다음과 같은 의미가 담겨있다. 연근조림은 연근의 구멍을 통해 앞날을 볼 수 있는 지혜의 눈을 갖는다는 믿음을 뜻한다. 마른 멸치조림은 풍작을 기원하며, 긴 수염의 새우는 장수를 뜻한다. 콩은 일본어로 마메(豆)라도 하는데 일본어의 '마메마메시이(まめまめしい 성실하다)'라는 단어에는 콩이 두 번 들어가 있어 새해를 맞이하여 부지런하고 성실하게 살아가기를 기원하는 마음을 담아 콩을 먹는 것이다. 다시마는 일본어로 '곤부(昆布 こんぶ)'라 하는데, 일본어로 '기뻐하다'라는 뜻의 '요로코부(喜ぶ よろこぶ)의 마지막 부분과 발음과 비슷하기 때문에 즉 다시마를 먹으면 일 년 내내 좋은 일이 생긴다는 기원을 담고 있다.

그리고 오쇼가쓰는 오조니(お雑煮)라 불리는 떡국을 먹는데, 오조니의 재료는 지방에 따라 달라지지만, 공통적으로 국물에 야채랑 닭고기를 넣고, 그 속에 반드시 둥글게 생긴 가가미모치(鏡餅)를 넣는다. 한국처럼 일본인들도 오조니, 즉 떡국을 먹어야 나이를 한 살 먹었다는 실감이 난다고 한다.

오토시다마(お年玉)는 신에게 바쳤다 물린 떡을 나누어 준 것이 그 시초이다. 현재에는 설날에 부모나 친척이 어린이에게 세배돈을 주는데, 이를 오토시다마라고 한다. 어른들은 작고 무늬가 있는 오토시다마 봉투에 새 지폐를 넣어 아이들에게 오토시다마를 건낸다.

오토시다마

가도마쓰

가가미모치

시메카자리

오쇼가쓰에 빼놓을 수 없는 장식물에는 가도마쓰(門松)와 가가미모치, 시메카자리(注連飾り) 등이 있다. 가도마쓰란 도시가미의 강림을 나타내는 표시로 새해에 문 앞이나 문 양쪽에 세우는 장식 소나무와 대나무를 지칭한다. 도시가미에게 바치는 동그란 모양의 찹쌀떡을 가미다나, 도코노마(床の間), 현관, 부엌 등에 놓아두는데 이것을 가가미모치라 한다. 가가미모치의 모양은 옛날에 신에게 바치던 동거울을 연상하게 하며, 새로 빚은 떡을 신에게 바침으로써 일본인들은 새로운 생명력을 얻게 된다고 믿었다. 신년의 장식물로서 볏짚을 왼쪽으로 꼬아 만든 시메나와(注連縄 금줄 장식으로 액막이의 의미가 있음)로 신을 모시는 선반인 가미다나나 현관 등 집

안 여기저기에 장식을 하는데 이것을 시메카자리라 한다. 시메카자리가 장식된 곳은 신성한 장소라는 표시로서 악귀가 접근하지 못하도록 하는 주문의 의미가 있다.

**신년의 풍경 후쿠부쿠로**

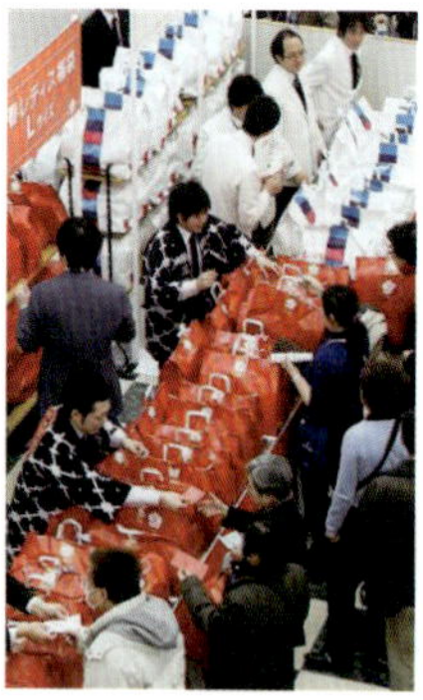

새해를 맞는 일본인들의 재미 중 하나는 후쿠부쿠로(福袋 복주머니)를 사는 일이다. 후쿠부쿠로의 판매는 유통업체들이 새해 장사를 시작하면서 각종 물건을 원래 가격보다 싸게 파는 상술 중 하나이다. 백화점 등에서 새해 처음 영업을 시작할 때 후쿠부쿠로에 여러 가지 상품을 하나의 주머니에 넣어 판매한다. 대체적으로 구입하는 가격의 몇 배가 되는 물건이 들어있지만, 안에 무엇이 들었는지 모르는 경우가 많다. 종이 가방에 넣을 수 없는 큰 상품, 예를 들면 가전제품, 자전거, 자동차, 주택, 여행상품 등이 후쿠부쿠로의 이름으로 팔릴 경우에는 종이 가방에 상품의 목록을 적어 판매하기도 한다.



### 2) 세쓰분

세쓰분(節分)은 본래 춘하추동의 분기점이 되는 입춘, 입하, 입추, 입동을 말하는데, 오늘날에는 봄의 세쓰분(입춘의 전날인 2월 3일)을 칭한다. 세쓰분 전야는 마메마키(豆まき)라는 콩 뿌리기를 하는데 "鬼は外 福は内(복은 집안으로 들고, 악귀는 밖으로 나가라)"고 소리를 지르며 볶은 콩을 뿌린다. 콩을 뿌리는 이유는 계절이 바뀌는 날은 악귀가 재앙을 불러온다고 생각했기 때문이고, 이 때문에 콩을 뿌려 집안의 잡귀를 쫓아내려 한 것이다. 콩을 뿌리는 역할은 그 집의 주인이나 그해의 간지(干支)와 동일한 해애 출생한 사람이 담당한다. 세쓰분의 중요한 행사인 마메마키는 가정에서나 유치원, 초등학교에서도 행해진다. 보통 가정에서는 아버지가 도깨비 가면

도깨비 가면과 마메마키용 콩

아이들과 즐기는 마메마키

사찰에서 행해지는 마메마키

을 쓰고 아이들이 도깨비를 향해 콩을 던진다. 유치원이나 초등학교에서는 세쓰분 무렵, 미술 공작 시간에 도깨비 가면을 만든다. 큰 사찰이나 신사에서도 그 해의 띠에 태어난 사람들이 콩을 뿌리기도 하는데, 이때 콩을 뿌리는 사람들은 유명인사, 연예인, 스포츠 선수 등이다. 복는 콩을 먹으면 1년간 병이 들지 않고 건강하게 보낼 수 있다고 하여 사람들은 자기 나이 수만큼의 콩을 먹는다.

### 3) 히나마쓰리

히나마쓰리(ひな祭り)는 여자 어린이들의 성장과 행복을 기원하는 일본의 전통 행사로 해마다 3월 3일에 열린다. 히나마쓰리는 에도시대(江戸時代) 때인 17세기 초부터 일본에서 행해진 히나인형 놀이에서 유래하였다. 3월 3일을 전후해 복숭아 꽃이 피는 까닭에 모모노셋쿠(桃の節句)라고도 하고, 딸들의 축제라는 뜻에서 온나노셋쿠(女の節句)라고도 한다.

7단 히나인형

1단 히나인형

이 날은 히나인형을 장식하고, 시로자케(白酒 희고 걸쭉한 단술), 마름 떡, 대합죽 등으로 축하한다. 이 날은 히나인형을 예쁘게 장식해서 여자아이가 예쁘게 성장하고 커서 좋은 인연을 만나 행복한 결혼생활을 할 수 있도록 기원한다. 하나인형은 옛날 궁중의 우아한 의상을 입은 인형인데 이것을 주홍색 양탄자로 덮은 5단 또는 7단의 단상에 장식한다. 제일 윗 단에는 이리비나(内裏びな)라 하여 왕과 왕비 모양의 인형을, 다음 단에는 산닌간죠(三人官女)라 하여 궁녀 모양의 인형 3개를, 그리고 그 아래에는 고닌바야시(五人ばやし)라 하여 악기를 연주하는 궁중악사 인형 5개를 장식한다.

083

### 4) 하나미

사쿠라전선

벚꽃을 즐기는 사람들

3월 말에서 5월 초가 되면 일본열도에는 남쪽지방에서부터 차례차례로 벚꽃이 피기 시작한다. 매년 벚꽃이 피는 시기가 되면 직장동료나 가족, 친구들끼리 공원 등 명소에 나가 벚꽃나무 밑에 자리를 깔고, 마시거나 먹으면서 꽃을 구경하는 즐거운 잔치를 벌이는데 이것을 하나미(花見)라고 한다. 에도시대의 하나미는 신분이 높은 사람들 사이에서만 즐기는 오락이었으나, 에도시대 중반 이후, 서민들의 오락으로 정착되었다.

일본의 전국 각지에는 많은 벚꽃의 명소가 있고, 인기 있는 하나미 명소에는 좋은 장소를 확보하기 위해서 아침 일찍부터 자리를 잡으러 가는 사람도 많다. 해마다 봄이 오면, 일본의 기상청에서는 각 지역별로 벚꽃이 활짝 필 것이라도 예상되는 날을 정해서 발표한다. 벚꽃이 만개될 것으로 예상된 지역을 선으로 이은 것을 사쿠라전선(桜前線)이라 말하며, 일본의 뉴스 프로그램 등에서 벚꽃이 피는 시기에 자주 방송된다.



## | 여름의 연중행사 |

### 1) 단고노셋쿠

현재, 어린이 날이라고 정해져 있는 5월 5일은 원래는 단고노셋쿠(端午の節句)라고 해서 남자아이의 성장을 축하하는 날이었다. 현재에도 그 전통, 습관이 남아있어 남자아이가 있는 집에서는 고이노보리(鯉のぼり 천이나 종이로 잉어 모양을 만들어 올리는 기)를 마당에 매달고 창포를 넣은 물로 목욕을 한다. 이 잉어 깃발은 잉어가 폭포를 거슬러 올라가듯이 입신출세를 하라는 의미에서

무사인형

고이노보리

비롯되었다.

"황하(黃河)의 상류에 용문(龍門)이 있는데 이 용문을 오른 잉어는 용이 된다"는 중국의 고사가 있고, 여기서 "등용문(登龍門)"이라는 말이 나와 입신출세의 상징이 되었다. 그런 고사가 일본에도 전해져서 에도시대(江戸時代)부터 무사들의 집안에서는 잉어를 그린 네모난 깃발을 높이 매달아 남자아이의 건강과 출세를 기원했다. 그러나 서민들은 이런 깃발을 세울 수가 없었기 때문에 고안해 낸 것이, 둥글게 말린 천에 잉어 그림을 그려서 장대 끝에 달아매니, 바람이 그 안으로 들어가 진짜 잉어가 입을 벌리고 헤엄치는 것처럼 보였다. 그 이후로 이런 모양의 고이노보리가 유행을 하게 되었다. 그리고 집 안에는 무사인형과 작은 갑옷, 투구 등을 장식하여 남자아이가 강하고 튼튼하게 자라기를 기원한다.



**2) 다나바타**

매년 7월 7일 밤은 서로 은하수를 사이에 두고 견우와 직녀가 1년에 한 번 만나는 다나바타(七夕)이다. 이 둘이 만날 수 있도록 세상의 모든 까마귀와 까치들은 하늘에 올라가 오작교라는 다리를 놓아준다고 한다. 이날 저녁에 비가 오면 이것은 견우와 직녀가 만난 기쁨의 눈물이고, 이튿날 새벽에 비가 오면 이별의 슬픈 눈물이라고 한다. 한국에서는 예로부터 이를 기념하여 칠석제를 올려 부인들은 가족들의 무병장수를, 젊은 여인들은 바느질 솜씨를, 청년들은 견우・직녀성을 제목으로 한 시를 지으면서 학문 연마의 소원을 빌었다.

일본도 7월 7일이 되면 이 날을 기념하는 다나바타 마쓰리가 열린다. 다나바타가 다가오면

다나바타 장식

단자쿠

각각의 소원을 단자쿠(短冊)라는 길고 가느다란 종이에 써서 조릿대에 매달기도 한다. 다나바타가 되면 일본의 각 도시들은 대규모의 다나바타 장식을 내걸고 관광객을 유치하는데, 이 중에서 센다이(仙台)와 가나가와현(神奈川県)의 행사가 가장 유명하다. 특히 센다이에는 다나바타 마쓰리를 보기 위해 몰려든 수많은 사람들로 북새통을 이룬다.



### 3) 오본

본다나

오본(お盆)은 조상의 영혼을 공양하는 시기로 한국의 추석에 해당하는 날이다. 오본은 여름철 휴가를 겸해서 3~7일의 휴일을 지닌다. 달력에는 표시되지 않는 비공식적인 연휴지만, 현대 샐러리맨들에게는 긴 연휴의 기회이며 모처럼 고향을 찾거나 가족이 한곳에 모이는 기간이기도 하다.

본(盆)이란 죽은 이의 영혼을 의미하는 '우라본(盂蘭盆)'이라는 불교용어에서 유래한 것으로, 이 날에는 불교식 행사와 조상의 영전에 음식을 차리고 명복을 비는 일본 특유의 풍습이 행해진다. 조상의 영혼이 1년에 한번 이승의 집을 찾아오는 날이라 하여 각종 음식을 장만해 조상에게 바치고 제사를 지내 그 명복을 빌며 조상의 묘를 찾아 참배하기도 한다.

오본이 시작되는 13일 저녁 무렵이 되면 무카에비(迎え火 정령맞이)라고 하여 조상의 영혼을 맞

아들이기 위해 집이나 절의 문 앞에서 조상을 맞이하는 불을 피우는데 요즘은 불꽃모양의 전구를 사용하는 곳도 많다. 그리고 불단 앞에 본다나(盆棚 조상의 정령을 모시는 단)라는 선반을 임시로 설치한다. 이 본다나에는 계절음식과 모란떡 등이 올려지고, 하루 세 번 밥과 물도 공양한다.

16일에는 집이나 절 입구에 오쿠리비(送り火 조상의 영혼을 보내는 불)을 피워 조상의 영혼이 돌아가는 길을 밝힌다. 이 때 본다나에 올린 음식을 강이나 바다에 띄어 보내는 쇼로나가시(精霊流し정령 띄어 보내기)를 한다. 이것은 촛불을 킨 제등을 강이나 바다에 띄어 보내면 제등이 강이나 바다로 나가 조상을 편안히 저승으로 모신다고 믿었기 때문이다.

**본오도리**

오본 기간 동안, 밤에 동네 사람들이 모여서 노래와 피리, 북 장단에 맞춰서 본오도리(盆踊り 조상을 공양하기 위한 춤)를 즐긴다. 이 때 주위에는 갖가지 술과 음식 등을 파는 포장마차가 생겨나고, 북소리와 노래에 맞추어 원을 그리며 춤을 추는 것이 일반적인 형태이다. 지방마다 춤 동작과 노래가사가 조금씩 다르다.



## 가을의 연중행사

### 1) 오쓰키미

일본에서는 예로부터 가을의 밝은 달 감상하는 오쓰키미(お月見) 풍습이 있다. 음력 8월 15일, 보름달이 떠오르는 날을 십오야(十五夜)라고 하여 쓰키미 단고(경단) 등의 공양물을 놓고 달

오쓰키미

맥도날드의 오쓰키미 햄버거

맞이를 한다. 이러한 달맞이 관습은 이미 중국 당나라 시대부터 있었으며 이것이 헤이안시대 무렵 일본에 전해져 처음에는 귀족들 사이의 행사로 즐겼으나 곧 평민에게까지 퍼져 누구나 즐길 수 있

는 행사가 되었다.

## | 겨울의 연중행사 |

### 1) 시치고산

시치고산(七五三) 은 11월 15일에 3세와 5세의 남자 아이, 3세와 7세의 여자아이에게 나들이 옷을 입혀 우지가미(氏神 마을의 수호신)을 모시는 신사에 가서 액막이를 받는 행사이다. 또한 지역사회로부터 인격체로서 인정받는 의례라고 할 수 있다. 옛날에는 '일곱 살까지는 신에게'라 할 정도로 유아의 사망률이 대단히 높았기 때문에 7세까지 무사히 살아 온 아이의 성장을 씨족신에게 보여 감사한다는 의미가 있다. 또한 홀수를 행운의 수로 생각하여 시치고산이라는 이름이 붙게 된 것이다. 시치고산 때는 지토세아메(千歳飴 시치고산의 축하용으로 파는 홍백으로 물들인 가래엿으로 장수의 의미를 지님)를 든 어린이들의 모습을 볼 수 있다.

시치고산 의상

지토세아메

### 2) 도시노세(年末)

도시노세란 12월 28일부터 12월 31일경으로 일 년을 마무리하고 새해를 맞이하는 준비기간을 일컫는다. 일본에서는 한해를 정리하고 새해를 새롭게 시작한다는 의미에서 가정집뿐만 아니라 가게에서도 스스하라이(煤払い 신년맞이 대청소)를 하며 대부분의 집에서는 쓸고 닦는 단순한 일에서부터 벽지나 미닫이 문을 새로 붙이는 번거로운 일까지 하기 때문에 가족 모두가 같이 청소를 하게 돼서, 이날의 대청소는 가족

모두가 단결하는 하나의 행사라고 볼 수 있다.

또한 오미소카(大晦日 섣달 그믐날 밤)에는 제야의 종소리를 들으며, 도시코시소바(年越しそば 한 해에서 다음 해로 옮겨짐을 축하하는 메밀국수)를 먹고, 고하쿠우타갓센(紅白歌合戦 홍백가합전)을 보며 신년을 맞이한다. 사찰에서는 오전 0시를 목전에 두고 제야의 종을 치기 시작하여 한 해를 넘겨 108번의 종소리를 울린다. 제야의 종은 인간의 백팔번뇌를 없애고 깨끗한 새해를 맞이하기 위한 것이다. 도시코시소바는 긴 국수의 길이처럼 가족의 건강과 장수가 계속되길 기원하는 뜻과 국수가 잘 끊어지는 것에서 유래하여 액운과 빚을 청산한다는 의미를 담고 있다. 고하쿠우타갓센은 매년 12월 31일 밤에 NHK에서 방송하는 가요 프로그램으로 한 해 동안 인기를 누렸던 가수들이 남자팀(白)과 여자팀(紅)으로 나뉘어 노래 대결을 펼치는 프로그램이다.

제야의 종

도시코시소바

고하쿠우타갓센

### 일본인의 연하장 사교

연하장용 엽서

오토시다마쿠지

일본인들은 12월이 되면 연하장을 쓰는데, 연하장은 새로이 시작되는 해에 대한 기쁨을 나누고 지난해에 따뜻이 보살펴 주었던 친지나 평소에 도움을 받았던 사람들에게 감사의 뜻을 전하며 앞으로도 변함없는 지도와 격려를 희망하는 인사장이다.

연하장은 오토시다마쿠지(お年玉くじ 추첨용 복권)가 붙어 있어, 새해 인사와 함께 복권당첨의 행운도 선물할 수 있다. 연하특별우편제도에 의해 연말까지 우체국에 모아 두었던 연하장은 설날아침에 일제히 배달된다. 연초 며칠 동안에 일본 전국에 배달되는 수는 40억장에 달하여 많은 아르바이트 집배원이 동원되는 국민적 행사라고 말할 수 있다.

## 2. 역사가 보이는 일본의 국경일

국경일이란 말 그대로, 온 국민이 함께 기념하는 국가적으로 중요한 날을 의미한다. '국민 축일의 축일'이라 불이는 국경일은 1948년에 제정되어 현재 연간 16일이 국경일로 시행되고 있다. 이 법률은 7차례에 걸친 개정을 통해 현재까지 시행되고 있다. 1973년 대체휴일제가 만들어졌는데, 이는 국경일이 일요일과 겹치면 다음날인 월요일을 휴일로 대체한다는 것이다.

1998년에는 휴일법 개정에 따라 해피먼데이 제도(ハッピーマンデー制度)가 추가되었다. 이는 성인의 날과 체육의 날, 바다의 날, 경로의 날을 월요일로 지정해 토요일과 일요일로 이어주는 연휴로 만든 것이다. 일본의 15일의 국경일 가운데 천황과 관계되는 휴일이 7일이 된다. 건국기념일, 춘분의 날, 쇼와의 날, 추분의 날, 문화의 날, 근로감사의 날, 현 천황생일 등이 이에 해당된다. 한국에서는 석가탄신일이나 성탄절이 국경일인 것에 반해, 일본은 천황과 관련된 국경일이 많다는 점이 주목된다.



### | 봄의 국경일 |

#### 1) 오쇼가쓰

오쇼가쓰(お正月)는 1월 1일로 한 해의 시작을 축하하는 날이다. 일본달력을 보면 1월 1일에만 빨간 표시가 되어있고 2일과 3일은 되어있지 않으나, 3일까지는 모두 공휴일이다. 친척들이나 친구네 집을 방문하여 새해 인사를 한다. 조상들에게 추도를 표하고 새해에 자신들의 안녕을 빌기 위해 신사나 절을 찾아가기도 한다.

#### 2) 성인의 날

1월 둘째 주 월요일은 성인의 날(成人の日) 이다. 전년도의 4월 2일부터 그 이듬해 4월 1일까지 20세가 된 사람을 성인으로 인정하고 축하하는 날이다. 1948년에 제2차 세계대전의 패전으로 실의에 빠진 젊은이들에게 용기를 주기 위한 취지로, 1948년 1월 15일 만 20세가 되는 남녀가 성인이 된 것을 축하해 준 것이 기원이다. 이후 2000년에 시행된 해피먼데이법에 근거하여 1

월 둘째 주 월요일로 개정되었다. 해마다 공민관 등의 공공장소에서 성인의 날 축하행사를 개최하나 최근에는 새내기 성인들의 비행이 잦아 폐지론도 거세지고 있는 추세이다. 성인식에 빼놓을 수 없는 것이 후리소데(振り袖 기모노 중 가장 화려하며 미혼 여성만 입을 수 있음)인데 이제 성인이 된 여성들은 성인의 날에 후리소데를 입는다.

성인식

성인식 축하행사

### 3) 건국기념일

2월 11일은 건국기념일(建国記念日)이다. 일본 최고의 역사서인 『일본서기(日本書紀)』에 전해지는 건국신화에 근거해 기원전 660년에 즉위한 진무(神武)천황의 즉위일 1월 1일을 태양력으로 환산한 날이다. 1872년에 설정해 시행되었으나 2차 대전 패전을 계기로 폐지되었다가 1966년부터 다시 시행되었다.



### 4) 춘분의 날

춘분의 날(春分の日)은 3월 21일경으로 밤과 낮의 길이가 같은 날을 뜻한다. 춘분과 추분을 중심으로 한 전후 3일간의 1주일을 히간(彼岸)이라고 하는데, 히간은 생사의 바다를 건너 도달하는 깨달음의 세계 즉, 저세상이라는 뜻이다. 이 기간이 되면 많은 사람들이 조상의 묘에 성묘를 가고 일본황실에서도 천황의 조상에 대한 제사가 행해진다. 절에서는 일주일간 법회를 열며, 스님들은 직접 신도의 집을 방문하여 죽은 영혼을 위로하며 염불을 드린다.

### 5) 쇼와의 날

4월 29일은 현재 천황의 선친인 히로히토(裕仁) 천황의 생일이다. 1989년 쇼와(昭和) 천황이 죽

고 헤세(平成)시대가 되자, 생물학자이며 자연을 사랑한 쇼와 천황을 그리워하는 의미에서 녹색의 날(緑の日)로 개칭되었다. 그러나 장기 불황을 겪고 있는 일본에서 '격동의 세월을 거치면서 일본의 부흥을 일궈낸 쇼와 시대'를 상기한다는 의미에서 2007년부터 쇼와의 날(昭和の日)로 불리게 된다.

## | 여름의 국경일 |

### 1) 헌법기념일

5월 3일 헌법기념일(憲法記念日)은 1947년 5월 3일에 새로운 일본국헌법의 시행을 기념한 날이다. 1947년 5월 2일에 구 헌법인 메이지헌법이 폐지되고 5월 3일 새로운 헌법으로 대치되었는데 새 헌법의 기본원리는 기본적 인권과 평화주의를 존중하며 군비와 전쟁을 금지하며 영원한 평화의 수립을 표명하고 있다.



### 2) 녹색의 날

5월 4일은 녹색의 날(緑の日)로 국경일의 3일과 5일에 끼어있기 때문에 국경일이 되었다. 이날은 2006년까지는 국민의 날(国民の日)이라는 축일이었다. 2007년부터 4월 29일이 쇼와의 날로 되면서 국민휴일이었던 5월 4일이 녹색의 날로 바뀌었다. 자연을 접하며 그 은혜에 감사하고 풍요로운 마음을 기르는 날이다.

### 3) 어린이날

일본의 어린이날(こどもの日)은 한국과 같은 5월 5일이다. 이날은 어린이들의 건강과 행복을 축하하는 날로 원래 단고노셋쿠(端午の節句)라고 해서 남자아이의 성장을 축하하는 날이었다. 어린이날은 골든위크(Golden Week)의 마지막 날이기도 하다. 골든위크란 4월 29일 쇼와의 날부터 시작해 5월 3일 헌법 기념일, 5월 4일 녹색의 날을 거쳐 5월 5일 어린이날까지 이어지는 일본의 대표적 연휴다. 물론 사이에 있는 평일들은 학교나 회사가 쉬는 게 보통이다.

4) 바다의 날

7월 셋째 월요일은 바다의 날(海の日)로 메이지 천황이 1876년 등대 순시선인 메이지미루(明治丸)호를 타고 동북지방을 항해한 후 요코하마(横浜)에 무사히 도착한 것을 기념하여 1996년에 휴일로 지정했다. 이전에는 20일이었지만 2003년부터 매년 7월 셋째 월요일로 변경하였다. 바다의 은혜에 감사하며 해양국 일본의 번영을 기원하는 날이다.

5) 산의 날 (8월 11일, 2016년 제정)

| 가을의 국경일 |

1) 경로의 날

9월 셋째 월요일은 경로의 날(敬老の日)로 연배자에게 경의를 표하고 장수를 기원하는 날이다. 1966년에 '고령자 복지법' 시행을 기념하여 제정되었으며, 쇼토쿠태자(聖徳太子)가 오늘날의 양로원과 같은 시설을 일본에서 처음으로 만들었다는 기록에 유래한 국경일이다. 이전은 15일이었지만 2003년부터 셋째 월요일로 변경되었다. 오랜 세월에 걸쳐 사회에 공헌해 온 노인들을 경애하고 장수를 기원한다.



2) 추분의 날

매년 9월 23일 경을 추분의 날이라고 한다. '조상을 공경하고 돌아가신 분을 그리워 하는 날'로 1948년 국경일로 제정되었다. 추분의 날에는 가족들이 모여 성묘를 가거나, 조상을 공양하는 범회에 참석하기도 한다.

3) 체육의 날

체육의 날(体育の日)은 1964년 10월 10일부터 24일까지 개최된 도쿄올림픽을 기념한 날로 1966년부터 시행되었다. 원래는 개최일이었던 10월 10일이었지만 2000년부터 10월 둘째 월요일로 변경되었다. 스포츠를 즐기며 건강한 심신을 기르는 날이다.

## | 겨울의 국경일 |

### 1) 문화의 날

11월 3일 문화의 날(文化の日)은 1912년에 사망한 메이지천황의 생일이다. 전전(戰前)에는 메이지세쓰(明治節)로 불리었으나 1948년에 문화의 날로 정해졌다. 이 날은 말 그대로 문화활동을 진흥하는 날로 1946년 11월 3일에 일본국헌법이 공포된 일을 기념해 정해졌다. 이날 일본 황실에서는 문화발전에 공헌이 큰 사람들에게 주는 훈장 수여식이 열린다. 훈장 수여 대상자는 문부대신이 임명하는 10인의 심사위원회에서 결정한다. 매년 심사위원회가 선정한 5인을 문부대신이 총리에게 추천하고 총리의 심사와 내각의 심의를 거쳐 훈장을 수여한다.

### 2) 근로감사의 날

11월 23일은 근로감사의 날(勤労感謝の日)이다. 노동과 노동에 의해 생산된 산물에 감사하는 날로 1948년에 법률로 정해졌다. 원래 유래는 가을에 수확한 곡물을 신에게 드리면서 감사하는 니이나메사이(新嘗祭 궁중제사)에서 비롯되었다.



### 3) 천황탄생일(天皇誕生日)

12월 23일은 현 천황인 아키히토(明仁)천황의 생일이다. 1989년 쇼와 천황의 죽음으로 왕위를 계승하고 연호를 헤세(平成)로 고쳤다. 이날은 많은 사람들이 고쿄(皇居 천황의 거처)를 방문해 천황의 건강과 장수를 기원한다.

(이지숙)

Answer 1. × 2. ○ 3. ○ 4. ○ 5. ○

이야기와 감동이 있는
일본문화 탐방

chapter 06

# 재기를 꿈꾸며 비상하는 일본영화

chapter 06

# 재기를 꿈꾸며 비상하는 일본영화

풀어봅시다

1. 일본 대중문화 개방은 2000년에 이루어졌다. (　)
2. 일본영화의 황금기는 1970년대이다. (　)
3. 일본의 영화산업은 텔레비전의 급속한 보급으로 인해 쇠퇴하였다. (　)
4. 일본의 만화 「꽃보다 남자」를 드라마로 처음 만든 나라는 한국이다. (　)
5. 일본영화 「세상의 중심에서 사랑을 외치다」는 한국에서 리메이크되었다. (　)

# 재기를 꿈꾸며 비상하는 일본영화



한국에서의 일본 대중문화 개방은 1998년에 실시되었다. 이후 4차에 걸쳐 단계적으로 개방되면서 많은 일본영화가 한국에 소개되었는데, 처음으로 소개된 일본영화는 베니스영화제에서 황금사자상을 받은 「하나비(花火)」였다. 이어 칸 영화제 그랑프리 수상작인 「가게무샤(影武者)」가 개봉되었지만 둘 다 흥행에는 실패하였다. 그러나 1999년 9월, 2차 개방 이후 개봉된 「러브레터(Love Letter)」가 120만 명의 관객을 동원하는 기록을 세웠다. 특히 눈 덮인 홋카이도의 설경 속에서 죽은 남자 친구에게 '오겐키데스카(お元気ですか)' 즉, '잘 지내요?'라고 소리치는 여자 주인공의 모습은 한국인들에게 깊은 여운을 남겼다.

# 1. 시간을 달리는 영상의 세계

**| 일본영화의 시작 |** 일본영화는 1896년 에디슨이 발명한 키네토스코프(kinetoscope)가 수입된 것이 그 시작이다. 키네토스코프는 상자 속에서 전개되는 영상을 한 사람씩 들여다보는 장치이다. 그로부터 1년 뒤 뤼미에르 형제가 발명한 움직이는 영상을 스크린 위에 영사(映寫)하는 시네마토그라프(cinématographe)가 수입되어 공개되기에 이른다. 이것은 키네토스코프의 단점을 보완한 것으로 많은 사람들이 동시에 스크린을 통해 움직이는 영상을 볼 수 있게 된 것이다.

키네토스코프

1897년에는 일본사람에 의해 최초로 영화가 촬영되었고 이듬해 공개되었다. 초기의 일본영화는 신파극 계통의 현대극과 가부키(歌舞伎) 계통의 시대극이 주류를 이루었고, 촬영기법 또한 고정된 카메라로 인해 무대극을 그대로 복사하는 정도에 그쳤다. 그리고 당시 영화는 '활동사진'이라고 불리었는데 배우의 목소리나 음악이 전혀 나오지 않는 무성영화 시대였다. 그러므로 변사의 활약이 컸던 시대이기도 하다.

시네마토그라프



일본영화는 3대 대형영화사가 설립되면서 활기를 띠기 시작한다. 1912년 발족한 닛카쓰(日活)와 1920년에 설립된 쇼치쿠(松竹), 그리고 1937년에 설립된 도호(東宝)는 각각 서로 다른 특색을 지닌 영화를 제작하여 차별화를 꾀하였다. 닛카쓰는 주로 남녀 간의 사랑을 다룬 멜로영화, 쇼치쿠는 소시민적 행복을 주제로 한 영화, 도호는 사회비판적인 영화를 제작하였다.

특히 1920년대 후반 쇼치쿠에서 활동하던 오즈 야스지로(小津安二郎 1903~1963) 감독은 도시의 서민을 주인공으로 하는 소시민적인 영화를 다수 제작하였다. 이를 계기로 일본영화는 대중들의 공감을 얻게 되었다. 19세에 쇼치쿠에 입사한 오즈 야스지로는 1927년 「참회의 칼날(懺悔

오즈 야스지로

の刃)」로 데뷔하였다. 오즈 야스지로 감독은 지면에서부터 촬영하는 낮은 카메라 앵글과, 높은 곳에서 낮은 곳을 바라보는 모양으로 촬영하는 부감촬영(俯瞰撮影)으로 잘 알려져 있다. 「러브레터」(1995)를 탄생시킨 현대를 대표하는 신세대 감독인 이와이 슌지(岩井俊二 1963~)는 오즈 야스지로 감독의 독특한 연출 기법에 큰 영향을 받았다고 한다.

1927년에 미국에서 「재즈싱어(The Jazz Singer)」라는 세계 최초의 발성영화가 공개되어 화제가 되고 큰 성공을 거둔다. 발성영화는 일명 '토키영화'라고도 하는데 이는 '말하는 그림(takling pictures)'이라는 의미로 '토키'라고 부른 것에서 비롯되었다. 이어 일본에도 1931년 본격적인 발성영화시대가 도래한다. 이로 인해 무성영화시대에 대활약을 했던 변사가 사라지게 되고 배우가 본격적인 직업으로 대두된다.

**| 일본 영화의 전성기 |** 1940년대에 들어와 일본영화는 국가의 통제 하에 놓이게 된다. 1939년 10월에 제정된 '사전검열제도'나 1940년 2월에 발족된 '내각정보국' 등에 의해서였다. 일본영화계는 군국주의를 지향하는 영화를 만들도록 강요당한 것이다. 이어 제2차 세계대전에서 패전한 뒤에는 연합군 사령부의 검열대상이 되는 등 일본영화는 침체기에 빠진다.

그러나 1951년 샌프란시스코 강화조약이 체결되어 미군정의 영화 검열이 폐지되면서 자유롭게 영화를 제작할 수 있는 시대가 도래한다. 이때부터 1960년대 초까지 일본에서는 가장 많은 영화가 제작되었고 영화 관객 수도 최고치에 달하게 된다. 이와 같이 1950년대는 일본영화의 황금기라고 할 수 있는데 이것은 닛카쓰, 쇼치쿠, 도호, 신도호(新東宝), 도에(東映), 다이에(大映) 등의 대형영화사와 독립 프로덕션의 활발한 활동이 있었기 때문이라고 할 수 있다. 당시에는 대형 영화사가 영화의 기획 및 제작, 그리고 극장 경영까지 맡아서 운영하였다. 이 시스템 하에서는 영화사의 통제를 강하게 받기 때문에 감독이 원하는 영화를 만들기는 어렵지만 대규모 자본을 투입하여 뛰어난 기술로 영화를 만들 수 있다.

특히 1950년대에는 해외에서도 일본영화에 주목하였는데, 이에 선구적인 역할을 한 감독이 구로사와 아키라(黒沢明 1910~1998)이다. 구로사와 아키라 감독은 영화를 공부하는 사람들에게 신과 같은 존재이다. 1910년 도쿄에서 태어난 그는 미국 헐리우드식 오락영화인 「스가타 산시

구로사와 아키라

로(姿三四郎)」(1943)로 데뷔하였다. 이 작품은 메이지유신을 배경으로 하여 유도를 하는 젊은 청년의 이야기를 다루고 있다. 구로사와 아키라는 주로 다이내믹한 액션 표현과 때 묻지 않은 휴머니즘을 지향한 작품을 많이 남겼다. 서구인들은 가부키나 노(能)와 같은 일본의 전통적인 연극 양식을 서구 영화 스타일로 녹여낸 구로사와 아키라 감독을 극찬하였고, 그의 작품들은 베를린, 칸, 베니스, 모스크바, 아카데미 영화제 등에서 잇따라 수상을 하였다. 대표작으로는 1951년에 베니스 영화제에서 그랑프리를 수상한 「라쇼몬(羅生門)(1951)을 비롯하여 「이키루(生きる)」(1952), 「7인의 사무라이(七人の侍)」(1954), 「가게무샤(影武者)」(1980) 등이 있다.

이 시기를 대표하는 또 한 명의 감독으로 미조구치 겐지(溝口健二 1898~1956)를 들 수 있다. 그는 「사이카쿠일대녀(西鶴一代女)」, 「우게쓰 이야기(雨月物語)」, 「산쇼다유(山椒太夫)」로 1952년에서 1954년까지 3회 연속으로 베니스영화제에서 수상을 하였다.



이와 같이 당시 일본영화가 해외영화제에서 잇따라 수상을 한 것은 일본영화 속에 근대화 이전의 일본을 무대로 한 것이 많아 서양인들의 오리엔탈리즘을 부추겼던 것이 그 원인 중 하나라고 볼 수 있다.

그리고 1950년대 후반에는 닛카쓰의 활약에 힘입어 청춘 액션영화가 인기를 끌기도 하였다.

미조구치 겐지

사이카쿠일대녀

우게쓰 이야기

## 일본영화계의 영원한 거장, 구로사와 아키라의 대표작

### 「라쇼몬」

「라쇼몬」의 원작은 일본 근대작가 아쿠타가와 류노스케(芥川龍之介)의 단편소설이다. 그의 『덤불 속(藪の中)』(1921)을 바탕으로 하여 「라쇼몬」(1915)의 에피소드를 가미해서 구로사와 아키라와 하시모토 시노부(橋本忍 1918~)가 공동으로 시나리오를 썼다.

영화는 숲을 걷다가 살인사건을 목격하는 나무꾼의 모습으로 시작된다. 산적이 아름다운 여자를 범하고 그의 남편인 무사를 죽이는 살인사건이 발생한 것이다. 사건에 연루된 사람들이 사건의 전말에 대해 증언을 하지만 각자의 이기적인 욕구로 의해 끝내 진상은 밝혀지지 못한다.

이 영화는 1951년 베니스영화제에서 그랑프리를 수상하였고 미국의 아카데미상 특별상을 수상하여 세계적인 명성을 얻었다. 2000년 베니스영화제 50주년에서 최고의 영화로 선정되기도 하였다.

구로사와 아키라 감독은 영화의 마지막 부분에 원작에는 없는 장면을 삽입하였는데, 나무꾼이 무사 아내의 아기를 안고 라쇼몬(옛 도성의 정문)을 뒤로 한 채 비가 그친 길을 걸어가는 장면이다. 즉, 각자의 이기심으로 인해 살인사건은 미궁에 빠졌지만 마지막 부분에 이타심이 승리하는 것을 보여주고 있는 것이다. 이것이 구로사와 아키라 감독의 휴머니티와 미래에 대한 시각을 드러내는 부분이라고 할 수 있다.



### 「7인의 사무라이」

「7인의 사무라이」는 산적들의 침략에 시달리는 농민들이 사무라이들에게 도움을 요청하고 이에 응한 7명의 사무라이들이 마을에 들어와 농민들과 함께 산적들을 물리치는 이야기이다.

영화란 움직임으로 구성되어야 한다는 구로사와 아키라 감독의 신념이 가장 극명하게 드러난 작품으로 베니스영화제에서 은사자상을 수상했고, 미국의 존 스터지스(John Sturges 1911~1992) 감독이 「황야의 7인(The Magnificent Seven)」(1960)이라는 제목으로 미국판으로 번안해서 영화화하기도 하였다.

언제나 핍박받는 하층계급인 농민들과 영광스러운 전성기를 다 보낸 사무라이들은 서로 어울릴 수 없는 갈등 관계이지만 이 영화에서는 감독의 휴머니즘을 통해서 서로 돕는 절묘한 융화의 모습을 보여주고 있다.

특히 마지막 부분의 빗속에서 펼쳐지는 전투신은 영화사에 길이 남을 명장면으로 꼽히고 있다. 2003년 기타노 다케시(北野武 1947~) 감독은 「자토이치(座頭市)」라는 영화에 존경의 표시로 이 장면을 삽입하기도 하였다.

**| 일본영화의 침체기 |** 황금기를 누리던 일본영화는 1960년대에 들어와 퇴조의 조짐을 보이기 시작하는데 이는 텔레비전의 보급 때문이다. 1953년 텔레비전 방송이 실시되고 이어 1959년 황태자의 결혼과 컬러 텔레비전의 보급, 1964년 도쿄올림픽을 계기로 텔레비전을 구입한 가정이 많아짐에 따라 영화산업은 사양화의 길을 걷게 된 것이다. 또한 미국 메이저사의 블록부킹제(1920년대 미국 전역에 영화관 체인을 소유했던 대규모 영화사들이 흥행업자인 극장주에게 행했던 전횡적인 영화판권 거래행위. 인기흥행작과 3류 영화를 끼워서 판매하는 것)가 일본에도 들어와 이로 인해 독립 프로덕션이 도산한 것 또한 퇴조의 원인 중 하나라고 할 수 있다.

교사형

영화관을 찾는 관람객 수가 줄어들자 각 메이저급 영화사들은 새로운 돌파구를 마련하기 위하여 젊은 감독들을 기용하기 시작하였고, 쇼치쿠의 오시마 나기사(大島渚 1932~)를 중심으로 누벨바그(nouvelle vague), 즉 새로운 물결이 일었다. 특히 오시마 나기사는 사회문제를 고발하는 작품을 많이 남겼는데 재일동포 소년의 살인사건 실화를 영화화한 「교사형(絞死刑)」(1968) 등은 차별이라는 문제를 화두로 내건 문제작으로 영화사상 화제로 남는 작품이다.

결국 텔레비전의 급속한 보급과 세계 영화계의 변화로 인해 메이저 영화사를 중심으로 한 스튜디오 시스템(studio system)이 붕괴된다. 스튜디오 시스템은 영화 스튜디오가 자신들의 촬영소에서 자신들이 계약한 스태프들과 영화를 제작하고 소유권을 교묘하게 활용하여 이득을 증가시키는 것이다. 1920년대 초부터 1950년대까지 헐리우드에서 주로 채택되었던 필름 제작 및 배포의 방식인데, 1948년 연방 대법원에서 이에 대해 위법이라는 판결이 내려져 스튜디오 시스템은 막을 내리게 되었던 것이다. 1971년 도호는 제작 분리를 기점으로 점차적으로 제작에서 손을 떼고 극장 체인망을 구축하여 배급 흥행사로서 최고의 메이저사로 부상한다. 그러나 헐리웃 영화의 강타로 인해 시장 점유율을 대폭 빼앗기고 만다.

이와 같은 일본영화의 쇠퇴 속에서도 1969년부터 1995년까지 쇼치쿠가 제작한 「남자는 괴

남자는 괴로워

로워(男はつらいよ)」는 전 작품이 흥행에 성공하였고 세계최장기 시리즈 영화로 기네스북에 오르기까지 하였다.

또한 1961년 11월 일본영화 전용관조합인 ATG(Art Theater Guild)가 탄생되어 독립프로덕션과 제휴하여 천만 엔 정도의 저예산 영화를 공동으로 제작 · 배급한 것도 이 시기의 특징 중 하나라고 볼 수 있다.

1960년대에는 야쿠자영화가 대중적인 인기를 끌었는데, 이것은 각 영화사가 새로운 활로를 모색하기 위해 노력한 결과인 한편 1960년대 후반 전국적으로 확산된 일본학생운동의 영향 때문이라고 할 수 있다. 관객들은 정의감이 넘치고 의리 있는 야쿠자를 통해 답답한 현실에 대한 대리만족을 느꼈던 것이다.

그리고 1970년대는 에로영화가 많이 제작된 시기이기도 하다. 특히, 경영난에 봉착한 닛카쓰는 다년간 쌓아온 노하우와 기술진을 토대로 종래의 핑크(에로)영화와는 다른 고품격 작품을 만드는데 이에 '로망 포르노'라는 이름을 붙여 다른 핑크 영화와의 차별화를 꾀하여 성공하기도 하였다. 그러나 1980년대 비디오의 보급으로 인기를 얻기 시작한 성인비디오로 인해 로망 포르노는 쇠퇴하였다.



**| 절망과 기회의 시대 |** 1980년대 일본영화계는 메이저 영화사들의 경영악화와 비디오의 보급, 헐리웃 영화의 쇄도 등으로 인해 침체기에 접어든다. 그러나 다양한 직종의 다양한 인물이 영화계에 입문할 수 있는 계기가 되었다. 내용면에 있어서도 파격적인 소재나 참신한 주제의 작품이 다수 제작되어 1980년대는 절망의 시대인 동시에 기회의 시대라는 양면성을 띠게 된다. 1980년에 제작된 구로사와 아키라 감독의 「가게무샤」가 칸느영화제에서 그랑프리를 수상하고 신인감독들의 활동이 두드러지게 나타나면서 일본영화는 제2의

가게무샤

부흥을 위한 준비를 하기 시작한 것이다.

또한 이 시기의 커다란 특징 중의 하나로 애니메이션의 흥행을 들 수 있다. 스튜디오 지브리를 통해 등장한 미야자키 하야오(宮崎駿 1941~) 감독은 작품성과 흥행에 성공하여 재패니메이션(Japanimation)시대를 주도하게 된다.

그리고 ATG의 영향을 받아 1968년 설립된 이와나미(岩波)홀을 중심으로 도쿄에 미니 시어터가 생겨나기 시작했고 이후 미니 시어터의 붐이 조성되기도 하였다.

**| 인디감독들의 활동시대 |** 1990년대 일본경제는 장기적인 불황에 돌입한다. 일본영화계 또한 제작사가 도산하거나 영화관의 수가 감소하게 되는데, 이러한 현실 속에서도 자신의 스타일이나 작품세계를 마음껏 펼치는 신세대 인디(indie)감독들의 개성 있는 작품활동에 힘입어 국제영화제에서 일본영화가 다시 주목을 받는다. 보통 인디영화라고 하면 영화제작사의 자본이나 지원을 받지 않고, 감독 자신이 독자적으로 예산을 마련하여 제작하는 독립영화를 말한다. 제작비가 적다는 단점이 있지만 제작자로부터 간섭을 받지 않기 때문에 감독은 자신의 스타일이나 작품세계를 마음껏 펼칠 수 있다. 대표적으로 칸영화제에서 황금종려상을 받은 이마무라 쇼헤(今村昌平 1926~2006) 감독의 「우나기(うなぎ)」(1997), 제54회 베니스영화제에서 황금상을 수상한 기타노 다케시 감독의 「하나비」(1997) 등이 있다. 스오 마사유키(周防正行 1956~) 감독의 「쉘 위 댄스(Shall we ダンス?)」(1996)는 중년 샐러리맨이 사교댄스를 통해 인생을 재발견하는 스토리로 대히트를 거두었고 미국에서 리메이크되기도 하였다.

우나기

하나비

쉘 위 댄스

또한 일본 애니메이션의 해외진출은 일본영화시장에 있어서 획기적인 일이었다. 미국과 유럽에서 일본 애니메이션이 TV애니메이션 시장을 독점해버렸고 일본 애니메이션을 숭상하는 오타쿠족(オタク族)들이 속출하여 비디오 시장을 석권하기에 이른다. 그리고 복합영화관 건립붐에 따른 스크린 수의 증가로 영화산업이 다시 활기를 띠게 되었다.

**일본영화요금은 얼마?**

요 금 : 일반 1,800엔
대학생 1,500엔
초중고 1,000엔
장애인 1,000엔(장애인증명서 필요)
할인정보 : 수요일 1,000엔
매월 1일 1,000엔
부부 중 한쪽이 50세 이상이면 2,000엔(연령증명서 필요)
장애인 보호자(1명만) 1,000엔
회원할인 있음(자세한 사항은 영화관에서)

-도쿄 소재 영화관의 일례-



## 2. 흥행순위로 알아보는 일본영화

지금까지 개봉된 일본영화 중에서 흥행순위 랭킹에 올라와 있는 영화를 살펴보면 상위 3위까지는 지브리에서 제작된 애니메이션이 차지하고 있다. 영화 중에는 「춤추는 대수사선2(踊る大捜査線2)」, 「남극이야기(南極物語)」, 「세상의 중심에서 사랑을 외치다(世界の中心で 愛をさけぶ)」, 「히어로(HERO)」, 「꽃보다 남자(花より男子)」등이 있다.

**「춤추는 대수사선2」**

「춤추는 대수사선」은 1997년 후지TV에서 방영된 드라마

로, 진솔한 경찰들의 이야기와 경직된 경찰 조직에 대한 비판과 함께 유머가 적절히 조화되어 있어 폭발적인 인기를 얻었다. 이후 시리즈로 제작되어 텔레비전을 통해 방영되었고 영화로 만들어지는 등 계속해서 꾸준한 인기를 얻고 있다.

2003년에 개봉된 「춤추는 대수사선2 - 레인보우 브릿지를 봉쇄하라」는 도쿄의 인공섬인 오다이바(お台場)를 중심으로 하여 펼쳐지는 액션 코미디물이다. 모토히로 가쓰유키(本広克行 1965~)감독이 메가폰을 잡았고 오다 유지(織田裕二 1967~), 후카쓰 에리(深津絵里 1973~)가 주연을 맡았다.

이전의 스토리와 마찬가지로 살인사건의 범인을 추적해 가는 과정을 그리고 있지만 실은 일반경찰들과 특별수사본부 경찰들의 내부갈등에 초점이 맞춰져 있다. 늘 컵라면으로 끼니를 때우고 평범한 도시락을 먹으며 현장을 뛰어다니는 경찰들과는 대조적으로 특별수사본부의 간부들은 이론적인 지시만 하고 먹는 도시락 또한 특별하다. 그러나 일반경찰들에 의해 사건이 현장에서 해결되는 과정을 통쾌하게 보여주고 있다.

106

**| 「남극이야기」 |**

「남극이야기」는 1983년에 개봉된 영화이다. 1958년 남극탐험대의 실화를 바탕으로 제작되었다. 남극탐험대는 갑작스런 기상악화로 인해 썰매를 끌던 개를 남겨두고 왔는데 1년 뒤 혹독한 자연조건에서 살아남은 개들과 탐험대가 다시 만난다는 감동적인 이야기이다. 개들의 생존투쟁이 남극의 웅대한 자연을 배경으로 하여 잘 나타나 있어 개봉 당시, 일본의 각종 흥행기록을 깨며 일본열도에서 이슈가 되었고 이후 텔레비전을 통해서도 계속해서 방영이 되었다.

구라하라 고레요시(蔵原惟繕 1927~2002)가 감독을 맡았고 「철도원(鉄道員)」(1999)으로 잘 알려진 일본의 국민배우 다카쿠라 겐(高倉健 1931~)이 주연을 맡았다. 2006년에는 「에이트 빌로우(Eight Below)」라는 이름으로 미국에서 리메이크되었다.

**| 「세상의 중심에서 사랑을 외치다」 |** 유키사다 이사오(行定勲 1968~)의 「세상의 중심에서 사랑을 외치다」는 2004년에 개봉되었다. 원작과는 다소 차이가 있지만 2001년 4월에 발간된 가타야마 교이치(片山恭一 1959~)의 소설을 바탕으로 하고 있다.

결혼을 앞둔 한 남자가 고등학교 때 사별한 연인이 남긴 마지막 테이프를 발견하고 그녀와의 아련한 추억을 기리는 여행을 떠나는 내용을 그린 연애드라마이다. 특히 영화는 과거와 현재를 오가며 진행되는데 현재의 신은 비가 오는 장면을 중심으로, 과거의 신은 맑은 파란 하늘을 중심으로 전개된다. 심야 라디오 방송에 엽서를 보내 자신의 사연이 뽑히기를 기다리는 장면이나 소니의 히트상품인 워크맨으로 상징되는 1980년대 일본 젊은이들의 모습을 엿볼 수 있는 작품이기도 한다.

영화의 제목을 간단히 줄인 '세카추(세중사)'라는 신조어가 생겼고 원작 소설 판매량의 급증은 물론 히라이 겐(平井堅 1972~)의 감미로운 목소리를 담은 주제곡이 인기가 있어 음반 판매량 또한 당시 1위의 기염을 토해냈다.

**| 「히어로」 |** 2001년 후지TV에서 방영된 드라마 「히어로」는 일본 드라마 사상 최고 시청률을 기록하였다. 영화 개봉을 위해 후지TV는 2006년에 도쿄지검에서 오키나와(沖縄)로 발령받아 살인사건을 해결하는 검사 구류(久利生)의 활약상을 담은 드라마 특별판을 제작하여 사람들의 가슴을 부풀게 하였고 2007년 극장판에서 다시 도쿄로 컴백하는 구류의 모습을 담았다.

영화는 스즈키 마사유키(鈴木雅之 1958~)가 감독을 맡았고 홍

행 보증수표이기도 한 그룹 스마프(SMAP)의 멤버인 기무라 다쿠야(木村拓哉 1972~)가 구류역을 맡았다.

줄거리는 사건을 해결하다가 위기에 처한 검사가 그 속에 숨은 음모를 파헤치는 과정을 그리고 있는데, 사건의 중요한 단서를 찾기 위해 검사가 부산으로 오고 이병헌이 우정출연을 하여 화제가 되기도 하였다.

특히 검사하면 떠오르는 고정적인 이미지를 깨고 현장을 직접 찾아다니고 정장 대신 청바지를 입고 홈쇼핑 중독 증세를 보이는 독특한 캐릭터를 능청맞게 소화해내는 기무라 다쿠야의 모습에 일본 열도는 열광했으며 정의감이 강하고 최선을 다해 예리하게 사건을 파헤치는 모습에 갈채를 보냈다.

**| 「꽃보다 남자」 |** 「꽃보다 남자」의 원작은 가미오 요코(神尾葉子 1966~)가 쓴 일본의 소녀만화이다. 1992년부터 2004년까지 『마가렛(マーガレット)』에 연재되었다. 일본에서 1995년에 영화로, 1996년에 애니메이션으로 만들어졌다.



이 만화를 원작으로 하여 대만에서 2001년에 드라마로 제작하였는데, 이것이 세계 13개국에서 높은 시청률을 기록하자 일본은 2005년이 되어서야 드라마로 만들었다. 한국에서도 2009년에 리메이크되어 높은 시청률을 기록하였다. 특히 여심을 사로잡는 F4의 캐스팅은 대만을 비롯하여 일본, 한국에서도 큰 관심의 대상이 되었다.

「꽃보다 남자1」은 명문가, 재벌가의 자제들만 다니는 고등학교를 배경으로 하여 유일한 서민인 여고생과 F4라는 4명의 부잣집 아들들이 엮어가는 이야기이다. 2007년에 「꽃보다 남자2」가 방영되기도 하였다.

2008년에 개봉된 「꽃보다 남자-파이널」은 그로부터 4년 후의 이야기를 담고 있는데 이시이 야스하루(石井康晴 1968~)가 메가폰을 잡았고, 이노우에 마오(井上真央 1987~), 그룹 아라시(ARASHI)의 멤버로 가수로서도 활동 중인 마쓰모토 준(松本潤 1983~)이 열연하였다.

영화의 주요 내용은 결혼선물로 받은 보석을 도난당한 남녀 주인공이 이것을 찾으러 라스베가스, 홍콩 등지를 여행하는 이야기이다. 세계 각국에 흩어져 살고 있는 F4멤버들도 이 소식을 듣고 도와준다.

어떤 상황에서도 굴하지 않는 여고생의 매력과 재벌 남자와의 사랑 이야기에 서스펜스적인 요소까지 가미된 작품이라고 할 수 있다.

**＊한국에서 리메이크된 일본영화와 드라마**

| 일본 | 한국 |
|---|---|
| 네가 날 잊어도(2001) | 내 머리 속의 지우개(2004) |
| 세상의 중심에서 사랑을 외치다(2004) | 파랑주의보(2005) |
| 플라이, 대디, 플라이(2005) | 플라이대디(2006) |
| 하얀 거탑(2003) | 하얀 거탑(2007) |
| 결혼 못하는 남자(2006) | 결혼 못하는 남자(2009) |
| 백야행(2006) | 백야행(2009) |
| 드래곤 사쿠라(2005) | 공부의 신(2010) |
| 너는 펫(2003) | 너는 펫(2011) |
| 화차(1994, 2011) | 화차(2012) |
| 파견의 품격(2007) | 직장의 신(2013) |

(윤혜영)



Answer 1. × 2. × 3. ○ 4. × 5. ○

이야기와 감동이 있는
일본문화 탐방

chapter 07

# 세계 속에서 살아 숨 쉬는 아니메

1. 아톰에서 센으로 이어지는 길
2. 꿈과 희망을 만드는 스튜디오

chapter 07

# 세계 속에서 살아 숨 쉬는 아니메

풀어봅시다

1. 일본에서 처음 상영된 디즈니 장편애니메이션은 「백설공주」이다. (  )
2. 아톰은 특별주민등록증이 있다. (  )
3. 일본 최장수 TV애니메이션은 「베르사유의 장미」이다. (  )
4. 일본 애니메이션 중에서 가장 흥행한 것은 「센과 치히로의 행방불명」이다. (  )
5. 미야자키 하야오가 설립한 스튜디오는 가이낙스이다. (  )

# 세계 속에서 살아 숨 쉬는 아니메



애니메이션(Animation)은 라틴어 'animatus'에서 유래하였으며 '생명을 불어 넣다. 활기를 띠게 하다'라는 의미를 가지고 있다. 일본사람들은 애니메이션을 줄여서 '아니메(アニメ)'라고 말하고 일본특유의 구성이 드러나는 애니메이션을 '재패니메이션(Japanimation=Japan+animation)' 이라고도 한다. 아니메와 재패니메이션은 세계적으로 통용되는 용어이기도 한데 이와 같이 현재 세계 속에서 일본 애니메이션이 차지하는 비중은 매우 크다고 할 수 있다.

애니메이션은 다른 형태의 콘텐츠로 만들어져 수익을 창출시키는 '창구효과(Window Effect)'를 발생시키고 캐릭터산업을 발달시킨다. 따라서 세계적으로 많은 사람들에게 사랑을 받고 있는 애니메이션을 통해 일본은 그들의 다양한 문화를 세계에 알리고 있음은 물론 경제적으로도 높은 부가가치를 얻고 있는 것이다.

# 1. 아톰에서 센으로 이어지는 길

**| 애니메이션의 태동기 |** 일본 애니메이션의 초기모습은 1920년대 및 1930년대에도 찾아볼 수 있지만 본격적인 출발은 1940년대부터라고 할 수 있다. 1940년대에는 미국 애니메이션이 다수 상영되었다. 특히, 일본에서 처음으로 상영된 디즈니 장편애니메이션인「백설공주」는 애니메이션계에 종사하는 많은 사람들에게 신선한 충격을 안겨 주었다.

제2차 세계대전 이후 일본영화의 부흥에 힘입어 대형 영화사인 도에(東映)는 1956년 자회사로 애니메이션 전문업체인 '도에동화'를 설립하였다. 이는 대규모 스튜디오에서 막대한 자본을 투자한 상업적인 애니메이션의 출발을 알리는 것이라고 할 수 있다.「빨간머리 앤(赤毛のアン)」(1979),「반딧불 묘(火垂るの墓)」(1988)로 알려진 다카하타 이사오(高畑勳 1935~)나「원령공주(もののけ姫)」(1997),「센과 치히로의 행방불명(千と千尋の神隠し)」(2001)으로 유명한 미야자키 하야오(宮崎駿 1941~)도 이 스튜디오의 스텝으로 애니메이션계에 입문하였다. 도에동화는 1958년에 일본최초의 장편 컬러 애니메이션인「백사전(白蛇伝)」을 제작하였다.「백사전」은 중국의 민화를 제재로 한 러브스토리 애니메이션이다.

백사전



**| TV애니메이션의 출발기 |** 1960년대에는 만화가 겸 애니메이션 작가로 다양한 장르에 걸쳐 정열적인 작품 활동을 한 데즈카 오사무(手塚治虫 1928~1989)가 등장하여 애니메이션계의 흐름을 바꿔놓는 역할을 하였다. 의학박사인 데즈카 오사무는 1961년 무시(虫) 프로덕션을 설립하고 1963년 일본최초의 TV용 애니메이션인「철완아톰(鉄腕アトム)」을 제작하였다. 그는 적은 제작비와 쫓기는 시간을 해결하기 위해 '리미티드 애니메이션(limited animation) 기법'을 시도하여 대성공을 거두었다. 리미티드 애니메이션 기법이란 1초간 촬영하는 그림의 매수를 줄여 움직임에 절대적으로 필요한 캐릭터의 일부 동작과 키 포즈에 해당하는 움직임만을 그

려내는 제작방식을 말한다. 이 기법은 작품의 질은 다소 떨어지지만 저렴한 자금으로 다수의 애니메이션을 제작할 수 있고 캐릭터의 특성과 액션 효과를 높일 수 있다는 장점이 있다.

원래 「철완아톰」은 데즈카 오사무가 월간잡지에 14년간 연재하던 만화였는데 TV애니메이션의 성공으로 인해 1963년부터 1966년까지 총 193화가 흑백으로 제작되었고 1980년에는 컬러애니메이션으로 리메이크되어 방영되었다. 이와 같은 애니메이션의 인기로 인해 아톰은 학용품이나 옷 등에 새겨지거나 여러 가지 스타일의 인형으로 만들어졌다. 아톰은 현재까지도 기억되고 있는 일본캐릭터의 효시라고 할 수 있는데, 프로덕션이 위치한 사이타마현(埼玉県)에서 지역사회 특성화의 일환으로 아톰에게 특별주민등록증을 발급하기도 하였다.

### 아톰, 사이타마현 니자시 시민되다!

만화가 고(故) 데즈카 오사무 씨가 그린 철완아톰의 생일은 2003년 4월 7일로 데즈카 프로덕션의 스튜디오가 있는 사이타마현 니자시(新座市)에서는 이날 아톰에 대한 주민등록을 실시한다. 원작에서는 '도쿄 다카다노 바바의 과학성'에서 태어났지만 데즈카 프로덕션의 배려로 니자시민이 되는 것이다. 당일 시청에서는 아톰의 주민표 사본과 기념 실(Seal)을 배포한다.

-「마이니치(毎日)신문」 2003.3.19 -

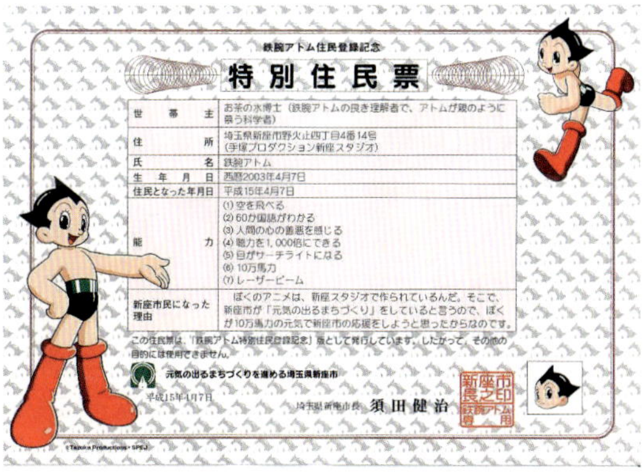
鉄腕アトム住民登録記念

特別住民票

| | |
|---|---|
| 世帯主 | お茶の水博士（鉄腕アトムの良き理解者で、アトムが親のように慕う科学者） |
| 住所 | 埼玉県新座市野火止四丁目4番14号（手塚プロダクション新座スタジオ） |
| 氏名 | 鉄腕アトム |
| 生年月日 | 西暦2003年4月7日 |
| 住民となった年月日 | 平成15年4月7日 |
| 能力 | (1) 空を飛べる<br>(2) 60カ国語がわかる<br>(3) 人間の心の善悪を感じる<br>(4) 聴力を1,000倍にできる<br>(5) 目がサーチライトになる<br>(6) 10万馬力<br>(7) レーザービーム |
| 新座市民になった理由 | ぼくのアニメは、新座スタジオで作られているんだ。そこで、新座市が「元気の出るまちづくり」をしていると言うので、ぼくが10万馬力の元気で新座市の応援をしようと思ったからなのです。 |

この住民票は、「鉄腕アトム特別住民登録記念」版として発行しています。したがって、その他の目的には使用できません。

元気の出るまちづくりを進める埼玉県新座市

平成15年4月7日

埼玉県新座市長 須田健治

新座市長之印 鉄腕アトム専用

아톰의 특별주민등록증

또한 이 시기에 제작된 대표적인 애니메이션으로는 「거인의 별(巨人の星)」(1968)과 「태양의 왕자 호루스의 대모험(太陽の王子ホルスの大冒険)」(1968) 등이 있다. 「거인의 별」은 도쿄무비에서 제작

사자에산

되었고 1968년부터 1971년까지 요미우리 TV를 통해 방영된 182화에 이르는 대작 애니메이션으로 야구만화의 원조이기도 하다. 다카하타 이사오 감독의 「태양의 왕자 호루스의 대모험」은 1968년 도에동화에서 제작되었다. 인간 세상을 어지럽히는 악마에 대항하여 태양의 검을 지닌 소년 호루스와 부락민들이 힘을 합쳐 싸운다는 스토리로 아이누족의 전승설화를 작품의 모티브로 삼고 있다.

1969년부터 현재까지 매주 일요일 저녁 후지TV에서 인기리에 방영되고 있는 최장수 애니메이션인 「사자에산(サザエさん)」은 3대가 같이 살면서 겪는 가족이야기 또는 신변잡기적인 일상이야기를 코믹하고 훈훈하게 그려내고 있다.



| 애니메이션의 발전기 | 1970년대는 로봇물 및 SF하드물이 다수 제작되었는데, 대표적으로 「마징가 Z(マジンガーZ)」(1972), 「우주전함 야마토(宇宙戦艦ヤマト)」(1974), 「기동전사 건담(機動戦士ガンダム)」(1979)을 들 수 있다.

마징가Z

우주전함 야마토

기동전사 건담

「마징가 Z」는 나가이 고(永井豪 1945~)의 장편만화가 원작으로, 1972년에 텔레비전을 통해 방영되었다. 한 고등학생이 조부가 만들어 준 거대로봇인 마징가Z를 조종하여 세계정복을 노리는 악당과 싸우는 이야기이다. 주제곡이 크게 히트하였고 관련 완구 또한 인기가 있어 상업적인 성공을 거두었다.

「우주전함 야마토」는 일본 요미우리TV에서 방영된 SF애니메이션 시리즈이다. 2199년을 배경으로 하고 있고 우주전함 야마토가 우주인의 침략을 받은 지구를 구하는 이야기이다. 전투 장면에 대한 치밀한 묘사와 야마토에 승선한 인간들의 섬세한 관계설정이 돋보인다. 그러나 태평양 전쟁에서 격침된 옛 일본군 전함인 야마토가 외계인의 침략을 물리친다는 설정으로 인해 작가인 마쓰모토 레지(松本零士 1938~)의 국수주의 및 군국주의 사상을 데즈카 오사무는 언론과의 인터뷰에서 공개적으로 비판하기도 하였다. 어린이보다 청소년 이상의 연령층 사이에게 큰 인기를 끌었고 후에 만화, 극장판 애니메이션, 소설로도 만들어졌다.

「기동전사 건담」은 우주세기 0079년 건담을 조종하는 소년・소녀들이 적과 싸우며 성장해 가는 모습을 그린 이야기이다. 주인공을 중심으로 펼쳐지는 기존의 틀에 박힌 스토리를 깼으며 로봇 또한 현실성이 중시되면서 '리얼 로봇물'이라는 새로운 장르를 탄생시켰다.

이와 같이 로봇물이 소년들의 마음을 빼앗고 있을 때 등장한 「캔디 캔디(キャンディ・キャンディ)」(1976)는 소녀들의 관심과 동경의 대상이 되기에 충분한 것이었다. '외로워도 슬퍼도 나는 안 울어, 참고 참고 또 참지 울긴 왜 울어'로 시작되는 주제곡을 통해 알 수 있듯이 캔디는 가난하고 불행하지만 늘 밝은 웃음을 간직하고 있는 명랑하고 꿋꿋한 소녀이다. 캔디 이외에도 테리우스, 안소니, 일라이자 등 개성 있는 캐릭터를 지닌 등장인물들은 일본의 소녀들뿐만 아니라 한국 소녀들의 마음도 설레게 만들었다. 성별, 연령을 불문하고 큰 인기를 얻은 「캔디 캔디」는 일본 최초로 주제가 앨범이 제작되었고 100만장 이상이 판매되었다. 그리고 혁명 전후의 프랑스를 배경으로 한 오스칼과 앙드레의 슬픈 사랑이야기를 담은 「베르사유의 장미(ベルサイユのばら)」(1979)도 이 시기의 작품이다.

캔디 캔디

베르사유의 장미

미래소년 코난 기념우표

1978년에는 미야자키 하야오 감독이 단독으로 연출을 맡은 「미래소년 코난(未来少年コナン)」이 발표되었는데 이것은 그의 데뷔작이자 NHK 최초의 애니메이션 연속물이기도 하다. 이 작품은 알렉산더 케이(Alexander Key)의 SF소설 『살아남은 사람들(The Incredible Tide)』이 원작으로 과학문명의 오용으로 인한 암울한 미래와 원시 공동체에의 동경 등을 그려내고 있다. 이러한 요소들은 미야자키 하야오 감독의 이후 작품들에도 많은 영향을 끼쳤다.

| 애니메이션의 전성기 | 1980년대는 내용과 기술면에서 큰 발전을 거둔 애니메이션의 전성기라고 할 수 있다. 방송이 아닌 판매목적으로 VCR용 카세트 또는 DVD 형태로 판매되는 OVA(Original Video Animation)가 출현한 것도 이때이다. 1983년 오시이 마모루(押井守 1951~)가 감독한 지구인과 달 이주민 사이의 정체성의 대립을 그린 「달로스(ダロス)」가 OVA 애니메이션의 최초 작품이지만 흥행에는 실패하였다. 그러나 다나카 요시키(田中芳樹) 소설이 원작인 「은하영웅전설(銀河英雄伝説)」(1988)은 큰 성공을 거두었다. 이것은 110화가 OVA로 제작되었고 외전(外伝) OVA도 계속해서 만들어지고 있다. 만화책 및 컴퓨터게임으로도 출시되어 있다.

1980년대의 또 하나의 특징으로 가이낙스와 스튜디오 지브리의 설립을 빼놓을 수 없다. 이 스튜디오를 통해 원작을 만화에 의지하지 않는 오리지널 스토리의 극장용 애니메이션 작품이 다수 제작되었다.

한국에서 호빵맨으로 친숙한 야나세 다카시(柳瀬嵩 1919~)의 「안판맨(アンパンマン)」(1988)도 이 시기의 작품인데 개성 있는 캐릭터로 인해 400여 편에 달하는 TV용 애니메이션 시리즈와 극장용 애니메이션 등으로 제작되었다.

| 애니메이션의 세계화 | 1990년대의 특징으로서 오타쿠(オタク)문화의 대두를 들 수 있다. 오타쿠란 특정 분야나 취미에 열중하는 사람을 가리키는 일본어로 광적인 매니아라고 할 수 있다. 오타쿠는 원래 '당신', '댁'이라는 뜻을 지닌 이인칭 대명사이다. 오타쿠라는 말은 1983년 일본에서 처음 사용되었는데 만화나 애니메이션뿐만 아니라 게임, 퍼스널 컴퓨터, 비

디오 등 서로 관련이 있는 대중문화에 몰두하며 같은 취미를 가진 사람들이 동호회에서 만나 예의를 지키고 존중하는 의미에서 오타쿠라고 불렀던 것이다. 노무라(野村)연구소가 2005년 10월 7일 밝힌 자료에 따르면 일본 내에 있는 오타쿠는 모두 172만 여명이며 오타쿠 시장은 한국 돈으로 약 4조원 규모라고 한다.

신세기 에반게리온

이러한 오타쿠문화를 발전시킨 것은 1995년에 방영된「신세기 에반게리온(新世紀エヴァンゲリオン)」이다.「신세기 에반게리온」은 안노 히데아키(庵野秀明 1960~)가 연출한 작품으로 가이낙스의 에바 프로젝트에 의하여 제작되었는데 텔레비전 방영 당시는 시청률이 10% 미만으로 그다지 주목받지 못하였다. 그러나 뒤늦게 오타쿠의 관심의 대상이 되면서 '에바 신드롬'을 불러일으켰다. 2015년을 배경으로 하고 있으며 지구를 구하기 위해 비밀리에 만들어진 인조인간 에반게리언(EVA)과 이것을 조종하는 소년이 등장한다. 목숨을 걸고 싸워야만 하는 혹독한 전투상황과 함께 인간의 좌절과 고독이 그려지고 있다. 오타쿠들은 작품에서 전달하고자 하는 수수께끼를 푸는 재미에 열광하였고 1997년에는 극장판으로 만들어지기까지 하였다.

공각기동대

그리고 오시이 마모루 감독에 의해 극장판 애니메이션으로 제작된「GHOST IN THE SHELL/공각기동대(攻殼機動隊)」(1995)도 선풍을 불러일으켰고 참신한 기술과 완성도 높은 내용으로 인해 미국과 영국 등 세계 각국에서 동시 개봉되었다. 이것은 1996년 미국 빌보드지의 비디오 차트에서 1위를 하였고 수많은 헐리웃 영화에 다양한 영향을 미쳤다. 2004년「공각기동대」의 속편으로 나온「이노센스(イノセンス)」는 칸느영화제에 출품되어 높은 평을 받았고 미국의 평론가들에 의해서 2004년 최고의 애니메이션으로 뽑혔다.

또한 지브리의 애니메이션이 디즈디 보급망을 타고 세계 애니메이션 시장에 수출되었는데 이와 같이 일본 애니메이션이 메이저급으로 발돋움한 것도 이 시기의 특징으로 들 수 있다.

짱구는 못 말려

그 밖에 다양한 작품들이 선풍적인 인기를 불러일으켰다. 먼저 「마루코는 아홉살(ちびまる子ちゃん)」는 1990년 1월 7일 일본 후지TV에서 첫 방송을 시작하였는데 둥글고 작다는 뜻을 가진 마루코는 초등학교 3학년인 주인공의 별명이다. 덜렁대는 성격을 지닌 귀여운 마루코의 일상생활을 특유의 개그로 따뜻하게 그려내고 있다. 2기 주제곡은 단순한 후렴구가 경쾌하게 반복되는데 164만장의 싱글 판매고를 기록하였다고 한다. 「짱구는 못 말려(クレヨンしんちゃん)」는 우스이 요시토(臼井儀人 1958~2009) 원작의 성인 만화이다. 1992년부터 TV 애니메이션 시리즈로 제작되어 방영되고 있다. 호기심이 가득한 말썽꾸러기 짱구와 그 가족들이 펼치는 이야기를 코믹하게 그려내고 있다. 세일러복의 소녀 전사들이 등장하는 「세일러 문(セーラームーン)」은 1991년부터 1996년까지 『나카요시(なかよし)』에 연재되었던 만화이다. 1996년 TV아사히를 통해 방영되었다. 남자가 중심이었던 기존의 애니메이션과는 달리 초능력과 특수무기로 악당을 물리치는 소녀들의 모습은 신선함을 안겨 주었다. 그리고 1990년부터 1996년까지 『주간 소년 점프』에 연재된 이노우에 다케히코(井上雄彦 1967~)의 「슬램 덩크(SLAM DUNK)」는 고등학생 주인공이 농구를 배우며 성장하는 모습을 그리고 있다. 도에에서 애니메이션으로 만들었다. 또한 아오야마 고쇼(青山剛昌 1963~)의 만화가 원작인 「명탐정 코난(名探偵コナン)」은 1994년에 발간된 단행본의 인기에 힘입어 애니메이션으로도 제작되어 1996년 1월 8일부터 요미우리TV에서 방송되고 있다. 검은 코트를 입은 남자가 먹인 약의 부작용으로 고등학생에서 꼬마가 되어 버린 구도 신이치(工藤新一)가 원래의 모습으로 돌아가기 위해 아가사 박사의 도움을 받으며 사건을 풀어나가는 이야기이다. 영화 및 드라마, 비디오 게임으로도 만들어졌다. 「원피스(ONE PIECE)」는 1997년에 만화로 발간되기 시작하였고, 애니메이션은 1999년 후지TV를 통해 방영되었다. 바다를 여

원피스

행하는 루피와 동료들의 모험과 우정을 다룬 것으로 원래는 53화로 종료하려고 했지만 폭발적인 인기로 인해 현재까지 방영되고 있다. 호소다 마모루(細田守 1967~) 감독이 최초로 각본에도 참여한 「늑대아이(おおかみこどもの雨と雪)」(2012)는 늑대인간을 사랑하게 된 평범한 여대생이 늑대와 인간의 피가 섞인 두 아이를 키우는 이야기이다. 아이 교육에 대한 부모의 고민과 아이들의 성장을 그린 이 작품에는 리얼리티를 부여하기 위해 실사 영화 제작진들도 합류하였고, 배경 및 나무나 꽃과 같은 자연물에도 CG기술을 넣어 입체감을 표현하고 있다.

늑대아이



## 2. 꿈과 희망을 만드는 스튜디오

**| 스튜디오 지브리 |** 스튜디오 지브리(GHIBLI)는 1985년 「천공의 성 라퓨타(天空の城ラピュタ)」를 만들기 위해 설립되었다. 「천공의 성 라퓨타」는 하늘을 날아다니는 성 라퓨타 제국과 그 성을 날아다닐 수 있게 하는 전설의 비행석을 둘러싼 모험을 그린 이야기이다. 성 라퓨타의 상층부는 자연의 낙원이며 하층부는 대량학살 무기가 장착되어 있는데 결국 하층부는 붕괴되고 상층부는 우주 속으로 날아간다. '대지에 뿌리를 내리고, 바람과 함께 살아가라' 는 말이 시사하고 있듯이 자신이 속해 있는 자연과 융화하며 살아갈 것을 전달하고 있다. 즉, 인간과 자연의 공존이라는 미야자키 하야오 감독의 의도가 드러나는 부분이다.

천공의 성 라퓨타

지브리는 '사하라 사막을 통해 불어오는 뜨거운 바람'이라는 뜻인데, 이 이름은 제2차 세계대전 때 이탈리아의 정찰 비행기에 사용되던 것이었다. 그런데 미야자키 하야오 감독이 비행기와 이탈리아를 좋아해서 스튜디오 이름을 지브리라고 지었다고 한다. 지브리는 주로 장편 애니메이션 제작에 주력하고 있고 출판이나 음악사업도 병행하고 있다.

지브리를 대표하는 미야자키 하야오는 1941년생으로 대학시절 청소년 신문에 만화를 기고하고, 졸업 후 도에동화사에 입사하여 다카하타 이사오 감독을 만나 메인 스태프로 활동하였다. 1978년 TV애니메이션「미래소년 코난」으로 데뷔하였다. 극장용 애니메이션「루팡3세: 칼리오스트로의 성」과「바람계곡의 나우시카」 흥행 성공 후, 다카하타 이사오 감독과 함께 스튜디오 지브리를 설립하였다. 지브리에서 제작된 작품 중 최고의 흥행성적을 기록한「센과 치히로의 행방불명」으로 일본 열도에 미야자키 하야오 신드롬을 불러 일으켰다.

센과 치히로의 행방불명

「센과 치히로의 행방불명」은 10살인 주인공 치히로가 부모와 함께 이사를 가는 장면으로 시작된다. 이사를 가는 도중 길을 헤매다가 이상한 마을에 가게 되고 그 마을의 규율을 어긴 부모가 돼지로 변한다. 치히로는 부모를 구하기 위해 그곳을 지배하는 마녀 밑에서 일하며 온갖 시련을 겪지만 결국에는 부모를 구한다. 이 작품에서는 일본인의 종교관, 목욕문화를 비롯하여 여러 생활문화 등을 엿볼 수 있다. 그는 이 작품으로 2001년 제14회 닛칸스포츠영화대상 작품상, 2001년 마이니치영화대상 최우수 작품상, 감독상, 음악상, 최우수 애니메이션상, 2001년 제44회 블루리본상 작품상과 2002년 제52회 베를린국제영화제에서 최우수작품상인 황금곰상, 2003년 제75회 아카데미상 장편애니메이션 부문을 수상하였다.

원령공주

지브리에서 제작된「원령공주(もののけ姫)」는 100억 엔이 넘는 흥행수익을 기록하였고 일본 아카데미 사상 처음으로 실사영화를 물리치고 최우수 작품상을 획득하였다.「원령

공주」의 시대적 배경은 고대일본으로, 숲을 파괴하려는 인간과 이를 지키려는 신과의 피할 수 없는 싸움을 그리고 있다. 이 애니메이션 역시 인간과 자연의 공존을 메인 테마로 하고 있다. 200억 원의 제작비가 들었고 제작 구상 기간도 16년이나 된다고 한다. 그리고 음악을 담당하였던 히사이시 조(久石譲 1950~) 또한 베니스영화제에서 최우수 영화음악상을 수상하였다. 히사이시 조는 이 영화를 통해 국제적으로 인정받으며 일본을 대표하는 음악가로 명성을 얻게 되었다.

그 밖에 「바람계곡의 나우시카(風の谷のナウシカ)」(1984), 「이웃집 도토로(となりのトトロ)」(1988), 「마녀 배달부 키키(魔女の宅急便)」(1989), 「하울의 움직이는 성(ハウルの動く城)」(2004), 「게드 전기(ゲド戦記)」(2006), 「벼랑 위의 포뇨(崖の上のポニョ)」(2007), 「마루 밑 아리에티(借りぐらしのアリエッティ)」(2010), 「코쿠리코 언덕에서(コクリコ坂から)」(2011), 「바람 불다(風立ちぬ)」(2013) 등을 계속해서 제작하여 일본뿐만 아니라 전 세계에 일본의 애니메이션을 알리는 주도적인 역할을 담당하고 있다.

**미타카의 숲 지브리 미술관**

도쿄 미타카(三鷹)에 위치한 지브리 미술관은 일본 국내뿐만 아니라 해외관광객들의 발걸음이 끊이지 않는 관광스포트 중의 하나이다.

개관시간: 10시~18시(1일 4회 입장 : 10시, 12시, 14시, 16시)
휴 관 일 : 화요일
입 장 료 : 어른 · 대학생 1,000엔(円)
고등학생 · 중학생 700엔
초등학생 400엔
유아(4세 이상) 100엔
* 입장권은 해당 홈페이지(www.ghibli-museum.jp)에서 매달 10일 사전 예약



| **가이낙스** | 가이낙스(GAINAX)는 1984년 「왕립우주군(王立宇宙軍)」을 제작하기 위하여 오카다 도시오(岡田斗司夫 1958~) 등이 중심이 되어 설립되었다. 주로 오타쿠들을 위한 패러

디, 오마주(다른 작가나 감독에 대한 존경의 표시로 특정 대사나 장면 등을 인용하는 일)가 섞인 애니메이션 및 컴퓨터 소프트웨어를 기획, 제작하는 스튜디오이다. 가이낙스는 '크다, 대단하다'라는 뜻을 가진 방언인 '가이나'에 미지를 뜻하는 X를 붙인 것이다.

과도한 애니메이션 제작비로 인해 늘 적자를 면치 못했던 가이낙스는 1989년 컴퓨터 게임을 제작하여 경제적인 안정을 찾게 된다. 그리고 총39편으로 구성된 TV애니메이션 시리즈물인 「신비한 바다의 나디아(ふしぎな海のナディア)」가 1990년 최대의 화제작이 되면서 주목을 받기 시작하였다. 「신비한 바다의 나디아」는 1889년을 배경으로 하고 있고 서커스에서 일하는 신비스러운 과거를 지닌 14살의 고아소녀가 가진 블루워터를 둘러싸고 일어나는 해양모험이야기이다. 이어 1995년에 제작된 「신세기 에반게리온」의 흥행성공으로 인해 가이낙스는 각광을 받게 된다. 그 밖에 대표작으로 「그 남자 그 여자의 사정(彼氏彼女の事情)」(1998)이 있는데 밖에서는 우아하고 예쁜 모범생이지만 집에서는 털털한 소녀로 탈바꿈하는 비밀을 지닌 여고생의 러브스토리이다. 안노 히데아키 감독의 작품답게 이 애니메이션 역시 인간의 심리가 섬세하게 묘사되어 있다.

신비한 바다의 나디아

그 남자 그 여자의 사정

가이낙스를 대표하는 안노 히데아키는 1960년생으로 오사카 예술대학에 재학 중, 야마가 히로유키(山賀博之 1962~)와 사다모토 요시유키(貞本義行 1962~)를 만나 1981년 제3회 오사카 SF대회에 애니메이션 작품을 제작, 발표함으로써 일약 애니메이션계의 주목을 받으며 등장하였다. 대학 중퇴 후, 미야자키 하야오 감독을 만나 「바람 계곡의 나우시카」의 원화를 담당하기도 하

였다. 그는 「신비한 바다의 나디아」로 호평을 받으며 점차 유명세를 타기 시작하였고 「프린세스 메이커(プリンセスメーカー)」 등의 컴퓨터 게임을 발표하는 등 다양한 활동을 벌였다. 그러나 2006년에 새 영상기획 제작회사인 컬러를 설립하였고 2007년에 가이낙스를 퇴사하였다.

**| 매드하우스 |** 매드하우스(Madhouse)는 1972년 무시 프로덕션의 애니메이터였던 사람들이 만든 애니메이션 제작회사이다. 매드하우스는 옛날 지바현(千葉県)에 있던 '마쓰도하우스(松戸ハウス)'를 본 따 이름을 지었다고 한다.

초창기부터 도에동화의 TV시리즈 제작에 참여했고 이후 극장판이나 OVA 등의 애니메이션에도 참여하였다. 2000년대에 들어와 능력 있는 감독진을 구성하여 예술성이 높은 작품에서 오락성이 짙은 작품에 이르기까지 다양하고 폭넓은 작품을 제작하고 있다. 극장판 중 대표적인 것으로는 「천년여우(千年女優)」(2002), 「시간을 달리는 소녀(時をかける少女)」(2006), 「피아노의 숲(ピアノの森)」(2007) 등이 있다.

곤 사토시(今敏 1963~) 감독의 「천년여우」는 인기 여배우였던 지요코(千代子)의 인생과 사랑이야기이다. 센고쿠시대부터 에도막부시대, 1923년의 간토대지진 및 일본제국주의 시대 등 시공을 초월한 과거, 그리고 현재와 미래의 환상의 세계가 이야기의 흐름에 따라 적절하게 등장하고 있다. 그리고 다큐멘터리 연출가와 카메라맨의 코믹한 캐릭터가 긴장감을 완화시켜 주는 역할을 하고 있다. 2002년 「센과 치히로의 행방불명」과 함께 제5회 일본문화청 미디어예술제 애니메이션 부분에서 공동대상을 수상하였다.

천년여우

시간을 달리는 소녀

「시간을 달리는 소녀」는 한 여고생이 시간을 돌려 과거를 바꾸어 미래를 만들어 나갈 수 있는 '타임리프'라는 능력을 갖게 되면서 벌어지는 이야기이다. 원작은 쓰쓰이 야스타카(筒井康隆 1934~)의 소설『시간을 달리는 소녀』(1965)이고 호소다 마모루 감독에 의해 애니메이션으로 만들어졌다. 일본아카데미상을 비롯하여 제39회 시체스 · 카타르니아국제영화제 애니메이션경쟁부문에서 최우수장편애니메이션상을 수상하였다.

(윤혜영)



Answer 1. ○ 2. ○ 3. × 4. ○ 5. ×

이야기와 감동이 있는
**일본문화 탐방**

chapter 08

# 현대 사회의 거울 일본의 드라마

chapter 08

# 현대 사회의 거울 일본의 드라마

풀어봅시다

1. 가장 인기 있는 드라마 방송시간대는 월요일 9시이다. ( )
2. TV 드라마가 시작되면서 영화계 인물들이 TV로 대거 진출했다. ( )
3. 일본의 최장수 드라마는 「미토 고몬」이다. ( )
4. 일본의 드라마는 시청률에 따라 조기 종영하기도 한다. ( )
5. 2000년대 이후 시청률 30%를 넘긴 드라마는 없었다. ( )

# 현대 사회의 거울
# 일본의 드라마



오늘날 TV 드라마는 하루도 빠짐없이 방영되고 있다. 아침드라마, 일일드라마, 월화드라마, 주말드라마 등 TV라는 매체에서 드라마가 차지하는 비중은 엄청나다 할 수 있다. 인기배우나 인기탤런트가 출연하여 관심을 끌고 무명배우가 드라마를 통해 스타가 되기도 한다. 또한 드라마는 시대의 유행과 패션을 리드하는 것은 물론, 사회적으로도 다양한 이슈를 불러일으키며 다방면에 걸쳐 사회에 큰 영향력을 끼치고 있다. 2000년대 이후 일본을 휩쓴 한류의 열풍도 드라마를 통해서였다. 현대 일본을 반영하고 있는 TV 드라마를 통해 일본의 사회와 문화에 대해 알아보고자 한다.

# 1. 시대와 함께 울고 웃는 드라마

**| TV 드라마의 시작 |** 드라마(Drama)는 그리스어의 '행동하다'란 뜻을 지닌 동사 'dran'에서 유래한 말로 등장인물의 행위 · 행동을 통하여 이야기를 자아내 가는 예술 표현의 한 형태이지만, 일상 회화에서 '드라마'라고 하는 경우 TV 드라마를 가리킨다.

일본 최초의 TV 드라마는 1940년 4월 국영방송 NHK의 실험방송으로 제작된「저녁 식사 전(夕餉前)」이다. NHK가 본방송을 처음 실시한 것은 1953년 2월, 6개월 후인 8월에는 민간방송 니혼TV가 방송을 시작했다.

하지만 당시 전쟁이 끝난 지 얼마 지나지 않은 상황에서 드라마 제작 환경은 열악했고, 대중에겐 텔레비전 수상기가 많이 보급되지 않은 상태였다. 초기에는 광장이나 역 등에 가두 텔레비전을 설치하여 시청하도록 유도하였고, 이후 다방이나 상점에서 손님을 끌기 위해 설치하면서 점차 보급이 확대되었다. TV가 일반 서민의 안방으로 급속하게 보급된 계기는 1959년 일본 황태자의 결혼과 1964년 도쿄올림픽이었다. 또한 세탁기, 냉장고, TV가 가정의 3종 신기(神器)로 불리며 점차 대중화되면서 TV의 영향력은 커져갔다.



본방송이 시작되면서 TV 드라마도 함께 방영되었지만 초기에는 기술면에서도 연출면에서도 부족한 부분이 많았다. 당시 전성기를 누리고 있던 영화계는 관객이 감소할 것을 우려해 1956년, 극장용 영화를 TV에 보급하지 않고 전속배우를 TV에 출연시키지 않는 등 이른바 '5사 협정'을 체결한다. 따라서 역량이 부족한 TV업계는 외국 프로그램을 수입해 활로를 모색했다.「히치콕극장(ヒッチコック劇場)」(1955, 니혼TV),「페리 메이슨(ペリー・メイソン)」(1957, 후지TV) 등의 서스펜스물,「슈퍼맨(スーパーマン)」(1956, KRT) 같은 액션물,「파파는 뭐든지 알고 있어(パパは何でも知っている)」(1958~1959, 니혼TV)와 같은 코미디물이 방송되어 높은 시청률을 올렸다. 그 결과 안방에 소개된 미국문화가 일본인에게 매우 친숙한 것이 되었다.

나는 조개가 되고 싶다

한편으로 최초의 본격 드라마「나는 조개가 되고 싶다(私

は貝になりたい)」(1958, TBS)가 방영되면서 TV 드라마 시대를 알리는 기념비적 작품이 되었다. 그 내용은 다음과 같다. 작은 이발소를 운영하는 한 남성이 태평양 전쟁 중에 상관의 명령에 따라 미군 포로를 살해했다. 그는 전쟁이 끝나고 평범한 삶으로 돌아왔지만 미군 헌병에게 체포되어 전범으로 사형을 선고 받는다. 주인공은 "더이상 인간 따윈 싫다. 다시 태어나면 조개가 되고 싶다."는 유서를 남기고 사형대에 오른다.

**| 낭인(浪人) 시리즈 |** 1960년대 중반 인기를 끌었던 드라마는 시대극 시리즈이다. 특히 시대극 시리즈의 선봉이라 할 수 있는 공영방송 NHK의 대하드라마「아코 낭인무사(赤穂浪人)」(1964)는 시청률 53%로 대하드라마사상 최고시청률을 기록했다. 섬기던 주군이 억울하게 목숨을 잃자 남은 가신들이 밤에 적의 저택에 쳐들어가 복수를 하고 자결한다는 막부시대 이야기이다. 흔히 '추신구라(忠臣蔵)' 사건이라 불리는 전형적인 충신이야기로 많은 영화와 가부키의 단골 소재였다.「떠돌이 무사 쓰끼카게 효고(素浪人月影兵庫)」(1965~1968, TV아사히)는 소설을 원작으로 104회에 걸쳐 방영되었는데, 검의 달인인 낭인(떠돌이 무사)이 여행을 하면서 약자를 도와주고 강자를 꺾는다는 여행기이다.

아코 낭인무사

이러한 낭인 시리즈는 당시 국가와 사회를 위해 경제일선에서 일하던 1960년대 일본인의 가치관과 상통하는 면이 있어 더욱 인기를 끌었다고 볼 수 있다.

**| 홈드라마 전성기 |** 세월이 지남에 따라 차츰 드라마 소재도 다양해지고 발전했지만 가정의 화목함을 다룬 홈드라마가 인기를 얻으며 1970년대는 홈드라마 전성기를 이루었다.

「버스길 뒤(バス通り裏)」(1958~1963, NHK)는 고교교사 일가와 미용사 일가의 일상생활을 밝고 건강하게 그린 연속 홈드라마의 선구적 프로그램으로 높은 시청률을 기록했다.「엄마 잠깐만 와봐(ママちょっと来て)」(1959~1963, 니혼TV)는 미국 드라마를 모델로 삼아 평범한 직장인 가정의 일상을 유머러스하게 그렸으며, 유복한 가정을 무대로 한「다녀왔어요 11명(ただいま 11人)」(1964~1965,

고마워

TBS)은 9명의 자녀와 부부가 함께 만들어가는 시끌벅적함과 단란함을 다뤘다.

민영방송 드라마 사상 최고의 시청률 56.3%를 기록한 「고마워(ありがとう)」(1970~1975, TBS)는 1970년대를 대표하는 시리즈 드라마로, 동시대에 방영된 「시간이에요(時間ですよ)」(1970~ 1975)와 「여자와 된장국(女と味噌汁)」(1965~1980)과 함께 '드라마의 TBS'를 상징했던 작품이다. 여성 경찰관과 엄마를 중심으로 온정이 넘치는 동네에서 이웃사람들과 교류하면서 힘차게 살아가는 모습을 그리고 있다. 시리즈 드라마는 한국에서는 드물지만 일본에서는 인기드라마가 시리즈로 방영되는 경우가 많아, 같은 타이틀로 20년 이상 방송되기도 하고 오랜 세월이 지난 후에 리바이벌하는 경우도 많다.

이와 같은 홈드라마는 초기에는 미국 드라마를 본떠 민주적이고 행복한 가족상을 제시하였으나, 그 후 일본의 경제성장에 따른 도시화 및 핵가족화의 진행 등으로 점차 사라져갔던 대가족의 단란함, 이웃과의 교류 등 일본적 정서를 반영하면서 시청자의 전폭적인 지지를 얻게 되었다.



**| 사회성 드라마 |** 전세계에 경제적 타격을 준 오일쇼크(1973)를 계기로 일본의 고도성장이 끝나고 사회 전체적으로 그 부작용이 드러나면서 일본 드라마의 모습도 많이 바뀌게 된다. 핵가족화가 가속화되고 생활양식이 다양화되면서 가정폭력과 사회문제 등 현실적 내용이 많아졌다.

그 가운데 「강가의 앨범(岸辺のアルバム)」(1977, TBS)은 신문연재 소설을 드라마화한 것인데, 권태기를 맞은 부부의 위기와 아이들의 모습이 그려져 있다. 아버지의 직장은 도산 직전이고 어머니는 불륜을 저지르고, 딸은 성폭행을 당해 임신 중절을 한다. 수험생 아들도 가출을 하는데, 마지막에 수해로 제방이 무너지면서 집이 떠내려가는 장면은 가족의 붕괴를 상징하고 있다. 가족이 식탁에 둘러앉아 함께 식사를 하는 해피엔딩 홈드라마의 틀을 깬 획기적인 작품으로 평가받고 있다.

가족의 붕괴는 이후 1980년대 TV 드라마에 다양한 흐름을 가져왔다. 가부장적인 아버지는 점차 사라지고 남편이 가사 일을 맡는 성역할의 변화와 역전을 테마로 한 이야기가 많아진다.

1981년에 방송된 작품들만 보더라도 「이웃 여자(隣人の女)」(TBS), 「나는 터프한 여자(私はタフな女)」(니혼TV), 「산을 달리는 여자(山を走る女)」(니혼TV), 「여자의 자리(女の席)」(후지TV) 등 종전의 드라마에서 주부나 어머니로서 인정받던 여자들이 독립된 한 사람의 여자로 등장하는 것을 알 수 있다.

교외의 뉴타운을 무대로 30대에서 40대 전반의 기혼남녀들이 복잡한 연애관계를 맺는 내용인 「금요일의 처들에게(金曜日の妻たちへ)」(1983~1985, TBS) 시리즈는 '금처(金妻) 신드롬'을 일으키며 큰 인기를 끌었다. 시청률을 의식해 불륜이라는 자극적인 소재를 다룬 것이지만, 순애보 같은 사랑의 개념이 희박해지며 윤리와 규범이 느슨해진 현대사회의 풍조를 반영하고 있기도 하다. 불륜을 저지른다 하더라도 타인에게 폐를 끼치지 않으면 괜찮다는 인식이 다양화하는 생활양식으로서 받아들여졌던 것이다.

금요일의 처들에게

**| 트렌디 드라마 |** 1980년대 후반 일본은 경제호황을 바탕으로 소비가 과열되며 버블시대를 맞이한다. 이때 인기 배우를 주인공으로 하여 흥미를 끌 수 있는 도시생활, 첨단 패션, 신세대의 사고방식 등을 주요 소재로 내세워 젊은층을 공략하는 드라마, 이른바 트렌디 드라마가 주류를 이룬다.

트렌디 드라마의 원형이라 불리는 것은 「남녀 7인 여름이야기(男女7人夏物語)」(1986, TBS)이다. 술에 취해 집에서 자고 있던 남자 주인공이 아침에 일어나 보니 침대에 모르는 여자가 자고 있었다. 그 여자에 대해 전혀 기억이 없어 살짝 베란다에 나와 친구에게 전화를 거는 장면부터 이야기는 시작된다. 스토리가 엉성한 연애 이야기지만, 최고 시청률이 31%를 넘었고 드라마에서 장화를 본뜬 글라스에 맥주를 마시는 장면이 화제가 되어 이후 유행이 되기도 했다.

자유분방하면서 적극적으로 자신의 사랑을 표현하는 여자 주인공이 화제가 되었던 「도쿄 러브스토리(東京ラブストーリー)」(1991, 후지TV), 결혼식 날 버림받은 30세 모델과 피아니스트를 꿈꾸는 남자의 사랑을 그린 「Long Vacation」(1996, 후지TV), 광고 대리점에 근무하는 남녀의 사랑을 그린 「러브 제너레이션(ラブジェネレーショ

도쿄 러브스토리

ン)」(1997, 후지TV) 등, 후지TV가 제작한 드라마가 높은 시청률을 기록했다.

트렌디 드라마는 많은 남녀를 등장시켜 다양한 연애를 그리고 있는데, 기존의 가족상과 전통적인 남녀관계가 붕괴된 이후 스스로 새로운 연애 형태를 추구했던 당시의 젊은 여성에게 드라마는 삶의 매뉴얼을 제공했다고 할 수 있다.

**| TV 드라마의 위기와 한류 열풍 |** 버블의 붕괴와 장기 불황으로 접어든 사람들은 트렌디 드라마의 환상으로부터 눈을 뜨고 각박한 현실에 직면한다. 동시에 매체간의 경쟁이 심해지고 다양한 레저 활동이 늘어남에 따라 TV 드라마는 시청자를 붙잡기 위해 자극적이고 과격한 내용을 다루어 간다.

충동적인 성애(性愛), 강간, 원조교제, 근친상간과 같은 성적 소재를 대담하게 다룬 것에는 「고교교사(高校教師)」(1993, TBS), 「실락원(失楽園)」(1997, 니혼TV), 「최후의 사랑(最後の恋)」(1997, TBS) 등이 있으며, 빈곤을 테마로 한 드라마에 「돈이 없어(お金がない!)」(1994, 후지TV), 「집 없는 아이(家なき子)」(1994, 니혼TV) 등이 있다. 초등학생인 여주인공이 불우한 환경 속에서 꿋꿋하게 살아가는 모습을 그린 「집 없는 아이」는 '동정하려면 돈을 달라'라는 충격적 대사로 그해의 유행어 대상을 탔다.

GTO

또한 이때부터 만화가 원작인 드라마들이 많이 등장하는데, 폭주족 출신 청년이 교사로 등장하는 학교드라마 「GTO」(1998, 후지TV), 회사의 낙오자 집단이 모인 「서무2(ショムニ)」(1998, 후지TV) 등이다.

겨울연가

2003년 4월 일본 NHKBS2에서 방영된 한국 드라마 「겨울연가」는 한일문화교류의 역사를 바꾸어 놓았다. 90년대 후반부터 조금씩 개방된 대중문화에 한류라는 말을 탄생시키며 열광적인 붐을 일으켰던 것이다. 주연배우에게 '욘사마'란 호칭이 붙고 이후 영화, 음악에까지 한국문화에 대한 일본인의 관심은 높아졌으며 한국 드라마는 TV 드라마의 한 장르로 정착했다. 이후 「대장금(宮廷女官チャングムの誓い)」(NHK, 2004), 「내 이름은 김삼순(私の

名前はキム・サムスン)」(KNTV, 2005), 「제빵왕 김탁구(製パン王キム・タック)」(2010, DATV), 「미남이시네요(美男ですね)」(2010, NHK) 등 다양한 드라마가 소개되고 재방송되며 인기를 끌고 있다. 일본에서 한국드라마가 인기를 끌게 된 요인으로는 TV 드라마에서 소외되었던 중장년 여성의 마음을 흔드는 '순수함'과 '향수', 초국가적인 세련됨 등이 거론되고 있다.

HERO

가정부 미타

하지만 아침부터 밤까지 매일 어딘가의 채널에서 그것도 지상파에서 볼 수 있었던 한류드라마는, 2011년 후지TV를 대상으로 우익들이 인터넷상에서 한류편중에 큰 비판을 가한 것을 계기로 대폭 감소하였다.

TV 드라마의 위기와 한류 열풍 속에서도 2000년대 이후 인기를 끈 일본 드라마를 살펴보면 다음과 같다. 과거 불량소년에서 검사가 된 주인공의 활약상을 그린 「HERO」(2001, 후지TV), 야쿠자집안의 손녀가 학교 선생님이 되어 문제아 학급을 이끌며 활약하는 내용의 「고쿠센(ごくせん)」(2002, 니혼TV), 한국에서도 「베토벤 바이러스」로 리메이크된 클래식 드라마 「노다메 칸타빌레(のだめカンタービレ)」(2006, 후지TV), 2011년 동일본대지진 이후 가족의 소중함을 일깨워 높은 시청률을 올린 「가정부 미타(家政婦のミタ)」(2011, NTV) 등이 있다.

| 민방 드라마 역대 시청률 Best 10 (1977.9.26~2013.3.21 비디오 리서치) | | |
|---|---|---|
| 1위 | 적목 부수기(부모와 아이의 200일 전쟁)-최종회 | TBS(1983)45.3% |
| 2위 | 뷰티플 라이프-최종회 | TBS(2000)41.3% |
| 3위 | 열중시대-최종회 | 니혼TV(1979)40.0% |
| 3위 | 가정부 미타-최종회 | 니혼TV(2011)40.0% |
| 5위 | 3학년 B반 긴파치선생님-최종회 | TBS(1980)39.9% |
| 6위 | 한 지붕 아래 | 후지TV(1993)37.8% |
| 7위 | GOOD LUCK-최종회 | TBS(2003)37.6% |
| 8위 | 붉은 탁류-최종회 | TBS(1977)37.2% |
| 8위 | 집 없는 아이-최종회 | 니혼TV(1994)37.2% |
| 10위 | HERO-최종회 | 후지TV(2001)36.8% |



**일본국민이 뽑은 한류드라마 Best 10(2007년기준)**

1. 겨울연가 2. 대장금 3. 천국의 계단 4. 아름다운 날들 5. 호텔리어
6. 슬픈 연가 7. 올인 8. 여름향기 9. 가을동화 10. 파리의 연인

## 2. 조기 종영도 연장도 없는 일본 드라마

**| 일본 드라마의 장르 |** 일본 드라마는 크게 내용과 방영시간에 따라 나눌 수 있다. 내용을 기준으로 나누면 역사극, 형사 드라마, 학원 드라마, 코미디, 그리고 앞장에서 설명한 일반극 등으로 나눌 수 있다.

미토 고몬

대하드라마는 NHK가 1년에 걸쳐 호화캐스트로 방영하는 NHK의 간판 드라마로 매년 다양한 소재의 역사극을 다루고 있다. 민영방송에서 유명한 역사극으로는「미토 고몬」(水戸黄門)(1969~2011, TBS)이 있는데 이는 42년에 걸쳐 방영된 일본의 최장수 드라마이자 최장수 사극이다. 겉으로는 인자해 보이는 노인이 천하를 주유하다가 악당의 면전에서 막부의 문장(紋章)을 내보이며 사건을 해결한다는 암행어사 같은 스토리가 반복되는 드라마인데, 일본에는 이외에도 20년 이상 방영된 장수 프로그램이 역사극 시리즈에 많이 있다.

형사 드라마는 형사나 경찰관을 주인공으로 하는 드라마의 장르로 사건을 쫓아 범인을 체포하는 이야기가 전개되는데 꾸준한 인기를 누리는 장르이기도 하다. 액션물「태양에 짖어라」(太陽にほえろ!)(1972~1986, 니혼TV)시리즈는 '보스'를 중심으로 경시청 형사들의 활약을 그린 드라마로 형사 드라마 시리즈의 금자탑이라 불린다. TV에서 높은 시청률을 기록하여 영화화 되기도 한「춤추는 대수사선」(踊る大捜査線)(1997, 후지TV) 등도 유명하다.

고쿠센

학교를 무대로 한 학원 드라마는 일본에서 인기 있는 장르이다. 중고등학생과 선생님이 등장하여 갈등을 겪거나 성장하는 내용이 주를 이루는데,「3학년 B반 긴파치 선생님」(3年B組金八先生)(1979~2011, TBS) 시리즈가 대표적이다. 중학교 국어 선생님 긴파치가 반에서 일어나는 여러 문제들을 해결해가는 이야기로 오랫동안 방송되었다. 최근의「고쿠센」(ごくせん)(2002~2009, 니혼TV),「ROOKIES」(2008, TBS) 등도 이에 해당한다.

일본은 각 방송사마다 드라마를 방영하는 주요 시간대가 있다. NHK를 제외하고, 시청률이 낮은 아침시간대를 피해 대부분의 드라마는 저녁 9시 이후에 방영된다.

드라마로 가장 인기 있는 방송국은 후지TV와 니혼TV이다. 월요일 9시에 방영되는 후지TV의 드라마는 통상 '게쓰쿠(月9)'라고 불린다.「HERO」,「러브 제너레이션」,「Long Vacation」등

이 큰 인기를 끌었다. TBS는 목요일 9시에 대표 드라마를 내보내고 있는데, 「HOTEL」, 「이 세상에는 귀신만(渡る世間は鬼ばかり)」, 「3학년 B반 긴파치 선생님」 등이 유명하며 니혼TV에서 방영하는 토요일 9시 드라마 가운데 「고쿠센」, 「집 없는 아이」, 「긴다이치 소년의 사건부(金田一少年の事件簿)」 등이 유명하다.

| **방영방식** | 일본 드라마는 일반적으로 분기별로 나누어 방송된다. 따라서 3개월에 한번 씩 작품이 끝나며 채널조정이 있기 때문에 새롭게 개편이 된다. 또 한국 드라마가 월화, 수목, 주말 등의 단위로 일주일에 2회 방영되는 것에 비해 일본 드라마는 총 10회~12회로 구성되어 주1회 방영된다. 그래서 시간에 쫓기지 않고 촬영시간에 여유가 있다.

일본의 시청률은 우리나라만큼 높지 않다. 도쿄지역의 지상파 방송만 해도 7개가 넘고 위성방송도 많은 상황이라 한 프로그램의 시청률이 30%를 넘는다는 것은 쉽지 않다. 그리고 본방송 2~3주 전에 촬영하여 방송하거나, 제작을 다 해놓고 방영하는 사전제작제가 보편화되어 있기 때문에 촬영에 쫓기거나 결말이 바뀌거나 하지 않는다. 조기종영도 거의 없고 인기드라마라고 연장하지도 않는다. 한국 드라마는 인기가 없으면 빨리 정리하거나 인기가 있으면 연장방송을 하거나 하지만, 일본에서는 대부분 시청률과 관계없이 끝까지 방영한다. 한국 드라마는 결말도 여론에 따라 변하는 경우가 간혹 있지만, 일본에서는 있을 수 없는 일이다. 다만 인기가 많은 드라마는 1, 2회 정도의 스페셜 방송을 하거나 시리즈, 극장판 같은 방식으로 다시 만들어지기도 한다.



또한 드라마 방영에 있어 가장 큰 차이는 방송 중 광고가 사이사이에 배치된다는 것일 것이다. 약 15분 간격으로 광고가 배치되어 있어 방송시간은 54분이지만 실질적 분량은 46분 정도이다. 또 대부분의 일본 드라마는 00시 정시에 방송하지 않고 5분에 시작하는 것이 일반적이다.

그리고 한국과 비교해 방송심의 규정이 까다롭지 않고 상대적으로 표현의 자유가 많이 보장되어 있기 때문에 한국에서는 상상도 할 수 없는 장면들이 그대로 노출되기도 한다. 선생님과 제자의 사랑이나 자유연애는 물론이고 전라의 목욕 장면이나 상반신 노출, 정사장면 등 대담하고 직접적인 표현들이 허용되고 있다. 이는 성에 대한 인식의 차이에서 기인한 것이기도 하다.

이외에도 우리나라 시스템과의 차이로 들 수 있는 것은 다양한 콘텐츠의 변환이다. 우리나라도 소설이나 만화 등을 소재로 한 드라마가 만들어지고 있지만 일본은 만화, 영화, 소설 등 영역의 벽이 거의 없이 하나가 히트하면 다양한 콘텐츠로 재생산되는 경우가 많다고 할 수 있다.

### 시청률의 남자 기무라 다쿠야(木村拓也)

일본 드라마에서 시청률의 남자로 불리는 기무라 다쿠야(1972~). 애칭은 기무타쿠. 1990년대 이후 평균 시청률 순위 Best 5는 모두 그가 주연으로 등장한 드라마이다. 그는 자니즈 소속 남성 그룹 SMAP의 멤버로 연예계에 입문해 가수, 배우, 탤런트 등 다양한 활동을 펼치며 전 세대에 걸쳐 사랑받고 있다.

좋아하는 남자 투표에서 14년 동안 1위, 안기고 싶은 남자 13년 연속 1위. 명실상부한 일본 최고의 인기남으로 일본은 물론 아시아에서도 큰 인기를 얻고 있다.

(유재신)



Answer 1. ○ 2. × 3. ○ 4. × 5. ×

이야기와 감동이 있는
일본문화 탐방

chapter 09

# 역사와 전통을 한 폭에 담아낸 기모노

1. 입는 과정에서 완벽함을 추구하는 옷
2. 시대와 일상을 반영하는 옷

chapter 09

# 역사와 전통을 한 폭에 담아낸 기모노

풀어봅시다

1. 기모노는 몸의 볼륨이 그대로 드러나도록 강조하여 입는 옷이다. (　)
2. 기모노는 속옷을 갖춰입지 않는다. (　)
3. 기모노를 입은 모습을 보면 대개 기혼인지 미혼인지 구분할 수 있다. (　)
4. 일본인이 여름 마쓰리에서 자주 입는 기모노는 유카타이다. (　)
5. 현대 일본 패션의 유행은 도쿄 하라주쿠 등의 거리 패션을 중심으로 한다. (　)

# 역사와 전통을 한 폭에 담아낸 기모노



기모노(着物)는 사방이 바다에 둘러싸인 섬나라의 특징대로 무덥고 습기 많은 여름과 추운 겨울을 이겨내기 위한 본능적 충족에 따라 입기 시작했다. 국가적 기틀을 갖춘 후에는 성별, 종교, 관습, 신분, 사회 환경에 따라 입는 옷을 구분하게 되었고, 급속히 서양 문화를 받아들이기 시작한 근대에는 의복은 본연의 기능 외에 사회문화적 상징성을 내포하기도 했다.

이제 현대의 기모노는 일본뿐만 아니라 전세계의 빠른 패션 전달력 아래 서로 영향을 주고 받으며, 과거의 전통을 독특하게 재창조하면서 새로운 문화적 정체성을 부여하는 독자적인 컨텐츠로 세계의 이목을 집중시키고 있다.

# 1. 입는 과정에서 완벽함을 추구하는 옷

**| 일본의 전통 의복 기모노(着物) |** 전통적으로 일본 사람들이 입는 고유의상을 '기모노(着物)'라고 한다. 기모노라는 말의 한자를 살펴보면 문자 그대로 '입을 것'을 의미하지만, 일반적으로는 우리가 알고 있는 일본 전통의상을 지칭하는 것이 보편적이다. 전통적인 일본 옷이라는 의미에서 기모노는 다른 말로 와후쿠(和服)라고 불리기도 한다. 이것은 한국의 전통 의복을 한복(韓服)이라고 해서 양복과 구분하는 것과 마찬가지이다.

기모노

기모노는 통으로 된 원피스 형태로 그 위에 덧옷을 입기도 하는데, 발목까지 내려오는 길이에 소매는 길고 넓으며 단추나 끈이 없이 왼쪽 옷자락으로 오른쪽 옷자락을 여며 입어 목부분은 V자로 라인이 생긴다. 여기에 오비(帯)라는 허리띠와 같은 장식 소품으로 마무리한다. 별도의 주머니는 갖추어져 있지 않지만, 소맷부리에 공간이 형성되기 때문에 주머니 대용으로 소품 등을 넣어 사용할 수 있다. 전체적으로 몸에 밀착되어 있고 허리부터 발목까지 겹쳐지기 때문에 상당히 작은 보폭으로 걸을 수밖에 없다.

기모노는 신체조건에 관계없이 재단 방법이나 크기가 일정하며, 허리 부근에서 옷감을 겹쳐 길이를 조절한 후 얇은 속끈으로 고정해 입는다. 따라서 체형이 서로 달라도 바꿔입거나 대를 이어 물려입을 수 있다는 장점이 있다.

**| 기모노의 미학적 특징 |** 기모노는 남방(南方)의 개방적 요소를 기본으로 고온다습한 여름과 한랭한 겨울을 견딜 수 있도록 몸을 보호하는 데서 고안되었다. 여기에 남방민족 특유의 키가 작은 체형적 결점을 보완하기 위한 기능적 요소도 충족할 수 있어야 했다. 이를 위해 일본 사람들은 옷을 겹쳐입음으로 외적으로 풍성하고 커 보이면서 동시에 보온 효과를 극대화할 수 있는 양식을 추구하게 된다.

일본 기모노문화미술관의 기모노 전시

또한 기모노는 일반적인 속옷 위에 일체형의 옷을 입고 오비라고 하는 폭이 넓고 긴 허리띠로 묶어 뒷모습에 포인트를 주어 마감한다. 이런 의복 구조는 옷을 입는 방법과 그 과정에서 각 사람의 체형과 맵시를 고려하여 입음으로 비로소 '완성'을 말할 수 있게 된다.

보통 젊은 여성들이 평상복이 아닌 기모노를 혼자 갖춰입기는 어려우며, 성인식이나 결혼식 같은 때는 어머니나 할머니, 또는 기쓰케를 전문으로 하는 기쓰케시(着付け師)가 옷입는 과정을 도와준다. 최근에는 다양한 기쓰케 연수과정을 통해 혼자서도 옷 입는 방법을 배우려는 여성들도 많다.



서양 의복이 여성 몸매의 볼륨을 살려 라인의 아름다움을 드러내는 반면, 기모노는 오히려 여성의 몸매를 통처럼 둥글게 감싸는, 밋밋한 직선의 평면적 느낌을 살리는 옷이라는 점에서 대조적이라 할 수 있다.

기쓰케 연수과정

기모노는 비단에 표현되는 다양한 색감과 화려한 문양을 통해 전통적 아름다움을 극대화하는데, 옷걸이에 걸려 있는 기모노는 캔버스에 그려낸 한 폭의 그림이라고 할 수 있을 정도로 작가에게 자연의 풍광과 사계를 비롯한 다양한 소재를 표현해낼 수 있는 구현체가 되기도 한다.

그러나 기모노에 대한 잘못된 상식들 중에는 기모노 안에는 전혀 속옷을 입지 않는다거나 여러 가지 왜색적인 성 문화와 관련하여 기모노를 소재로 삼는 경우가 있다. 하지만 사실은 겉옷의 맵시를 살리기 위해서 다양한 전통 속옷을 갖춰입는 것이 정석이며, 현대에 와서는 개량된 언더웨어나 얇은 수건 등을 어깨, 허리 등에 덧대어 가급적 부풀린 듯한 기모노의 원형적 느낌을 살려낸다.

## 2. 시대와 일상을 반영하는 옷

### | 기모노의 역사 |

#### 1) 고대

나라(奈良)시대 이전에는 남자는 저고리에 바지, 여자는 저고리에 치마 형태의 의복으로 삼국시대 복식과 큰 차이가 없었지만, 나라시대에 이르러 중국의 수, 당나라와 교류가 활발해지면서 중국의 영향이 나타나게 된다.

이 시기에 율령국가의 기틀이 마련되면서 의복은 신분과 계급을 구분하고, 국가적 의식을 위해 용도별로 조복, 예복, 관복 등으로 나누어 입게 된다. 당시의 관료나 귀족 부인의 옷을 보면 고구려 고분벽화의 복식과 크게 다르지 않은데, 이는 역시 일본이 중국 및 한반도 삼국과 교류하고 있었음을 짐작할 수 있다.

나라시대의 문관 예복

나라시대 귀족부인의 예복

일본의 기모노는 왼쪽 자락이 위에 자리하는 좌임(左衽) 형식이다. 하지만 저고리와 치마가 나뉘는 형태의 중국식 복식이 유입되었던 나라시대 이전에는 지금과는 다르게, 오른쪽 옷깃을 위로 해서 입었다고 한다. 그 당시에는 왼쪽 여밈은 운이 나쁘다는 대륙의 사고방식이 반영되었을 수 있는데, 시대가 바뀌면서 무사들이 칼을 빼들거나 대개의 오른손잡이가 활동하기 편하도록 옷매무새가 흐트러지지 않는 방향으로 바뀌었다고 한다. 따라서 현재는 왼쪽 옷

깃을 위로 오게 해서 입는 것이 일반적이다.

헤이안(平安)시대는 당시 화려하게 발전된 귀족문화를 배경으로 천황을 비롯한 귀족들은 자신의 권력과 부를 상징해 줄 수 있는 옷을 고안하기 시작했다. 이때 특히 '겹쳐입는' 옷으로의 형태가 발전하는데, 대표적으로 천황 이하 귀족 가문의 남자 정장이었던 소쿠타이(束帯)와 여성 귀족용 복식인 주니히토에(十二単)가 있다. 각각 소맷부리가 크고 넓은 형태인데, 가장 기본 속옷으로 고소데(小袖)를 입었다.

소쿠타이

주니히토에

소쿠타이는 여러 형태의 옷을 앞뒤로 겹쳐입은 후 관대로 고정하는 한편 뒤로 길게 늘여 끌리도록 해서 신분상의 위용이 드러나도록 치장한다.

여성의 주니히토에는 히토에(単)라는 안감이 없는 기모노를 실제로 주니(十二), 12번을 겹쳐입는 것은 아니지만 속옷인 고소데, 치마바지의 일종인 하카마(袴)를 입고, 우치기(袿)라는 같은 형태의 옷을 여러 장 입으며, 고급 비단으로 만든 상의를 입은 후 마지막에는 가라기누(唐衣)를 입었다. 이들 사이에는 길이 차이가 있어 길게 늘어뜨리면서도 먼저 입은 것이 보이도록 했고, 각각 옷들의 배색에도 대단히 신경을 써서 입었다. 이렇게 색깔과 형식에 맞춰 겹겹이 입다보면 당연히 입는 시간이 걸리기도 하지만 그 무게 또한 상당하다보니 일상복이 아닌 예복 등의 격식을 필요로 할 때 입게 되었다.

근대와 현대에 들어서는 황실에 새로 들어오는 황태자비들이 헤이안시대 궁중복식인 주니히토에를 결혼 예복으로 입어 그 화려함과 우아함을 돋보이게 하면서 전통을 계승해가고 있다. 또한 일본에서 황후나 귀족들을 나타내는 섬세한 전통 인형을 잘 살펴보면 모두 헤이안시대의 주니히토에나 소쿠타이를 본떠서 제작했다는 것을 알 수 있다. 최근에는 일반인의 결혼식에서 전통 예복 정장으로 화려하게 입는 경우도 늘어나고 있다.

### 2) 중세

헤이안(平安) 말기부터 조정은 점차 몰락의 길을 걷고, 귀족은 세력을 잃어 화려한 귀족의 복식을 유지하기가 어렵게 된다. 귀족과 천황 대신 무사인 쇼군(将軍)이 지배하는 막부(幕府)가 세력과 실권을 갖게 되는 중세가 시작되면서, 가마쿠라와 무로마치 시대에는 무사들이 전장에서 움직이기 좋은 실용적인 형태로 변화해 간다.

이 복식의 간소화 경향은 여성옷에서도 나타나 치마나 통넓은 바지처럼 보이는 하카마(袴) 등이 생략되고, 헤이안(平安)시대까지는 속옷으로 입었던 고소데가 소맷부리가 좁아진 형태로 겉옷으로 등장하게 된다.

무사계급이 정치적 실권을 쥐고 있던 시대였기 때문에 사냥복으로 사용되던 옷이 사회적으로 격상되어 무사계급의 정장이 되고, 무가의 여자들은 고소데 위에 길이가 훨씬 더 긴 고소데를 걸쳐입는 우치카케(打掛)를 입게된다. 이후 우치카케는 덧입는 옷으로 발전하며 현재에는 결혼식 예복의 하나로 그 자태를 이어가고 있다.

이와 같이 옷을 길게 입는 것은 막부의 정권 강화를 위한 정책적 대응이기도 했는데, 당시 성(城)을 중심으로 장사가 번성하면서 세력을 키우는 특정 계층의 발전이 막부의 중심세력인 무사를 압도하지 못하도록 계급을 구분하고자 하는 목적이 있었다. 또한 전장에서 쉽게 식별할 수 있는 집안의 문장, 가문(家紋)을 옷에 수놓아 입는 습관도 이러한 시대적 배경에서 비롯된 특징이라고 할 수 있다.



복식이 간소화되면서 긴 칼을 휴대하는 용도에 겸하여 원피스 형태의 고소데를 고정할 필요가 있었다. 처음에는 폭 10㎝ 정도의 헝겊끈 같은 것이 사용되었는데 여기서 오비(帯)라는 구성품이 자리를 잡게 된다.

가타기누를 입은 오다 노부나가

중세 중기부터는 군웅이 할거하고 온 나라가 전쟁통인 혼란의 시대가 이어지면서 이러한 사회적 분위기가 반영되어 일본 복식사에서도 가장 빈곤한 시대가 이어진다. 도요토미 히데요시(豊臣秀吉 1537~1598)가 센고쿠(戦国)시대를 통일해가는 시점에 다시 화려한 문화가 형성되면서 기모노의 주류도 고소데가 되고, 호화로운 염색, 직조 기술이 발전하여 기모노에 생동감있고 산뜻한 포인트가 가미된다. 이때는 귀족과 무가뿐만 아니라 상인들의 힘도 강해져서 서민들 사이에서도 점점 화려한 기모노를 입는 사람들이 많아지게 된다.

이 시기에 계급층은 쇼군으로서의 위엄과 무사로서의 활동성을 겸하여 가타기누(肩衣)를 입은 후 얇은 오비로 마감했는데, 가타기누의 특징은 옷감의 재질을 살펴 어깨선에 각을 넣어 왜소한 체격을 커버할 수 있는 보완적 요소가 겸비되어 있다는 것이다.

### 3) 근세

에도시대는 고소데의 완성과 오비의 발전으로 현재의 기모노의 원형을 갖추게 된 시기라고 할 수 있다.

엄격한 봉건사회를 구축했던 에도 막부는 사농공상의 철저한 계급 사회 유지를 위해 기모노를 사용했는데, 예를 들면 사(士) 계급의 쇼군 · 다이묘(大名) · 하급무사, 농(農) 계급의 지주 · 자작농 · 소작농, 상(商) 계급의 점주 · 지배인 · 점원은 각기 옷을 달리 입음으로 계급과 신분, 위치를 구분했다.

이 시대의 큰 특징은 서민 계급 특히 도시 상공업자인 조닌(町人)이 부를 축적하고 경제적, 사회적 세력을 확장해가면서 당시 문화 전반의 주축이 되었다는 점이다. 이들이 느긋하고 자유로운 서민 문화를 꽃피우면서 의복 또한 조닌의 재력과 취미를 살리는 관심사가 되기도 한다. 다이묘, 쇼군 직속 무사 등 무가 계급의 계급적 핍박을 이겨낼 정도로 호화로운 서민 복식이 자리잡지만, 조닌들의 경제적 풍요가 무사 계급을 압도하지 않도록 막부는 옷에 넣는 금사나 은사의 숫자를 제한하는 등 계급적 견제를 하기도 했다.

에도시대 유녀

한편, 조닌 계층의 경제력과 문화 향유 욕구는 음악, 연극, 미술, 복식, 문학 등의 여러 방면으로 표출되고, 각 방면에서 서로 긴밀하게 영향을 주게 된다. 이를테면 당시 최고의 서민 연극이라고 할 수 있는 가부키(歌舞伎)에서 여성역을 맡은 남자 배우인 온나가타(女形)가 입는 무대 의상들이 관객에게 영향을 주면서 당대의 유행을 주도했다. 그 밖에도 유곽의 유녀(遊女)들이 있었는데, 그 당시 유녀는 성적인 해소 대상의 개념이 아니라

149

다도, 그림, 서예, 시, 꽃꽂이, 샤미센(三味線), 노래, 춤 등의 예술 전반과 교양을 필수로 하고, 상황에 따라 손님을 만족시킬 수 있는 지적인 능력도 가지고 있어야 할 만큼 뛰어난 예인(藝人)이었다고 한다. 특히 당대 뛰어난 유녀들이 입는 옷, 머리 모양 하나하나에 당시 여성들의 유행도 같이 움직였다는 사실을 보면 흥미롭지 않을 수 없다.

#### 4) 근대

1868년 메이지유신(明治維新)이라는 일대 개혁을 통해 에도시대의 엄격한 신분제도가 폐지되고 만민이 평등한 세상이 도래하면서 계급 구분을 위한 의복의 기능도 사라졌다. 여전히 전통의복 기모노가 보편적이고 일상적인 의복 문화를 유지했지만, 유럽에서 유입된 양복 문화가 서서히 보급되면서 점차 양복과 기모노가 혼용된다.

당시의 로쿠메이칸 외관

이후 개항과 함께 화족(華族), 관료 등을 중심으로 서구 사람들과 접촉하는 기회가 잦아지면서 로쿠메이칸(鹿鳴館) 등을 통해 빠르게 양복이 보급된다. 로쿠메이칸은 원래 정부가 외국에서 온 손님이나 외교관을 접대하기 위해 건축한 일종의 사교 파티장이다. 당시 급격한 서구화를 상징하는 이곳을 중심으로 외교 정책이 진행되었고, 그 외교에는 호화로운 무도회가 포함되었는데, 이곳을 드나들던 고위층들은 양복을 입고, 그들의 부인과 딸들 또한 서양식 드레스와 액세서리를 하고 파티에 참가하면서 서양 동경의 분위기가 점차 대중에게 퍼져나가게 되었다.

서양 드레스를 입은 일본 여성



한편 메이지 정부는 육군, 관료의 제복을 양복으로 바꾸면서 의복 개혁을 선도하는데, 여기에는 양복을 입음으로 서구의 과학기술을 배우고 근대를 목표로 하는 일본의 의욕을 서양인들에게 어필하여 교섭을 유리하게 이끌어가려는 의도가 있었다. 그 즈음에는 서민들에게는 양복이 고가였지만, 일본 내에서 양복 생산이 가능해지면서 바야흐로 일본 고유의 옷 기모노를 양복에 대응하는 말인 와후쿠(和服)로 구분하여 부르게 된다.

제복 차림의 메이지 천황

하카마 차림의 여학생

다이쇼시대의 세일러복

메이지나 다이쇼 시대에는 학교 안팎에서 여학생들이 일상적으로 하카마라는 넓은 치마바지 같은 옷을 즐겨 입었는데, 이것이 하나의 문화로 정착하면서 현재도 입학식이나 졸업식에서는 하카마를 정장으로 입기도 한다. 다이쇼 후기에는 이 하카마를 대신해서 흔히 세라복이라고 말하는 세일러 칼라가 달려있는 전형적인 교복이 등장한다.



여성들의 양복 착용은 남성들보다 훨씬 늦게 이루어졌지만, 1923년 간토대지진때 몸의 움직임이 자유롭지 못한 기모노를 입었던 여성들의 피해가 많았다는 것 때문에 그 이듬해부터 여성 복장에 서양화 바람이 빠르게 진행되었다고 한다.

다이쇼시대에는 직장 여성들이 늘어나고 외교관 부인과 같은 상류층 여성들에게 양장이 널리 보편화되었다. 기모노에 비해 입고 벗기가 수월해 활동성이 좋은 양장이 일상의 자리로 파고들어 일상복으로서의 기모노는 점차 입지가 좁아지게 된다.

#### 5) 현대

2차 세계대전 즉 태평양전쟁 이후부터 양복은 일본인의 일상복으로 완전히 정착하게 된다. 패전 이후 일본은 민주주의의 도입, 세계의 경제 대국으로의 부상, 거품경제의 붕괴 등 많은 부침(浮沈)을 경험해 왔다. 이 시기를 지나면서 더 많은 여성들이 사회 진출을 하고 서양화된 생활문화와 합리적인 사고로 이제 기모노는 많은 사람들에게 의례용, 행사용 예복으로 물러서게 되었다.

보통 기모노와 오비 등 구성품들이 한 세트로 되어 코디네이션할 수 있는 제품은 약 400~

정월 신사참배를 위한 예복

600만원 정도이고, 유명 디자이너들의 소위 '작품'은 1,000만원 이상을 호가하기도 한다. 대기업 대졸 초임이 200~250만원 정도인 팍팍한 현실에 보통의 기모노라도 해도 한 벌 씩 구비하기는 어려운 일인지라 최근에는 할머니, 어머니의 기모노를 대물림해서 입기도 하고 중고 기모노를 수선해주거나 다양한 기모노를 바꿔가면서 입을 수 있는 렌탈 상점도 성업중이다. 또 인터넷 온라인 쇼핑으로 기모노를 저렴하게 살 수 있게 되면서 40~50만원에 구입할 수 있게 되었다.

이렇듯 일상복의 자리를 내준 양복 대신으로 기모노는 마쓰리에서 유카타를 입는 등 새로운 현대적 트렌드를 형성하게 되었고, 특별한 일이 있을 때 자기 연출의 아이템으로 젊은 세대에게 새롭게 조명되면서 드레스와 같은 고급 파티웨어로 다양하게 전환되고 있다.



또한 나들이옷, 편히 쉴 수 있는 옷 등으로 입는 목적에 따라 세분화하여 성격을 특징화하고, 혼자 입기 어려웠던 구성품을 이미 매듭이 완성되어 있는 오비나 단추, 지퍼 등의 소재를 적용해서 간편화하여 양복 중심의 생활 속에서 쉽게 착용할 수 있도록 하는 등 현대인의 다양하고 새로운 요구에 순응하면서 진보하는데 주력하고 있다.

## | 기모노의 종류 |

### 1) 하오리와 하카마

남자는 기모노의 종류가 적으며, 대개 남자가 입는 옷 종류는 조금씩 변형된 형태로 여자들도 입을 수 있다.

남자들의 옷은 보통 나가기(長着), 하오리(羽織), 하카마(袴)로 크게 구분할 수 있다.

나가기는 발목까지 옷자락이 닿는 길이의 기모노를 말하는데, 여자들이 입는 보통의 기모노도 사실은 나가기라고 볼 수 있다. 다만, 남자들이 입는 나가기는 여자의 것처럼 허리 부근에서 길이를 매만져 입는 것이 아니라 입으면 그대로 발목까지 딱 맞는 치수로 되어 있다. 즉

몬쓰키하오리

남자 기모노는 옷 길이와 신장이 거의 같은 치수로 되어있는데, 밑단 안쪽으로 주름을 잡아서 접어넣고 박아서 완성한다. 흔히 평상복으로 사용하는 옷이다.

하오리는 보통 무릎 위 중간까지만 오는 것을 하오리라고 통칭하지만, 결혼식이나 중요한 행사에 예장으로 입는 몬쓰키하오리(紋付羽織)는 양쪽 가슴에 가문의 문장을 넣는다. 이때는 주로 몬쓰키하오리 중 가장 정식 형태인 구로몬쓰키하오리(色紋付羽織)를 입는데 보통 남자라면 결혼식때 신랑이 되어 일생에 한번 입을 정도라고 한다.

원래 방한용으로 입기 시작한 하오리는 고소데 위에 입는 나가기 바깥에 겹쳐 입으며, 하오리의 길이도 여성의 스커트 길이처럼 시대에 따라 돌고 돌아 유행이 바뀌는 양상을 보인다.

하카마

하카마는 다이쇼시대부터 여학교 학생들도 입었는데, 약간 통이 넓은 치마바지 같은 형태를 띠고 있다. 처음에는 기모노를 보호하거나 보온용의 목적으로 고안되었다고 하지만, 현재의 하카마는 남성이 결혼식을 할 때나 다도회 등이 있을 때 예장용으로 주로 입게 된다. 원래는 치마와 비슷하게 4장의 천을 서로 연결한 것이었으나 점차 변화하여 아래가 둘로 나뉜 통이 넓은 바지 형태로 정착했다. 남성용 하카마는 길이가 길고 활동적인 스타일이다. 검도 등을 할 때 입는 도복도 여기서 조금씩 변형된 형태로 이 하카마를 응용한 것이다.



### 2) 도메소데와 후리소데

여자들이 입는 기모노는 종류도 다양하지만 색깔과 문양도 다채롭다. 일본 여성들이 입는 기모노는 소매 길이를 보면 대개 그 여성이 기혼인지 미혼인지를 알 수 있다.

소매 길이는 보통 기모노를 입은 상태에서 팔을 어깨높이까지 올려 아래쪽으로 늘어지는 소매통의 길이를 말하는 것인데 기혼 여성이 입는 기모노인 도메소데(留袖)는 특히 품격을 중

기혼 여성의 도매소데와 문양

미혼 여성의 후리소데와 문양

시하여 결혼식이나 중요 의식에 주로 입는다. 검은 색 바탕으로 아랫 자락에 한폭의 그림과 같은 무늬가 들어가고 어깨 앞쪽으로 가문을 상징하는 문양이 장식되는 것이 보통이다. 화려하면서도 단정한 위풍이 있는 기모노라고 할 수 있다.

반면 결혼하지 않은 미혼 여성이 입는 후리소데(振袖)는 도메소데에 비하면 훨씬 길이가 긴 예복용 기모노를 입는다. 길고 우아하게 늘어뜨릴 수 있는 이 소매에까지 염색이나 자수로 화려함을 더한다. 기혼 여성들은 소매가 길면 기능적인 면에서 활동이나 작업하기가 불편하기 때문에 소매가 짧아지는 것은 당연하고, 반대로 미혼 여성의 젊은 화려함을 부각시키는데 넓은 소매를 멋스럽게 장식하는 것이 자연스러운 일이다. 미혼 여성들은 결혼식 피로연이나 졸업식, 사은회, 성인식, 각종 파티나 맞선 등에 화려한 후리소데를 입음으로 아름다움을 주목받는다.



### 3) 유카타

헤이안시대에 귀족들이 목욕할 때 입었던 마섬유의 속옷 겸 목욕가운에서 출발한 유카타는 에도시대에 서민들의 목욕문화가 보편화되면서 하얀색 목면 기모노를 유카타라고 부르게 되었다.

오늘날 유카타는 유난히 무덥고 습기 많은 일본의 여름을 시원하게 보낼 수 있는 계절 의상으로, 정식 기모노에 비해 입는 법이 간단하고 가격이 저렴하면서 재질과 색감이 다양하다. 특히 7월과 8월에 마쓰리나 불꽃놀이를 즐기는 곳에서 화려하고 다양한 유카타를 입은 남녀노소가 거리를 활보한다. 캐릭터 인

남녀노소가 함께입는 유카타

형이나 관촉용으로 받은 부채 등을 등 뒤 오비 매듭에 꽂고 다니면서 손을 편하게 하는 동시에 형식에 구애받지 않아 마쓰리와 뗄 수 없는 아이템이 되고 있다.

마쓰리를 즐기는 유카타 차림의 여성들

다른 한편으로 이 유카타를 목욕가운으로 사용하는 곳은 일본의 전통 숙박시설인 료칸(旅館)이다. 보통 온천 관광지에서 객실 안에 들어가면 한쪽에 정갈하게 개켜있는 사이즈별 유카타를 발견하게 된다. 오래된 유서깊은 료칸은 자기들만의 문양을 넣기도 하는데, 손님들은 관내에서 유카타를 입고 한가롭게 온천장을 오가며 여유를 즐기기도 한다.

#### 4) 오비와 게타

오비는 기모노를 입을 때 마무리로 허리춤을 감아 여미는 3~5미터 길이의 넓은 폭의 천으로, 기모노를 완성하는데 꼭 필요한 요소이다. 양복이라면 벨트에 견줄 수 있겠지만, 현재는 다양한 무늬와 색감과 재질을 사용하여 기모노에 포인트를 주는 액세서리 역할이 주요하다.

오비



오비는 에도시대 이전에는 폭 10센티 정도의 끈에 가까웠지만, 에도시대 이후에는 폭도 넓고 길어졌고 그에 따른 화려함도 배가되었다. 현대 기모노에서도 실제 키에 맞춰 길이를 매만진 후 별도의 끈으로 허리춤의 옷감을 고정하기 때문에 오비의 역할은 장식적인 면에 더욱 치중되고 있지만, 이 폭넓고 긴 천으로 마무리를 하고 나면 입은 사람의 허리를 견고하게 지탱해 주기 때문에 앉음새나 걸음새에서 기모노의 선을 유지할 수 있는 자세를 만들어준다고도 할 수 있다.

기모노 한 벌보다 오비 하나의 값이 더 비싼 경우도 있지만, 멋진 오비는 다양한 기모노에 맞춰 입을 수 있기 때문에 그만한 가치가 있다. 이런 오비를 만들어내는 전문 장인들은 자수,

염색, 금박 등 다양한 기법을 사용하여 오비에 아름다움을 더해준다. 기모노를 입는 사람 또한 오비를 묶는 법을 궁리해서 다양한 조화를 창조한다. 이것이 기모노를 입는 매력이라고도 할 수 있으며, 여기에 오비는 빼놓을 수 없는 중요한 부분이다.

또한 기모노를 입을 때 한복의 버선과 비슷한 다비(足袋)를 함께 신는다. 다비는 엄지와 나머지 네 발가락으로 나뉘어 있는데, 전통 신발인 게타(下駄)와 조리(草履)와 맞춰 착용하며, 발꿈치 쪽에서 후크로 고정한다. 기본은 흰색이지만 젊은 세대의 기호에 따라 다양한 색깔, 화려한 무늬의 다비가 생산되며, 최근에는 방한을 목적으로 다비와 같은 모양의 부츠, 운동화 등도 판매되고 있다.

전통 신발인 게타는 나무판 위에 있는 세 개의 구멍을 끈으로 연결하여 발을 고정하는 형태로 바닥에는 하(歯)라고 하는 돌기 부분이 있다. 바닥이 높게 고안된 것은 여름에 비가 많고, 자갈길이 많은 풍토 지형적 특성 때문이다. 양복이 일상화되고 도로가 정비되면서 끈 때문에 발이 아프고 걷기 불편한 게타를 굳이 신으려 하지는 않았지만, 유카타가 유행하면서 게타의 인기도 동반 회복되었다. 사용자의 불편함을 덜기 위해 게타의 끈을 조정하거나 아프지 않도록 개량하여 걷기 쉽게 만들기도 하고, 온천 관광지에서는 전통 체험 아이템으로 젊은 세대나 외국인 관광객이 게타를 신어볼 수 있는 기회를 넓히고 있다.

다비

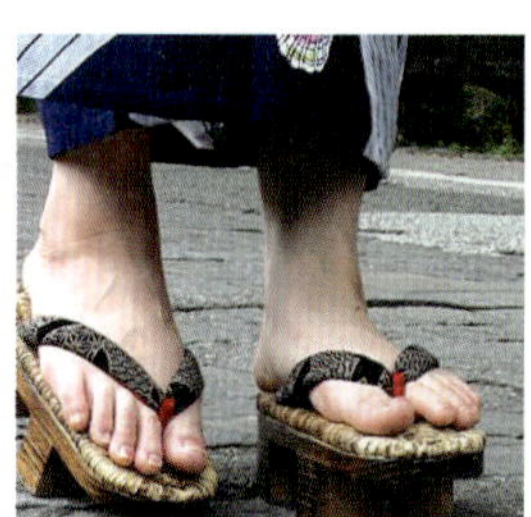
유카타와 게타

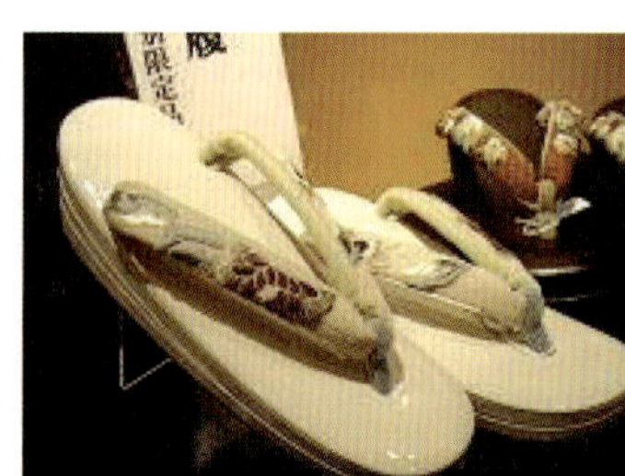
조리

게타보다는 격식이 있어 정장용으로 맞춰 신는 것이 조리이다. 다타미의 소재가 되는 골풀을 사용하여 만들기도 하지만 근래에는 가죽을 사용한 조리가 주류를 이루고 있다. 끈으로 연결된 모습은 게타와 비슷하며, 지면과 접하는 밑바닥이 두껍고 일반 구두처럼 고무 등을 사용하여 걷는 충격을 줄여준다. 일본 뿐만 아니라 한국 사람들도 이 조리 모양에서 본뜬 여름용 슬리퍼를 '쪼리'라고 부르며 해변이나 물가에서 신기도 한다.

**| 현대 일본의 패션 동향 |** 일본의 현대 패션과 유행은 1980년대부터 모방과 창조를 반복하며 성장했으며, 세계적으로 널리 알려진 1세대 유명 디자이너인 야마모토 요지(山本耀司)와 다카다 겐조(高田賢三) 등에 의해 독특하고 개성적이고 개방적인 패션 성향을 가진 일본의 하류 문화의 역습이 얼마나 세계적인 성공을 거두었는지 확인할 수 있다.

상류에서 하류로 무조건적으로 전파되는 패션의 역사적 관행과는 달리, 일본의 패션은 도쿄의 하라주쿠(原宿), 신주쿠(新宿), 시부야(渋谷) 일대의 거리를 활보하는 호기심 많은 젊은이들에게서 시작되었다. 매주 젊은이들은 고딕 로리타(Gothic Lolita 고딕풍과 로리타 패션의 요소를 섞어 로코코 스타일의 귀부인처럼 기괴하고 환상적인 치장을 하는 패션), 비쥬얼케이(ビジュアル系 비쥬얼락밴드의 과격하고 화려한 화장, 머리 모양, 의상 등의 영향을 받은 패션), 데코라(デコラ decorative의 변형으로 과도한 액세서리와 핑크 등의 원색감을 살려 겹쳐입는 소녀풍 패션), 코스프레(コスプレ costume play의 일본식 표현으로 애니메이션이나 만화 캐릭터, 혹은 인기 연예인들이 하고 있는 의상을 꾸며입고 놀거나 전시하는 것)를 포함한 다양한 스타일의 옷을 입고 이 거리에 모인다. 사실 일본인들은 오타쿠라는 독특한 문화추종자들이 「에반게리온」의 레이나 피카추, 카드캡터체리와 같은 다양한 애니메이션의 캐릭터로 분장하거나, 태닝을 한 검은 피부에 독특한 화장을 한 기이한 갸루 스타일의 여성들을 길에서 마주치는 것에 놀라지 않았다. 길게는 20년 이상 보아왔기 때문에 거부감도 없지만 그렇다고 세계의 패션에 반영될만큼 특별하다고도 생각하지 않았던 것이다. 일시적이라고 생각할 수도 있었던 이러한 거리의 트랜드가 패션의 중심이 되면서 스트리트 패션(street fashion), 일명 닛폰 스타일(Nippon style)을 만들어내고 세계가 주목하게 되는 기이한 추세를 이끌어냈다.

157

하라주쿠의 스트리트 패션

하지만, 일찍이 1980년대부터 다카다 겐조는 일본의 거리 패션에 영감을 얻은 작품을 선보여 네오 쿠튀르(Neo-couture, 새로운 모드의 창조자)의 신화적인 존재가 되었고, 야마모토 요지도 화려함을 고집하는 보수적인 패션계에 스트리트 패션을 그대로 재현하여 파격을 알렸다. 또한 인터넷 사이트와 패션 잡지 등은 빠르게 거리의 표정을 세계로 옮겼고, 이런 스트리트 패션을 기반으로 언더커버(UNDERCOVER), 꼼 데 가르송(comme des garcons), 이세이 미야케(ISSEY MIYAKE) 등의 브랜드들이 자리잡게 되었다. 마케팅 기법인 한정판(Limited Edition) 전략으로 값비싼 고급 브랜드로 세계적으로도 이름을 얻게 되면서, 구제 패션과 레이어드룩, 빈티지룩, 그런지룩, 스키니핏 등과 같은 전형적인 닛폰 스타일이 세계의 패션에 영향력을 발휘할 정도로 부상하였으며, 세계 패션 브랜드들은 최신 트렌드를 읽기 위해 도쿄의 거리를 찾는다.

또한 닛폰 스타일의 독특한 감각적 요소가 이목을 끌면서 명품 브랜드 루이비통(Louis Vuitton)은 일본의 팝아티스트 무라카미 다카시(村上隆)와 손잡고, 벚꽃이나 몽환적인 파스텔 색상 등을 주로 하는 일본의 이미지와 문양을 상품에 입히는 아트 마케팅으로 새로움을 추구하기도 했다.

지금 일본 패션의 유행은 자연의 아름다움을 한 폭에 나타내는 전통 기모노의 다채로운 색감과 다양한 문양, 겹쳐입는 착용방식 등에서 비롯된 현대적 재해석이라고 할 수 있으며, 이러한 요소가 세계의 패션계가 매력을 느끼는 일본적인 독특한 패션의 원천이라고도 할 수 있다.

### 기모노를 입은 까미유

기모노를 입은 까미유

에도시대 일본과는 정반대에 위치해 있던 1875년 유럽에서 모네(1840~1928)는 '기모노를 입은 까미유'라는 작품을 그렸다. 금발의 서양여인이 일본 부채를 들고 기모노를 입고 있는 모습이 이채롭게 보인다. 모네는 어떻게 이런 그림을 그리게 된 것일까?

에도 막부는 기본적으로 쇄국정책을 고수했지만, 나가사키로 들어오는 네덜란드 상인들을 통해 세계 정세와 문화를 선별 입수하고 있었다. 이런 과정에서 서양화의 영향이 전통화에도 영향을 미쳐 독특한 서민미술인 우키요에(浮世絵)로 발전된다. 세상의 풍속, 가부키 배우, 미인, 풍경 등을 명확한 도안과 대담한 구도, 원근법을 무시하고 그림자 없이 표현하는 우키요에는 판화를 통해 대량 인쇄하는 방식으로 일반 대중들도 저렴하게 향유할 수 있는 문화가 되었다.

허름해진 폐지나 잘못 인쇄된 파지의 우키요에는 배편의 포장재로 사용되었고, 1865년 프랑스의 화가 블랙먼이 일본산 도자기의 포장지였던 우키요에를 친구들에게 회람한 것을 시작으로 다양한 일본 미술품이 수입되고 유행하게 되면서 일본 열풍, 자포니즘이 생겨난다.

원근법을 무시하고 간략한 형태와 대담한 구조를 지향하는 우키요에에 감흥된 당시 유럽의 인상파 작가들 - 모네, 고흐, 드가, 마네, 휘슬러 등 -이 작품 속에서 장식적 요소와 모작 등을 통해 재현하게 되었다.

(강혜선)

**Answer** 1. X 2. X 3. ○ 4. ○ 5. ○

이야기와 감동이 있는
일본문화 탐방

chapter 10

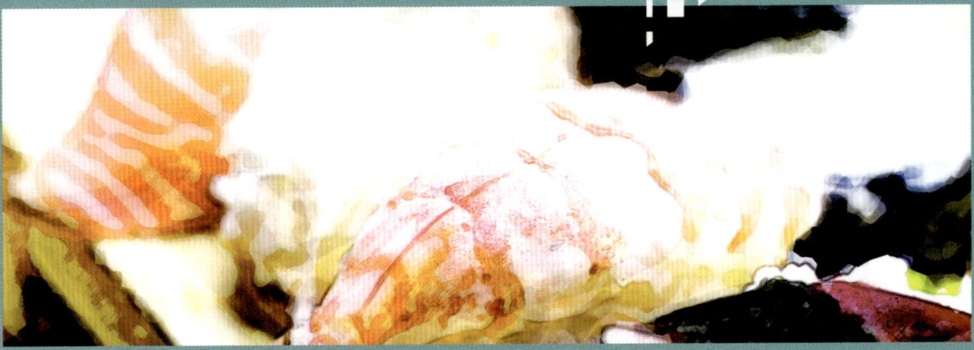

# 소재 본연의 맛을 중시하는 일본음식

1. 자연 그대로의 맛을 추구하는 일본요리
2. 전통과 현대요리

chapter 10

# 소재 본연의 맛을 중시하는 일본음식

풀어봅시다

1. 일본인들이 육류를 먹기 시작한 것은 헤이안시대부터이다. (   )
2. 일본에서는 음식을 젓가락으로 건네고 젓가락으로 받지 않는다. (   )
3. 오므라이스, 고로케, 카레라이스, 돈가스는 일본 전통음식이다. (   )
4. 다도에서 차를 내기 전에 내놓는 간단한 음식을 혼젠요리라고 한다. (   )
5. 오코노미야키, 다코야키, 야키소바는 대표적인 길거리음식이다. (   )

# 소재 본연의 맛을 중시하는 일본음식



한 민족의 음식문화에는 그 나라의 자연적, 사회적 조건과 그 민족의 특성이 반영되어 있다. 따라서 음식문화를 이해하는 것은 그 민족의 문화적 특성을 이해하는데 중요한 역할을 하며, 각 나라의 문화를 이해하기 위해서는 그 나라의 음식문화를 이해하는 일이 선행되어야 한다.

자연 그대로의 맛을 살리고 고기요리의 부재로 특징되는 일본요리는 서구와의 교류를 통해 동서양을 절충하는 또 다른 특색을 만들어냈다. 그리고 일본 중세시대에는 혼젠(本膳)요리, 차카이세키(茶懷石)요리, 근세에는 가이세키(会席)요리가 발달되었으며, 대부분의 서양음식은 막부 말기부터 메이지시대에 걸쳐 도입되었다.

# 1. 자연 그대로의 맛을 추구하는 일본요리

| 자연을 살린 요리 | 일본인은 676년 덴무(天武)천황이 살생을 금지한 이래 1200년 동안 육식이 터부시되어왔다. 육식을 하는 것은 더러운 행위로 인식되었기 때문에 일본인은 주로 어패류와 채소류를 섭취하였다. 그러나 19세기 초 메이지유신과 함께 서양문화를 받아들이면서 서민들이 쉽게 육류요리를 접할 수 있게 되었다. 근대화를 추진한 메이지정부는 서구의 선진 국가 대열에 끼기 위해 서양문명을 도입하려 하였고, 육식의 장려와 서양요리의 보급을 통해 서구의 문명을 섭취 · 흡수하려고 했다. 메이지정부가 육식 섭취를 허용하고 서양요리를 예찬하는 캠페인을 대대적으로 벌이자 서양음식은 빠른 속도로 엘리트층에 파고들었다. 이와 같은 당시의 상황은 가나가키 로분(仮名垣魯文 1829~1894)의 『아구라나베(安愚楽鍋)』에서 살펴볼 수 있다. '아구라'는 책상다리, '나베'는 냄비라는 뜻으로 '아구라나베'는 쇠고기 전골을 의미한다. 이 '아구라나베'에서부터 음식의 문명개화가 시작되었는데 쇠고기를 음식점에서 먹는다는 것 자체가 새로운 문명개화의 상징이며 따라서 쇠고기 전골은 당시의 신풍속을 그리는 비유적 표현으로 사용된 것이었다.

일본 음식의 가장 큰 특징은 일본의 뚜렷한 사계절의 변화가 식생활에 그대로 반영된다는 점이다. 제철의 재료를 사용하여 계절의 맛을 살린 음식을 최고의 요리로 치는 것이 일본 요리이다. 그리고 일본은 섬이라는 지리적 특성 때문에 생선류를 식재료로 많이 사용하고, 특히 스시(寿司)와 사시미(刺身)같은 생식요리가 발달하였다. 또한 일본 요리는 음식을 담는 그릇에도 섬세한 배려를 기울이는 시각적인 면을 중요시하고 있으나, 일본요리의 보다 근본적인 특색은 재료가 가지고 있는 본래의 맛을 살리는데 있다. 일본음식의 맛은 식재료가 가지는 맛을 얼마나 잘 살렸느냐가 관건이 된다. 때문에 서양요리나 다른 동양요리에 비에 향신료 사용을 최대한 줄이며, 양념을 많이 사용하지 않는 것이 특징이다.

일본요리는 한국과는 달리 조미료와 육수를 최소한으로 사용하는데, 특히 신선한 소재의 맛을 살리는 조미료와 육수가 발달하였다. 요리의 맛을 내는 일본식 조미료에는 설탕(砂糖), 소금(塩), 식초(酢), 미소(味噌 된장), 쇼유(醤油 간장), 미린(味醂 맛술), 와사비(わさび 고추냉이) 등이 있다. 조리시 조미료를 넣는 순서는 히라가나 사행(さ行)의 사(さ), 시(し), 스(す), 세(せ), 소(そ)의 순서인데, 여

기서 사는 사토(설탕), 시는 시오(소금), 스는 스(식초), 세는 쇼유(간장), 소는 미소(된장)를 일컫는다.

미소는 콩을 발효시킨 조미료로 쌀, 보리, 콩 등을 누룩곰팡이와 혼합하여 숙성시켜 만든다. 1300년 전 중국에서 전해진 것으로 추정되며 생선과 고기의 비린 맛을 없애고 감칠맛을 더해준다. 오늘날에는 주로 나베(なべ 냄비)요리, 조림 요리 등에 사용되고 있다. 쇼유는 일본어 한자로 '醬油'라고 쓰는데, '醬'는 재료를 소금에 절여 발효시킨 것이라는 의미이다. 쇼유는 일본요리에서 빼놓을 수 없는 조미료로 국, 조림 요리 등에 다양하게 이용되고 있다. 미린은 소주와 찹쌀에 발효균을 넣어 만든 달고 끈적끈적한 술로, 조림 등의 요리에 조미료로 사용되고 있다. 와사비는 생선비린내를 제거하고 맛을 돋우는 역할을 한다. 다시(ダシ)는 국물음식, 조림, 각종 소스의 기본이 되는데 곤부(昆布 다시마)와 가쓰오부시(鰹節 가다랭이포) 는 맛있는 다시를 만드는데 사용된다.

미소

소유

미린

와사비

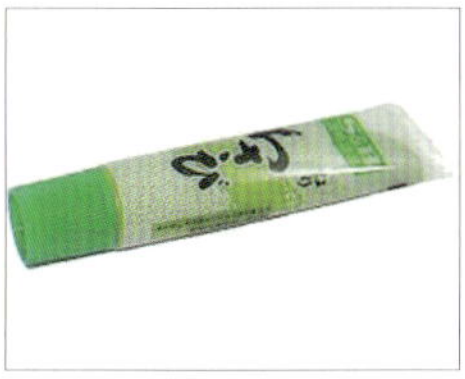
튜브형 와사비

곤부

가쓰오부시

| **동서양을 절충한 요리** | 일본 음식문화의 특징은 일본요리와 서양요리를 절충해 새로운 스타일의 음식인 '양식'을 만들어 낸 것이다. 이 '양식'요리의 특징은 요리의 기본 룰은 그대로 지키면서 주식인 밥에 맞도록 바꾼 것이다. 이러한 동서양을 절충한 요리로서는 오므라이스와 카레라이스, 고로케, 하야시라이스(하이라이스), 돈가스 등이 있다.

오므라이스는 케첩 등을 섞어 기름으로 볶은 밥을 얇은 계란 지짐으로 덮은 요리이다. 카레

라이스는 인도의 카레에서 유래한 음식으로, 일본 사람들이 좋아하는 요리 중 하나이다. 강황과 여러 매운 맛, 시큼한 맛을 내는 향신료 등을 물과 섞어 양념을 만든 후 야채나 고기를 볶아 넣어 밥위에 얹은 것을 말한다. 고로케는 고기를 다져 기름에 볶은 것을, 쪄서 으깬 감자와 섞어 둥글게 빚어 달걀·빵가루를 묻혀서 기름에 튀긴 서양식 튀김요리의 하나로, '크로켓'의 일본식 발음이다. 하야시라이스는 쇠고기와 양파를 볶은 것에 그레이비소스와 데미글라스소스, 토마토를 끓이다가 루(서양요리에서 소스나 스프를 걸죽하게 하기 위해 밀가루를 버터로 볶은것)를 넣어 걸쭉하게 만든 것을 밥 위에 끼얹어 먹는 것으로 일본에만 있는 요리이다. 밀가루, 계란, 빵가루로 입힌 튀김옷과 부드러운 육질이 씹히는 맛이 일품인 돈가스는 원래 돈(豚 돼지)과 가스(커틀릿 cutlet)라는 일본어와 외래어의 합성어이다. 서양의 커틀릿을 일본인의 입맛에 맞게 바꾼 이 음식은 외래문화의 일본식 수용이라는 일본의 문화적인 특성을 잘 반영한 음식이기도 하다. 돈가스는 쇼와시대 초기에 서민 생활 깊숙이 스며들었다.

오므라이스

카레라이스

고로케

하야시라이스

돈가스

**| 인스턴트 식품과 도시락 |** 일본의 고도 경제 성장기, 일본의 가장 전형적인 식품은 라면으로 대표되는 인스턴트식품이었다. 청일전쟁 때 중국군의 비상식량인 건면에서 힌트를 얻어 1958년 세계 최초의 인스턴트라면인 닛신치킨라면(日清チキンラーメン)이 개발되었고, 1960년 모리나가(森永)제과는 일본 최초의 인스턴트커피를 시판하였다. 1971년 닛신식품에서는 세계 최초의 컵라면(カップヌードル)이 발매되었다. 인스턴트 식품이라 해도 직접 끓여야하는 종래의 봉지라면과 달리 끓는 물만 부으면 몇 분 만에 바로 먹을 수 있는 컵라면은 바쁜 현대인들의 생활 속에서 새로운 식문화를 창출하였다. 그 밖에 인스턴트 미소시루(味噌汁 일본식 된장국) 등의 인스턴트식품 산업은 급성장을 보였으며, 이와 더불어 냉동식품과 반 조리식품, 레토

컵라면

르트 식품 등의 가동 식품들이 널리 보급되었다. 냉동식품이나 레토르트 식품이 인기를 끈 이유는 인스턴트식품에서는 느낄 수 없는 진짜에 가까운 맛에 있다고 할 수 있다.

치킨라면

일본에서 식품관이 활성화된 것은 2000년대에 들어오면서부터이다. 맞벌이 부부와 독신 가족이 늘어나면서 음식 마련에 드는 시간을 아낄 수 있는 방식이 요구됐기 때문이다. 일본 도쿄 긴자(銀座)의 미쓰코시(三越) 백화점과 신주쿠(新宿)의 이세탄(伊勢丹) 백화점에서 판매된 만든 고급 반찬으로 주부들의 인기를 끌며 '데파치카(デパー地下)'라는 신조어가 탄생되었다. 데파치카는 '데파트'(デパート)와 '지카(地下)'의 합성어로 백화점 지하의 고급 식품관을 뜻한다.

또한, 도시락 체인점도 크게 발전했다. 바쁜 샐러리맨들의 저렴한 점심에서 시작하여 독신 인구의 증가로 다양한 도시락 가게가 정착되었다. 일본에서는 편의점이나 슈퍼마켓에서 도시락과 반찬 등을 사다가 사무실이나 집에서 먹는 것을 '나카쇼쿠(中食)'라고 한다. 나카쇼쿠란 음식점에서 사먹는 '외식(外食)'과 집에서 요리해 먹는 '내식(內食)'의 중간 형태라는 뜻에서 붙여진 이름이다. '잃어버린 10년'으로 불리는 장기불황을 거치면서, 또 독신가구가 늘어나면서 도시락을 사먹는 직장인들이 늘어난 것이다.

도시락

일본 만큼 도시락 종류가 많은 나라도 드물 것이다. 백화점 식품매장, 도시락 전문점, 편의점 등지에서 도시락을 쉽게 사먹을 수 있다. 이러한 도시락 특징 중 하나는 에키벤(駅弁)이 유명하다는 것이다. 역(駅)에서 파는 도시락(弁当)이란 의미에서 에키벤이라 불리며, 각 고장의 특산물을 활용한 에키벤은 그 종류가 2천가지가 넘을 정도라고 하니, 또 다른 여행의 즐거움으로써 얼마나 많은 일본인이 에키벤을 사랑하는지 미루어 짐작할 수 있다.

### 일본의 보존식품

일본에서는 기후와 풍토에 알맞은 보존 음식이 발달하였는데, 호시모노(乾し物), 쓰케모노(漬物), 시오카라(塩辛), 낫토(納豆) 등이 대표적 보존음식이다. 호시모노는 햇빛에 말리는 건조법으로, 주로 생선 등을 다루는데 사용되었다. 쓰케모노란 배추, 오이, 가지 등 야채를 소금이나 간장, 된장, 식초 등에 절인 음식이다. 대표적인 것으로는 다쿠안(たくあん 단무지)이 있는데, 다쿠안은 16세기 '슈호 다쿠안(沢庵)'이라는 스님이 개발한 것으로 그의 이름에서 유래되었다고 한다. 시오카라는 젓갈의 일종이다. 낫토는 푹 삶은 콩에 낫토균을 배양하여 발효시킨 것으로 잘게 썬 파와 간장, 약간의 겨자를 올려서 밥 위에 얹어 먹는 일본 전통의 식품으로, 한국의 청국장과 유사한 발효식품이다. 특히 아침식사로 즐겨 먹는다. 끈적거리고 특유의 냄새 때문에 날로 먹기에는 적응하기 어렵지만, 일단 단백질이 많고 소화가 잘 된다. 일본인 중에서도 간토(関東) 지방 사람들은 매일같이 먹는 경우가 많지만 간사이(関西) 및 규슈(九州) 지방 사람들은 먹지 못하는 사람도 매우 많다.

호시모노

쓰케모노

시오카라

낫토



## 2. 전통과 현대요리

**| 전통요리 |** 일본의 전통적인 향응을 위한 기본 요리로 3종류가 있는데, 정식 연회에서 차려지는 혼젠(本膳)요리, 다도에서 차를 내기 전에 내놓는 간단한 차카이세키요리(茶懷石)요리, 연회요리로서 일반적으로 이용되는 가이세키(会席)요리가 있다. 차카이세키와 가이세키는 코스 요리인데 일본인들도 혼동하는 경우가 많다. 차카이세키는 다도에서 차를 내기 전에 먹는 가벼운 요리이며, 가이세키는 일본식 여관 등에서 술과 함께 먹는 연회용 요리이다.

혼젠요리는 주로 관혼상제 때에 쓰인 정식식단으로써, 차리기가 매우 복잡하나 일본음식의 기초적인 식단으로 구성된 요리이다. 혼젠요리라는 이름은 에도시대에 정착되었는데, 이는 손님 대접을 위한 상차림에서 중앙에 놓는 밥상을 '혼젠'이라고 부른 것에서 온 것이다. 격식을 차려야할 중요한 연회나 혼례 때 외에는 별로 사용하지 않으나 현재까지 그 상차림법은 전해져 오고 있다. 의식에 따라 상의 수가 늘어나는데 처음에는 제 1밥상과 제2밥상을 내고 식사의 상황에 따라 제3, 제4 혹은 그 이상의 밥상이 나온다.

차카이세키요리는 선종의 수행 승려들이 공복감을 막기 위하여 가슴(懷)에 따뜻한 돌(石)을 품었다는 데서 유래되었다. 따라서 차를 마시기 전에 소량의 식사를 제공하여 공복에 차를 마셔 느끼는 고통을 줄이고자 하는 것으로 시작한다. 차카이세키요리는 다도의 예에 따라 차려내는 요리로, 양보다 질을 중시하지만 검소하고 재료의 자연적인 특징을 최대한 살린다. 일반적으로 정해진 차카이세키는 1즙(汁 국물) 3채(菜 반찬)가 보통인데, 밥, 국, 생선회초, 조림, 구이가 나온다. 하시아라이(箸洗 요리 중간 정도에 나오는 국물), 핫슨(八寸 2-3종류의 요리를 한 그릇에 조금씩 어울리게 담는 것)은 반드시 나온다.

에도시대에 연회에서 식사를 즐긴 것에서 유래된 가이세키(会席)요리는 혼젠요리 형식에 차카이세키요리 형식을 가미한 것이다. 여기서 가이세키란 모임의 좌석(会席)이라는 뜻으로 현재 일본의 음식점 · 호텔 등에서 조리되는 고급 연회요리를 칭한다. 가이세키의 양식은 혼젠요리의 양식을 본받아 상차림 3개를 기본으로 하며, 음식은 코스식으로 제공되고 밥은 마지막에 나온다.

혼젠요리

차카이세키

가이세키요리

| **외식문화** | 일본의 외식문화는 일본인의 식생활 변화와 밀접한 관계가 있다. 여기서 일본의 식생활의 변천에 대해 간단히 살펴보도록 하겠다. 일본에서는 1950년대 이후

식생활에 많은 변화가 생겼다. 그리고 고도 성장기에 들어서면서 식생활에 대한 관심이 높아졌다. 식도락도 패션이라는 인식이 생기고 식품에 대한 지출이 증대되었으며, 1인 동물성 식품섭취량이 2배 증가되었다. 일본인은 조미료에 대한 반발로 자연식품을 선호하였으며 산물 직거래, 유기농법의 무공해 · 저공해 야채의 실명제 등장하게 되었다.

일본의 외식문화는 에도시대 때부터 발달하기 시작해 메이지시대까지 이어졌다. 외식을 위한 요리전문점은 에도시대부터 등장하기 시작하였는데, 주로 소바, 덴푸라(天ぷら 튀김), 오뎅, 스시, 우나기(鰻 장어) 등의 저렴한 요리점이었으며, 메이지시대 이후에는 쇠고기전골, 서양요리, 중화요리, 향토요리와 같은 요리 전문점도 등장했다. 1920년대에 들어 도시 인구가 증가하면서 대중음식점이 급속히 발달하였다. 또한, 1970년대 이후 햄버거나 후라이드 치킨점, 이른 아침부터 심야까지 열려있는 패밀리레스토랑 등이 급성장 하는 한편, 체인점을 가진 외식산업의 종류가 계속적으로 발전하였다.

일본 외식산업의 특징은 프랜차이즈 시스템이다. 요시노야(吉野屋)는 창업한 지 100년이 넘은 일본 최대의 규돈(牛丼 소고기 덮밥) 체인업체로 일본을 비롯한 미국, 대만, 중국, 싱가포르 등 세계 각국에 해외 지사를 두고 있는 세계적인 기업이다. 규돈은 싸고 간편하게 먹을 수 있는 음식으로 서민들의 사랑을 많이 받아 왔다. 마쓰야(松屋) 등의 경쟁 업체에서는 규동 이외에도 카레나 각종 덮밥류의 여러 가지 메뉴가 있는데도 불구하고, 요시노야는 도쿄에서만 하루에 10만 그릇 이상이 팔리는 저력 있는 외식체인점이라 할 수 있다.

요시노야

마쓰야

또한 모스버거(MOS BURGER)는 일본에서 가장 대중적인 햄버거 체인점 중 하나이다. 산(Mountain), 바다(Ocean), 태양(Sun)의 앞글자에서 따온 '모스(MOS)'라는 상호는 인간과 자연에 대한 애정을 의미한다. 모스버거의 철학은 언제나 고객우선, 품질을 우선시한다는 것이다. 매장에서 주문 후 즉시 요리를 시작하며 5~6분이라는 시간이 소요되지만 특유의 신선함으로 일본인들의 입맛을 사로잡았다.

모스버거

## | 대표음식 |

### 1) 스시와 사시미

일본은 섬나라의 특성상 생선요리가 다양하게 발전하였는데, 스시와 사시미가 대표적이다. 스시는 식초로 간을 한 밥에 어패류 등의 재료를 얹은 요리이다. 기원전 4세기 동남아시아 지역에서는 생선을 소금에 절여서 쌀 속에 넣어 2개월에서 1년 동안 발효시킨 후, 쌀은 버리고 생선만 먹는 습관이 있었다. 그것이 중국대륙에 들어오게 되었고, 한국을 거쳐 삼국시대에 일본으로 전파되었다고 한다. 손으로 밥을 뭉쳐서 그 위에 생선을 얹혀서 먹는 스시는 일본이 원조이다. 스시는 원래 동남아시아에서 물고기를 소금에 절여 곡물과 함께 저장하던 방법인데 중국을 통해 일본에 전해진 것이다. 일본인은 에도(江戸)시대부터 스시를 먹기 시작하였으며, 에도만(지금의 도쿄만)에서 잡힌 신선한 생선을 잘라 밥 위에 얹어 먹었던 것이 시초라고 한다. 이것이 에도마에즈시(江戸前寿司)로 세계에 일본의 스시로 알려지게 된 것이다. 처음에는 도쿄근처에서만 먹었지만, 간토 대지진 이후 일본 전역으로 전파되었다고 한다.

스시에 사용되는 재료는 다양하여, 새우, 참치, 오징어, 방어, 가리비, 소라 등의 생선이나 조개류가 사용되지만, 우메보시(梅干し 매실 장아찌)와 계란말이 등도 사용된다. 젓가락으로 집어 먹기도 하지만, 보통 손으로 집어 간장에 찍어 먹는다. 스시의 종류를 살펴보면, 한입 크기를 손으로 쥐어 뭉친 니기리즈시(握り寿司), 자른 김 위에 밥과 여러 가지 속 재료를 넣은 다음 원뿔형으로 말아 만든 데마키즈시(手巻き寿司), 나무상자에 밥을 담고, 생선, 야채 등을 얹어 누른 다음, 적당한 크기로 자른 오시즈시(押し寿司), 초밥 위에 야채, 어패류를 잘게 썰어 뿌린 지라시즈시(ちらし寿司), 유부초밥인 이나리즈시(稲荷寿司), 김밥과 유사하지만 넣는 재료가 다소 다른 노리마키(海苔巻き) 등이 있다.

회전스시(回転寿司)는 저렴한 가격으로 누구나 손쉽게 스시를 먹을 수 있는 곳이다. 회전하는 벨트 위에 놓인 스시를 각자가 고르고, 스시가 담긴 접시의 색깔별로 가격이 매겨진다. 손님은 빈 접시를 테이블 위에 쌓고 가게 직원은 그 접시 수로 요금을 계산한다.

문헌상 사시미가 최초로 등장한 것은 1448년인데, 사시미의 '사스(刺す)'는 찌르다, 꽂다라는 뜻이며, '미(身)'는 물고기나 생선, 짐승의 살을 의미한다. 막부 시대 귀한 손님을 접대할 때 생선의 이름을 알기 쉽도록 요리장이 생선살에 작은 깃발을 꽂아 이름을 적은데서 '사시미'라 하

스시

회전스시

사시미

게 되었다고 한다. 사시미는 일본인의 식생활에서 빼놓을 수 없는 음식 중의 하나로, 신선도가 가장 중요하게 여겨진다. 일본에서는 참치 등의 붉은 생선도 재료로 이용되며, 다랑어, 연어, 문어, 새우, 오징어, 고등어 등도 사용하며, 소스는 간장과 와사비, 생강이다.

#### 2) 스키야키와 샤브샤브

스키야키(すき焼き 전골)는 논가에서 이로리(鑪)라고 하는 취사용 화로에 불을 피우고 냄비를 얹어 생선과 야채를 익혀 먹던 것에서 유래한다. 현재와 같은 스키야키를 먹기 시작한 것은 메이지시대 이후, 일본인 사이에 쇠고기 등 육류 소비가 일반화되기 시작되면서부터라고 한다. 스키야키는 쇠고기, 닭 등에 파, 두부 등을 넣고 자작하게 끓이는 냄비요리이다, 냄비에서 건져 올린 고기와 야채 등을 뜨거울 때 개인접시에 날계란을 풀어 찍어 먹는다.

'샤브샤브'는 고기를 국물에 '휘휘' 저어가며 먹는 모습과 소리에서 따온 이름이다. 샤브샤브는 얇게 썬 쇠고기 또는 생선을 끓는 물에 재빨리 익혀서 먹거나 적당한 크기로 썬 두부, 배추, 쑥갓, 파, 우엉, 다시마, 곤약 등을 전골냄비의 끓는 물에 살짝 데치듯이 익혀 내어, 소스에 찍어 먹는다.

스키야키

샤브샤브

### 3) 덮밥

덮밥 (돈부리 どんぶり)은 일본의 대표적인 일품요리로, 돈부리라는 것은 원래 보통 밥그릇보다 약간 큰 그릇(대접)을 칭한다. 덮밥은 흰쌀밥 위에 각종 수조육류, 어패류, 채소류를 요리해서 얹고 진한 소스를 뿌려서 먹는 주식용 일품요리이다. 덮밥은 본래 바쁜 서민들이 식사를 간단하게 하기 위하여 만들어 먹던 음식으로, 가난한 농민이 세금 포탈 등으로 굶주린 배를 달래기 위해 밥에 반찬을 섞은 데서 유래되었다고 한다. 덮밥의 종류를 살펴보면, 커틀릿 덮밥인 가쓰돈(カッ丼), 튀김 덮밥인 덴돈(天丼), 새우 튀김 덮밥인 에비돈(海老丼), 닭과 달걀을 섞어 만든 오야코돈(親子丼), 쇠고기나 돼지고기를 달걀에 섞어 만든 다닌돈(他人丼), 쇠고기 덮밥인 규돈(牛丼) 등이 있다.

가쓰돈

덴돈

오야코돈

규돈



### 4) 면류

일본에서 면으로 된 음식이라 하면 우동(うどん)과 소바(そば)를 들 수 있다. 밀가루가 원료인 우동은 오사카와 같은 간사이(関西) 지방에서 많이 먹으며, 메밀이 원료인 소바는 간토(関東) 지방에서 즐겨 먹는다. 또 하나의 대표적 면 음식인 라면(ラーメン)은 중화요리이지만, 일본인의 입맛에 맞춘 조리법을 사용하여, 일본의 대표적인 서민 요리의 하나로 자리 잡았다. 일본인들은 음식을 먹을 때 소리를 내면 예의에 어긋난다고 생각하지만 우동, 소바, 라면과 같은 면류를 먹을 때 소리를 내면서 괜찮다고 생각한다.

우동은 추운 겨울에 따뜻하게 먹는 음식으로 가쓰오부시나 멸치로 우려낸 국물에 넣어먹는 국수이다. 중국에서 전래된 우동은 당과자의 일종이 그 전신이며 뜨겁게 먹는 것에서 온돈(饂飩)이라 쓰였다가, 그 뒤 우동이 되었다. 우동을 먹을 때는 뜨거운 국물로 먹는 방법과 양념간장에 찍어 먹는 방법이 있으나, 뜨거운 국물을 넣어 먹는 것이 일반적이다. 일본인은 우동 국물에 야쿠미(薬味)라 하여 잘게 썰은 파와 시치미(七味 고춧가루 이외에 6가지 재료를 넣은 조미료)를 넣어 먹는다. 우동은 밀가루를 잘 반죽한 후에 평평하게 하여 썬 후, 뜨거운 물에 데쳐 완성되는데, 최근에는 기계로 만드는 경우가 많다.

소바란 메밀분에 밀가루, 계란, 야마이모(山芋 참마)를 재료로 하여 만든 갈색 면류를, 뜨거운 국물이나 차가운 간장에 무, 파, 와사비를 넣고 찍어먹는 음식을 말한다. 따뜻하게 먹는 소바로서 가케소바가 있다. 가케소바는 뜨거운 국물에 넣어 먹는 것인데, 양념으로 다진 파나 시치미를 넣어 먹기도 한다. 차게 먹는 소바는 자루소바이다. 자루(소쿠리)에 담긴 면을 별도의 그릇에 담긴 국물에 담가 먹는데, 국물에는 파, 와사비, 갈은 무 등의 양념이 들어간다.

우동과 소바의 종류로는 다누키우동/소바(たぬきうどん/・そば 간장 국물에 면을 넣고 튀김부스러기를 얹은 것), 기쓰네우동/소바(きつねうどん/・そば 간장 국물에 면을 넣고 유부를 얹은 것), 가케우동/소바(かけうどん/そば 간장 국물에 면을 넣고 잘게 썬 파를 얹은 것), 덴푸라우동/ 소바(てんぷらうどん/そば 간장 국물에 면을 넣고 튀김을 얹은 것), 쓰키미우동/소바(月見うどん/そば 간장 국물에 면을 넣고 날계란을 띄워 달을 연상하게 하는 것) 등이 있다.

자루소바

다누키우동

기쓰네우동

라면(ラーメン)은 17세기경 중국에서 전래된 이후 돼지 뼈 등을 넣은 국물을 개발하여 일본식 라면이 탄생되었다. 일본의 라면 국물은 보통 양파, 파, 마늘 등의 채소에 가쓰오부시, 다시마, 멸치 등의 해산물이나 돼지 뼈, 닭 뼈, 소 뼈 등을 넣어 오래 시간 끓여 만든다. 일본인

쇼유라면

미소라면

시오라면

돈코쓰라면

들이 가장 즐겨 먹는 음식의 하나가 라면인데, 이것은 지역에 따라 특색 있게 만들어지며, 삿포로, 도쿄, 오사카, 가고시마(鹿児島), 하카다(博多) 등이 라면으로 유명하다. 라면의 종류로서는, 돼지고기 삶은 것을 올려놓은 자슈멘(チャーシューメン), 파 다진 것을 올려놓은 네기라멘(ネギラーメン), 닭 뼈와 쇼유(간장)로 만든 쇼유라면(醤油ラーメン), 된장 맛이 나는 미소라면(味噌ラーメン), 시오(소금)로 간을 맞춘 담백한 시오라면(塩ラーメン), 돼지 뼈를 고아 만든 돈코쓰라면(豚骨ラーメン) 등이 있다.

**신요코하마 라면박물관**

라면에 대해 더 많은 정보를 알고 싶다면 신요코하마 라면 박물관(新横浜ラーメン博物館)에 가보는 것도 좋다. 옛 요코하마의 모습이나 전국 각지를 대표하는 라면을 소개하고 있다.

- 관람시간 : 11:00~23:00 (입장은 22:00 까지)
- 입장료 : 어른 300엔 / 초등학생 100엔
- 교통 : 신요코하마역(新横浜駅) 보도 5분

173

### 5) 길거리음식

일본의 야타이(屋台 포장마차)에서 파는 대표적 길거리음식은 오코노미야키(お好み焼), 다코야키(たこ焼き), 야키소바(焼きそば)이다.

일본식 부침개인 오코노미야키의 '오코노미'는 취미나 취향을 의미하고 '야키'는 구이를 의미한다. 오코노미야키는 가쓰오부시를 우려낸 물로 밀가루를 개어 자신이 좋아하는 고기, 야

야타이

채, 해산물을 넣고 부친 음식이다. 오코노미야키에는 오사카식과 히로시마(広島)식이 있다. 오사카식은 밀가루 반죽에 잘게 썬 양배추를 넣어 철판에 굽는데, 본인의 취향에 따라 치즈, 돼지고기, 김치, 소바면 등을 얹어 먹는다. 이에 반에 히로시마식은 철판 위에 묽게 만든 밀가루 반죽을 철판에 먼저 굽고 그 위에 콩나물, 얇게 쓴 양배추 등을 얹어 먹는다.

다코야키는 밀가루 반죽에 잘게 썬 문어와 파를 넣고 구워 가쓰오부시, 소스, 마요네즈 등을 뿌려서 먹는 음식이다. '다코'는 문어라는 뜻이고, '야키'는 구이라는 의미이다. 오코노미야키와 함께 일본의 대표적인 간식으로 오사카에서 처음 먹기 시작되었다.

야키소바는 철판에 면과 야채, 고기를 볶아 소스를 곁들인 음식으로, 축제에서도 빠지지 않는 음식이다. 소바는 메밀로 만들지만 야키소바의 재료로 사용하는 면은 밀가루를 재료로 하기 때문에 우동과 비슷하다.

오코노미야키

다코야키

야키소바

### 일본의 식사 습관과 예절

* 밥 먹기 전에 '이타다키마스(いただきます)'라는 인사를 한다.
* 식사를 할 때에는 소리를 내지 않고 먹는다. 단 면을 먹을 때는 예외이다.
* 국그릇도 왼손에 들고 먹으며 젓가락을 사용하여 건더기를 건져먹고 국물은 국그릇에 입을 대고 마신다.
* 나온 요리는 각자 개인 접시에 덜어먹는다.
* 식사비는 특별한 경우가 아니면 밥값을 각자 계산하는 것이 기본이다.
* 젓가락을 사용한다.(한국과 일본은 젓가락 놓는 방법이 다르다. 한국에서는 세로로 놓고, 일본에서는 가로로 놓는다.)

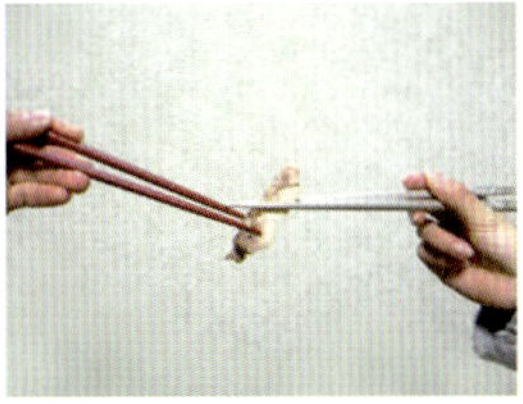
하시와타시

일본에서는 '금기시되는 젓가락'이라고 하여 젓가락 사용에 있어 터부시하는 경우가 몇 가지 있다. 어느 음식에 젓가락을 갖다 댈까 망설이는 것, 음식을 먹으면서 젓가락을 입으로 빠는 것, 젓가락으로 음식을 찔러 먹는 것 등이다.특히 하시와타시(箸渡し 음식을 젓가락으로 건네고 젓가락으로 받음)는 젓가락 사용법 중에서도 가장 터부시되는 행동이다.



(이지숙)

Answer 1. × 2. ○ 3. × 4. × 5. ○

이야기와 감동이 있는
일본문화 탐방

chapter 11

# 전통과 현대가 공존하는 생활공간

chapter 11

# 전통과 현대가 공존하는 생활공간

풀어봅시다

1. 일본은 목조주택이 일반적이다. (　)
2. 일본도 한국의 온돌과 같은 난방이 보편적이다. (　)
3. 일본인은 화장실과 욕실이 분리된 형태의 주택구조를 선호한다. (　)
4. 일본에도 한국과 같은 전세 형태의 임대제도가 있다. (　)
5. 일본에서 주택을 임대할 경우 차량 소유자는 차고지도 임대해야만 한다. (　)

# 전통과 현대가 공존하는 생활공간



한 나라의 의식주, 교통 등과 같은 일상생활은 일반적으로 그 나라의 기후와 깊이 관련되어 있다. 예를 들어 눈이 많이 내리는 지역에서는 추위에 견딜 수 있는 의복을 착용할 것이고 교통수단도 빙판이나 눈에 미끄러지지 않는 장비와 함께 난방장치가 비교적 잘 갖추어진 자동차를 사용할 것이다. 음식 또한 그 지역에서 많이 나는 음식을 즐겨 먹을 것이고 그 지역 특유의 저장법 등을 사용한 음식이 발달되어 있을 것이다.

주택도 마찬가지로 그 지역의 기후의 영향을 받아 지어지는데 일본과 같이 지진이 많이 일어나는 지역에서는 강한 지진에도 견딜 수 있고 또한 그 지역에서 많이 나는 재료를 사용하여 주택을 짓는 것이 일반적이다.

# 1. 자연과 전통이 어우러진 공간

| **일본주택의 특징** | 한 나라의 주택구조는 일반적으로 그 지역의 기후와 밀접한 관계를 가지고 있다. 따라서 그 나라의 주택구조를 이해하기 위해서는 기후조건을 이해해야 하는 것이 필수적이다. 일본은 국토의 80%가 산악지형으로 해양성기후에 가깝다. 따라서 일본의 주택은 주로 겨울보다는 고온다습한 여름기후를 고려하여 짓는 것이 일반적이다. 이에 따라 일본의 주택은 창문을 많이 만들고 지붕을 높게 만드는데, 이러한 구조로 지은 일본의 주택은 바람이 잘 통하여 통풍에 좋고 습기를 방지할 수 있으나 겨울철 기후에는 부적합하다.

고베대지진

동일본대지진



또한, 일본은 지진, 태풍, 해일 등이 자주 발생하여 이것이 주택구조에 영향을 미친다. 따라서 일본에서는 지진에 대비하여 주택을 높게 짓지 않고, 철근 콘크리트보다는 목조건물이 많은데, 이는 건물을 낮게 지을수록 지진에 파괴될 확률이 낮고, 콘크리트보다는 목조건물이 지진에 강하기 때문이다. 그러나, 이러한 주택은 화재에 약하고 방음에도 약하다는 단점이 있다. 6,400여 명의 사망자를 낸 1995년 고베대지진의 피해도 화재가 가장 큰 원인이었다고 한다.

일본열도는 남북으로 길게 뻗어 있어 주로 온대기후를 보이는 한국과 달리 아한대기후부터 아열대기후까지 넓게 분포하고 있다. 따라서 일본의 주택구조는 지역에 따라서도 다양한 양상을 나타낸다. 눈이 많이 내리는 지방에서는 무너질 위험에 대비하여 지붕의 경사를 급하게 하여 눈이 쌓이지 않도록 하는데 이러한 건축양식을 대표하는 것이 갓쇼즈쿠리(合掌造り)이다.

갓쇼즈쿠리는 일본의 폭설지역에서 볼 수 있는 건축 양식으로 시라카와고(白川郷)와 고카야마(五箇山) 마을의 주택들이 1995년에 유네스코의 세계문화유산으로 등록되었다.

아마도

또한 눈이 많이 내리는 지역에서는 현관 입구에 눈을 털어내기 위한 공간을 마련하고, 결빙에 의해 아마도(雨戸 비바람을 막고, 실내 보온을 위해 설치하는 덧문)가 열리지 않은 것을 대비하여 아마도를 설치하지 않는다. 이에 비해 고온다습한 남부지방에서는 창을 크게 만들고, 태풍에 의한 피해를 줄이기 위해 아마도를 만드는 것이 일반적이다.

### 일본의 난방기구 고타쓰와 이로리

고타쓰

이로리

일본의 가옥은 주로 고온다습한 여름기후에 맞추어 집을 짓기 때문에 겨울은 추운 구조로 되어 있다. 따라서, 겨울에는 고타쓰(こたつ)나 이로리(囲炉裏)와 같은 별도의 난방기구를 사용한다. 고타쓰는 일본인이 다타미 위에 앉아서 생활하는 것과 관계 깊은 것으로, 목재로 된 테이블에 이불을 덮고 도기에 숯을 넣은 다음, 그것을 테이블 밑의 틀 안에 넣어두는 일본의 전통적인 난방기구이다. 즉, 이불 아래 발을 넣어 따뜻하게 하는 난방기구이다. 고타쓰는 식탁으로도 사용할 수 있으며, 보통 때는 책상으로 사용할 수도 있는데 현대에는 숯 대신 전기를 이용한다.

또한 이로리는 일본의 전통가옥에서 빼놓을 수 없는 것으로 방바닥 또는 마루바닥을 네모나게 파서 장작과 같은 것을 연료로 하여 불은 피우는 곳을 말한다. 중앙에는 천정에 갈고리와 같은 형태가 걸려 있어, 냄비나 주전자를 얹어 놓을 수 있다. 일본의 전통가옥에서 일본인들은 이로리 주변에 둘러 앉아 식사를 하는데, 가족 간의 서열에 따라 자리가 정해져 있다. 또한 이로리는 날씨가 추운 날에는 그 주변에 둘러앉아 담화를 나누기에도 더할 나위 없이 좋은 공간이다.

**| 일본의 전통주택 |** 여기에서는 일본의 전통주택을 일본 전통식 방인 와시쓰(和室)의 구성요소를 중심으로 살펴보기로 한다.

### 1) 다타미

다타미

일본의 전통가옥에서 현관, 복도 및 부엌 바닥은 나무로 만드는 반면, 그 외의 방은 골풀로 엮은 자리를 깐 다타미(畳)를 바닥으로 만든다. 다타미는 일본의 전통가옥에서 사용하고 있는 바닥 재료로 나무로 된 바닥에 접을 수 있는 깔개를 깔았던 것에서 유래하였다. 다타미는 보온과 방습의 효과가 뛰어나며 방의 공기를 정화해 주고 특유의 향이 심신을 안정시키는 효과가 있다고 한다. 다타미방은 낮에는 거실로 사용할 수 있고, 식사 때에는 식당이 될 수 있으며, 밤에는 이불을 깔아 침실로도 쓸 수 있다. 따라서, 방의 수가 적어도 공간을 효율적으로 사용할 수 있다. 그러나 청소하기가 까다롭고 해충 서식으로 인해 알레르기를 유발하기도 한다. 또한 다타미의 끝부분은 천으로 되어 있어서 헤지기 쉽기 때문에 밟지 않는 것이 좋다.



일본에서는 방의 넓이를 잴 때 이 다타미를 단위로 넓이를 가늠하는데 다타미 한 장의 넓이는 지역에 따라 조금씩 다르나, 보통 90cm×180cm 정도의 장방형으로 규격화되어 판매되고 있다. 다타미 1장을 1조(畳)로 표시하는데 보통 하나의 방은 4조 반에서 6조로 이루어진다.

### 2) 오시이레

오시이레

일본에서는 밤에 잘 때 이불을 바닥에 펴고 사용하지 않는 낮 동안에는 오시이레(押し入れ)라는 수납장에 수납해 둔다. 오시이레는 붙박이 벽장 같은 것으로 가구를 많이 놓지 않는 일본의 가옥에서 침구류나 사용하지 않는 물건 등을 넣어두는 수납 공간이다. 이는 지진이 많이 일어나는 일본에서 가구가 넘어짐으로 인한 부상을 막기 위해서이기도 하다.

오시이레는 보통 깊이가 90센치, 폭은 방의 크기에 따라서 90, 180, 270센치로 되어 있는 경우가 많으며 미닫이문으로 되어서 옆으로 밀어서 열고 닫는다. 문은 종이로 바르고 열어보면 내부가 위아래의 두 칸으로 나뉘어져 위쪽에는 요와 이불을, 아래쪽에는 주로 방석이나 잡동사니를 넣어 둔다.

### 3) 쇼지와 후스마

전통적인 와시쓰에는 공간과 공간을 차단하는 고정된 벽이 없는데, 일반적으로 쇼지(障子), 후스마(襖)로 공간을 구분한다. 쇼지는 격자 세공한 나무틀에 조직이 촘촘하고 질긴 하얀 와시(和紙 일본 종이)를 바른 것을 말하는데 쇼지를 닫으면 이 와시를 통해 들어온 햇빛이 집 전체에 부드럽게 퍼진다. 즉 쇼지는 직사광선을 막아주는 커튼의 역할을 한다고 할 수 있다. 이것은 8세기경에 고안되었으며 주로 출입문이나 미닫이 창문에도 많이 쓰인다.

쇼지

후스마

인테리어 기능을 하는 후스마



후스마는 가느다란 나무틀을 짜서 양면에 두껍고 튼튼한 종이나 헝겊을 바른 문을 가리킨다. 후스마는 칸막이 기능을 하는 것으로 공간 차단을 주목적으로 하므로 채광은 고려되지 않는다. 종이 자체가 아름답고 방과 방 사이나 오시이레의 문에 사용된다. 주로 방과 방 사이는 두꺼운 종이를 안팎으로 바른 문으로 구분하고, 방과 마루 사이에는 밑 부분은 유리, 윗부분은 창호지로 된 문을 달아서 습기와 통풍을 조절하기도 하며 밤에는 덧문을 닫아 비바람과 추위를 막기도 한다. 후스마는 헤이안(平安)시대부터 사용되기 시작하였으며, 이 문을 트면 몇 개의 방을 하나의 큰 방으로 쓸 수 있다. 이것은 일본의 공동체생활의 영향으로 결혼식과 같이 집안에 큰 행사가 있을 때, 넓은 공간으로 이용할 수 있다는 장점이 있다. 그러나 방음이 되지 않아 사생활 보호에는 문제가 되기도 한다.

### 4) 도코노마

도코노마

객실로는 도코노마(床の間)가 있다. 도코노마는 일본의 전통가옥에서 필수적인 실내공간으로 주위보다 한단 높게 되어 있으며, 한 조나 반 조 정도의 공간에 아름다운 꽃이나 그림, 족자 등을 걸어 장식하고, 손님을 맞이하는 곳이다.

일본주택의 거실에 도코노마를 만드는 것이 일반화된 때는 메이지시대로 에도시대에는 도코노마를 만드는 것이 사치스럽다 하여 규제하기도 했다. 그러나 현재에는 족자를 거는 습관이 약해져 다타미방에서도 도코노마를 생략하는 경우도 많다.



#### 일본의 정원과 툇마루

일본의 전통가옥에는 대나무 등을 사용하여 만든 울타리가 있고 마당에는 작은 정원이 있다. 서양의 정원과는 달리 일본의 정원은 전통적으로 인공적인 요소를 배제하여 자연에 가깝게 만드는 것이 특징이라 할 수 있다.

정원이 접한 곳에 툇마루가 있는데, 툇마루는 집 안과 집 밖의 중간 성격을 갖는 곳으로 아래가 비어 있어 습기가 많고 더운 여름에도 시원하고 쾌적하다.

자연의 축소판 뵤도인(平等院)

툇마루

## 일본의 현대주택

### 1) 주택의 종류

#### (1) 아파트

아파트

목조 또는 경량철골(軽量鉄骨 조립식)로 만들어야 하는 구조상의 제한으로 인해 보통 2~3층 정도의 저층주택이 많은 아파트는 건물 내부를 여러 개로 나누어 각각을 임대하는 집합주택 형태이다. 같은 공동주택 중 비교적 규모가 크고 호화로운 것을 맨션으로 칭하는 경우가 많다. 아파트는 보통 부엌, 화장실은 공동 또는 전용이거나 목욕탕은 없는 곳이 많다.

#### (2) 맨션

맨션

맨션은 소규모이고 목조, 조립식의 임대 공통주택인 아파트와 달리 비교적 규모가 크고 기본적으로 철근 콘크리트로 지어지는 경우가 많다. 맨션은 한국의 아파트와 같은 개념으로 3층 이상의 집합주택이다. 방 이외에 부엌, 화장실, 목욕탕이 있으며, 높은 층의 방일수록 방세가 비싸다.

#### (3) 단독주택

단독주택

일본인이 가장 선호하는 주택은 정원이 있는 단독주택이라고 한다. 단독주택은 독립된 가옥으로 목조가 많으며, 보통은 단층집이나 2층집으로 작은 마당이 있다. 종래의 주택은 주로 나무로 지어지는데, 이러한 목조주택은 통풍이나 채광에 좋아 고온다습한 일본의 기후에 적합하지만 화재와 방음에 약하다는 단점이 있다. 따라

185

서 최근에는 콘크리트나 철골조의 주택이 늘어나고 있다. 또한 일본의 단독주택은 대부분 화장실과 욕실이 분리되어 있다. 또한 주차장을 갖추는 것이 의무화되어 있어 주차장을 소유하거나 임대해야만 자동차를 등록할 수 있다.

#### 2) 주택형태의 변화

일본의 주택형태는 전후부터 빠르게 서양식으로 변화해 왔다. 전통적인 가옥이 다타미였던 데 반해 현재의 일본인은 다타미방을 쓰기 보다는 나무 바닥이 깔린 방이나 카펫을 선호하며, 이와 함께 생활은 다타미에서 의자로 바뀌게 되었다.

또한, 다타미방에서 이불을 깔고 자는 것보다 침대를 사용하게 되었고, 아궁이형 부엌이 다이닝키친으로 바뀌게 되면서 침식일치의 생활이 침식분리의 생활로 바뀌게 되었다. 즉, 낮에는 다타미방에서 식사를 하고 밤에는 이불을 깔아 잠을 자던 방식에서 부엌에 앉아 식사를 하고 밤에는 침실에서 잠을 자는 서양식으로 바뀌게 된 것이다.

다타미에서 나무바닥으로

다타미에서 침대로

또한, 전통가옥에서 쇼지나 후스마로 벽의 기능을 대신했던 것이 개인의 사생활이 중시되고 서양식 인테리어가 유행하기 시작하면서 벽이 생겨 사생활이 어느 정도 보장되게 되었으며 툇마루로 마당과 집 내부를 연결했던 개방적인 구조에서 폐쇄적인 구조로 바뀌게 되었다.

종래의 일본의 주택은 목조에 기와지붕, 집 내부를 쇼지와 후스마로 구분한 전통가옥이 대부분이었으나, 최근에는 철근 콘크리트로 된 맨션이 늘어나고 있으며, 이러한 맨션을 선호하는 경향이 강해지고 있다. 그러나 다타미나 도코노마, 화장실 등에서는 아직도 전통적인 요소가 계승되는 부분도 많다.

예를 들어 방 가운데 한 곳은 반드시 와시쓰로 꾸미는 집도 많으며, 도코노마가 딸린 곳도 드물지 않다. 또한, 좌변기와 샤워시설이 분리되어 있다는 점도 건축에 있어서 서양의 방식을 받아들이지 않았음을 의미한다고 할 수 있다.

**일본의 부동산 광고**

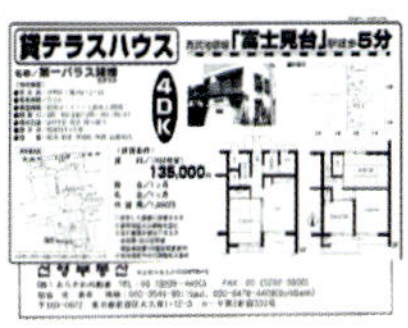


일본의 부동산 광고에 흔히 등장하는 2LDK, 3DK등의 용어에서 2, 3은 방의 수이고, L은 Living room, D는 Dining room, K는 Kitchen을 뜻한다. 즉, 2LDK는 방이 2개, 그리고 거실, 식당, 주방이 있다는 것을 나타낸다.

## 2. 멀고 좁고 비싼 일본의 집



**| 마이홈의 꿈 |** 거품경제 이전에 일본의 지가는 저축이 토지인상가격을 따라갈 수 없을 정도로 오르기만 했다. 물론 현재 일본의 토지가격은 어느 정도 하강세를 보이고 있긴 하지만, 여전히 도시의 샐러리맨에게 마이홈을 갖는다는 것은 꿈과 같은 이야기이다.

일반적으로 일본인들이 꿈꾸는 집은 돌담이나 울타리 나무로 둘러싸인 작은 정원에 차고가 있는 작은 2층집을 짓는 것이라고 한다. 그러나 도쿄나 오사카와 같은 일본의 대도시의 주택사정은 선진국의 대도시에 비해 매우 열악한 상황이다.

일본에서 도쿄와 같은 대도시권의 주택은 비싸다(高い, 다카이), 멀다(遠い, 도오이), 좁다(狭い, 세마이)라는 말로 표현되는데, 대도시일수록 땅값이 비싸고 그로 인해 집은 중심가로부터 멀어지고 좁을 수밖에 없다는 뜻이다.

수도권의 경우 평균 지가가 매우 비싸므로 수도권 근교에라도 집을 구입하려는 사람이 늘어나게 되었다. 따라서 수도권 근교의 지가도 동반상승하게 되었으며, 이에 따라 통근시간이 길어지고 통근전차도 혼잡해지는 새로운 문제가 일어났다.

특히 도쿄 샐러리맨의 아침, 저녁 러시아워는 매우 혼잡하기로 유명한데, 한 조사에 의하면 도쿄 샐러리맨의 평균 통근시간은 30분에서 45분이 약 20%에 불과하며, 1시간에서 1시간 15분이 약 33%, 1시간 30분에서 1시간 45분이 약 17%라고 한다. 또한, 아침 7시에서 9시 사이의 전철, 지하철의 승차율도 200%를 넘어선다고 한다. 이렇게 통근시간이 길어지는데도 일본인들이 이를 감수하는 것은 그만큼 마이홈에 대한 집착이 강하다는 것을 보여주는 것이라 볼 수 있다.

일본인들이 이렇게 마이홈에 집착하는 이유는 전후 일본에서 추진된 1세대 1주택 정책의 영향과 함께 주택의 소유가 신분을 상징한다고 생각하는 사람들이 늘어났기 때문이다. 그러나, 최근에는 마이홈을 소유할 수 있다는 희망이 점점 없어지면서, 이것에 얽매이는 경향도 조금씩 약해지고, 마이홈보다도 도심의 임대맨션을 선호하는 사람들도 늘어나게 되었다.

5년마다 발표되는 주택통계조사에 의하면 자기 집의 소유율이 1998년 약 60.3%에서 2003년에는 약 61.2%로 증가했으나 2008년에는 61.1%로 저하되었다. 그 이유로서는 편리함을 중시하는 젊은세대가 증가했다는 점, 단독주택을 선호하면서도 지가의 급등으로 현실적으로 소유할 수 없다는 점, 집은 곧 가족이라는 인식에서 집은 단순히 사람이 사는 곳이라는 사고방식으로 바뀐 점 등을 들 수 있다. 그러나, 임대료도 터무니없이 비싸 도쿄의 경우 보통 월급의 20%가 집세로 소비된다고 한다.



**| 일본에서 집구하기 |** 일본의 주택은 주로 임대주택인데 한국과 같은 전세제도는 없으며 월세제도가 일반적이다. 일본의 임대주택에는 보통 아파트, 맨션, 단독주택과 같은 종류가 있다.

우선 임대주택을 구하려면 부동산 회사 홈페이지나 정보지를 이용하기도 하지만 대개는 부동산에 직접 찾아가 알선을 의뢰한다. 임대계약은 빌리고 싶은 사람과 집주인과의 사이에서 이루어지는데 임대계약에는 반드시 보증인이 필요하다. 보증인은 일본인 또는 법인 명의이어야 하며, 독립적인 생계를 영위하는 성인, 즉, 수입이 있는 사람이 아니면 자격이 없다. 방세를 지불하지 않거나 방을 손상시키고 수리비를 지불하지 않을 경우 집주인은 보증인에게 청구하게 되므로 잘 아는 사람에게 부탁하는 것이 보통이다.

계약은 집주인 측에서 임대계약서를 2~3통 정도 만들어 집주인, 임대인, 보증인의 주소, 성명을 적고 날인을 해서 각각 1통을 보관한다. 여기서 부동산이 집주인의 대리인이 되는 경우도 있으므로 유의한다. 계약서는 계약기간, 계약내용, 보증금 보관금액 등의 증거가 되므로 계약이 해지될 때까지는 소중히 보관하여야 한다. 계약의 유효기간은 대체로 2년이므로 계약이 끝나는 경우 계약 변경에 대해서도 잘 알아두어야 한다. 계약 후 처음 입주할 경우 시키킨(敷金), 레이킨(礼金), 부동산소개료를 지불해야 한다.

일본의 부동산

시키킨은 일종의 월세보증금으로 대부분 2개월에서 3개월치의 집세에 해당된다. 집세가 밀리면 여기서 제하게 되고, 계약이 끝나고 이사를 갈 때 청소비나 기물을 파괴하였을 경우에도 여기서 일정 금액을 제하게 되며 부족할 경우 집주인이 해당 금액을 추가로 청구하기도 하나 남은 돈은 대개 반환된다.

레이킨은 일종의 사례금인데 집을 빌려주어서 고맙다는 인사로 1개월에서 2개월치의 집세를 집주인에게 내야 한다. 이 돈은 나중에 이사를 가더라도 돌려받지 못한다. 지역에 따라 레이킨을 주지 않는 곳도 있다.

부동산소개료는 부동산에 지불하는 수수료로서 1개월치가 보통이다. 일본의 집은 주인과 직접 계약하는 경우보다는 중간에 부동산업자를 통해서 계약이 이루어지는 경우가 대부분이므로 반드시 들어가는 비용이다. 즉, 한 달에 10만 엔짜리 방을 빌린다고 하면 그 달 월세를 포함하여 50만 엔에서 70만 엔이라는 목돈을 준비하지 않으면 안 된다는 결론이 나온다. 또한, 화재나 여러 가지 재해에 대한 보험료(약 2만엔)도 내야하며 주차장은 별도로 임대해야 한다.

이상의 비용은 한 달을 살다가 다른 곳으로 이사를 가더라도 반드시 들어가는 비용이므로, 집을 빌릴 때는 신중히 생각한 후 결정해야 한다. 또한, 임대한 집을 무단으로 방을 개조해서는 안 되며, 이사할 경우에는 최소한 한 달 전에는 집주인에게 통보하여야 한다. 갑작스럽게 통보를 한다면 한 달치 방세를 더 물게 될 수도 있으므로 주의한다.

일본의 집세는 대부분 선불로 보통 월말까지 다음 달 월세를 지불하게 되어 있으며, 부동산 회사가 관리하는 맨션 등은 약속 기일로부터 1주 이상 늦으면 10%정도의 연체금이 붙는 경우도 있다.

(금종애)

Answer 1.○ 2.× 3.○ 4.× 5.○

이야기와 감동이 있는
일본문화 탐방

chapter 12

# 예법으로 알아보는 일본인의 인생

1. 새로운 가족의 탄생, 결혼
2. 미지의 세계를 향한 통과의례, 장례

chapter 12

# 예법으로 알아보는 일본인의 인생

풀어봅시다

1. 일본도 한국처럼 함을 보내는 관습이 있다. ( )
2. 일본에서는 만일 청첩장을 받지 못했다면 아무리 친한 친구의 결혼식이라 하더라도 참석할 수 없다. ( )
3. 일본에서는 결혼식이나 피로연에 참석한 하객에게 반드시 선물을 하는 풍습이 있다. ( )
4. 일본의 장례식은 대부분 불교식으로 행해진다. ( )
5. 일본인은 축의금보다 조의금을 낼 때 더 고액의 돈을 내는 경향이 있다. ( )

# 예법으로 알아보는 일본인의 인생



사람이 국민으로서 지켜야 하는 것에 헌법 혹은 법률이 있다면, 사람이 인생을 살면서 인간으로서 지켜야 하는 것으로는 예법이 있다. 흔히 예법은 관례, 혼례, 장례, 제례의 네 가지로 크게 나눌 수 있는데, 이것을 통칭하여 관혼상제(冠婚喪祭)라고 한다. 관례는 머리에 관을 쓴다는 의미로 성인식을 가리키며 혼례와 상례는 결혼식과 장례식을, 그리고 제례는 조상을 기리는 제사를 의미한다.

그런데 이들 관혼상제는 사람이 살아가며 인생의 중요한 시기마다 행해진다는 점에서 일종의 통과의례라고도 볼 수 있다. 성인이 되고, 혼례를 올리고, 상례와 제례를 치르는 사람의 삶 속에서 특히 우리들이 중요시 여기는 예법으로는 인생의 반려자와 함께 새로운 인생으로의 출발을 고하는 혼례와 사랑하는 사람들을 영영 떠나보내는 상례를 들 수 있다.

# 1. 새로운 가족의 탄생, 결혼

| **결혼절차** | 과거 일본에서는 남녀가 자유롭게 교재를 할 수 없었기에 중매결혼이 일반적이었다. 즉 적령기의 미혼남녀가 결혼을 하기 위해서는 오로지 오미아이(お見合)라 불리는 맞선을 통해야만 했다. 그런데 이 오미아이의 절차에서 한 가지 흥미로운 것은 에도 시대 이전까지 혼인을 거절하는 의사표현을 할 수 있었던 것은 오직 남자 쪽이었다는 사실이다. 오미아이는 당사자인 남성이 직접 여성의 집을 방문하는 형태로 이루어졌는데, 남성이 방에서 기다리고 있으면 상대방 여성은 음식과 다과 등을 준비하여 들어온다. 이때 남성은 여성을 유심히 살펴보고 마음에 들면 준비된 차를 마시거나, 혹은 그곳에 자신의 부채를 두고 감으로써 혼인의 의사를 밝혔다는 것이다. 반대로 마음에 들지 않는 경우에는 준비된 차와 음식에 손을 대지 않고 부채를 다시 가져가는 것으로 거절의 의사를 표시했다고 한다. 하지만 다행히도 이처럼 남성이 일방적으로 의사를 표시하던 당시의 구습은 더 이상 오늘날의 일본에서 찾아볼 수 없게 되었다. 오히려 남녀의 연애를 지극히 당연시하는 현대 일본의 젊은이들은 80% 이상이 중매가 아닌 연애를 통해 결혼상대를 찾고 있다. 또한 중매결혼의 경우에도 오로지 중매인에게만 의지했던 예전과는 달리 인터넷이나 결혼정보회사 등 다양한 경로를 통해 교제대상을 물색하고 있는데, 이 역시 근래 들어 볼 수 있는 새로운 풍경이라고 할 수 있다.



### 1) 유이노

배우자를 선택하는 권리가 집안에서 개인으로 넘어 온 오늘날에도 일본에서는 비록 많지는 않지만 중매결혼을 하는 사람이 있다. 하지만 오늘날의 중매결혼은 결혼을 가문과 가문의 결합으로 보던 예전과는 달리 대부분 형식적인 것이며, 배우자를 선택할 수 있는 권리는 어디까지나 결혼할 당사자들에게 주어져 있다. 그러나 결혼식의 절차상에 있어서는 아직까지도 옛 풍습이 남아 있는데, 이를테면 연애결혼이라고 해도 우선은 예식을 위해 나코도(仲人)라 불리는 중매인을 세우는 관습 등이 바로 그것이다. 나코도는 예전에는 혼담을 주선하는 소개자의 역할부터 모든 결혼식 절차가 원활하게 진행될 수 있도록 돕는 역할 모두를 담당했지만, 오늘날 말 그대로 중매인의 역할부터 시작하는 본격적인 나코도의 수는 계속 축소되고 있는 추세이다. 나코도의 선정여부를 정하고 나면 양가(兩家)는 예식에 적당한 기일과 예식 장소 등 세부적인 문제를 정하고 유이노(結納)를 교환하게 된다. 유이노란 결혼식을 올리기 전에 서로 주고받는 물품으로 한국에서의 함에 해당한다. 한국에서 혼서지(婚書紙)와 예물 등을 담아 준비한 함을 신부 집에 보내는 것처럼, 일본에서도 약속의 증표인 유이노를 주고받는 것으로 결혼이 최종적으로 결정되었음을 확인한다. 원래 유이노는 신랑이 결혼 후 처음으로 처가를 방문할 때 가져가던 술과 안주 등으로 예전에는 혼례가 치러진 후에 주고받았지만, 오늘날은 쌍방의 가족이 결혼 전에 만나 주고받음으로써 상견례 겸 약혼을 확인하는 절차로 그 내용이 바뀌었다.

유이노 전달

신부 집에 장식된 유이노



유이노는 결혼식 3개월에서 6개월 전에 마치는 것이 보통이며, 유이노의 물품으로는 노시(熨斗 말린 전복), 고토부키 스루메(寿スルメ 말린 오징어), 곤부(昆布 말린 다시마), 도모시라가(共白髪 흰 실) 등과 같은 행복과 자손번성, 부부금실 등을 비는 물건들을 준비한다. 유이노는 아홉 가지 품목이 일반적이지만, 최근에는 약식으로 일곱 품목이나 다섯 품목, 혹은 세 품목만을 주고받기도 한다. 요즘에는 아예 백화점이나 대형 쇼핑센터 등에서 세트로 구성된 유이노도 판매되고 있다. 각종 유이노 물품과 함께 신랑 측은 신부 집으로 고소데료(小袖料)라고 불리는 예단비도 같이 보내는데, 일반 샐러리맨들의 두 세 달치 월급에 달하는 고액의 고소데료는 신랑 집에 적지 않은 부담을 안겨준다.

한편 유이노를 받은 신부 집에서는 약혼의 징표로 보낸 각 품목들을 집의 도코노마(床の間)에 장식하고 고소데료의 1/5에 해당하는 돈을 신랑 집에 돌려보낸다. 이때 나코도는 유이노를 전달하는 함진 아비의 역할도 담당하는데, 한국과 다른 점은 한국에서는 함진 아비를 맡는 사람이 대부분 신랑의 친구들이며, 대개 1회적인 퍼포먼스로 끝나는데 비해서 나코도는 좀 더 그 역할이 다양하다는 점이다. 이들은 단순하게 혼담을 주선하는 중매인으로서의 역할 뿐만 아

니라 양가가 결혼을 무사히 치르게 하기 위해 양쪽을 오가며 원활한 의사전달을 하는 전령이 되어야 하며, 유이노 물품의 전달뿐만 아니라 결혼식에서의 입회인이 되는 등 여러 가지 역할을 수행해야 한다. 중매결혼의 경우, 중매를 주선한 중매자가 나코도의 역할을 수행하는 경우가 많으며 연애결혼이라 할지라도 직장상사나 지인, 은사 등 연장자에게 나코도의 역할을 형식적으로 부탁하는 경우도 많다. 하지만 요즘에는 나코도를 세우지 않는 결혼식도 늘고 있다. 나코도를 의뢰하게 되면 결혼식 후에 사례금을 지불해야 하는데 혼담을 주선해 준 나코도의 경우에는 유이노 금액의 10%에 해당하는 금액을 지불하는 것이 보통이다. 현재 평균 유이노 금액은 72만 엔이며, 따라서 나코도에게 지불하는 사례금은 7, 8만 엔 정도이다. 혼담 주선자와 나코도가 각각 다른 사람인 경우에는 각자의 상황에서 알맞은 금액을 정하는 것이 일반적이다.

#### 2) 결혼식과 피로연

대부분의 일본 결혼식은 피로연까지 포함된 것을 가리키는데, 대개 휴일 오전에 교회나 절, 신사 등에서 치러진다. 전통적인 결혼식의 경우 식 자체는 신랑신부의 부모님과 형제 등 가족과 가까운 친지 십여 명 만이 참석하여 치러지는 것이 일반적이다. 물론 한국과 마찬가지로 일본에서도 결혼을 앞둔 양가 집안에서는 가족 친지와 친구, 직장 동료들에게 청첩장을 보낸다. 하지만 한국과 다른 점은 이들이 초대받는 것은 결혼식 그 자체라기보다는 결혼식이 끝나고 치러지는 피로연에 대한 초대의 성격이 더 강하다는 것이다.



피로연은 주로 전문 결혼식장이나 호텔, 레스토랑 등에서 열리는데, 피로연의 평균 출석자 수는 통계적으로 80여명 정도이다. 결혼식을 함께 할 수 없었던 친구와 직장동료 등 지인들은 청첩장 속의 안내장을 보고 결혼 피로연 회장을 찾아가 그곳에서 새로운 부부의 탄생을 축하하게 된다. 피로연 회장 입구에는 접수대가 마련되어 있으며 출석자는 이 접수대에서 자신의 이름과 주소를 적고 준비해 온 축의금 봉투를 건넨다. 화려한 축의금 봉투에는 자신의 이름과 축의금 액수도 써 놓는데, 그러면 접수대에서는 미리 준비해 둔 좌석표를 하객에게 건네준다. 이 좌석표에는 하객들이 어디에 앉아야 하는지가 이미 자세하게 안내되어 있다. 피로연이 열리는 연회장 안에 준비된 테이블 위에도 각각 그 자리에 앉아야 할 하객들의 이름이 적힌 카드가 놓여 있으므로 하객들은 모두 정해진 자리에 앉아야만 한다. 자리배치를 정확히 하기 위해 결혼을 앞둔 양가 집안에서는 청첩장을 보낼 때 청첩장 속에 하객의 참가여부를 묻는 반송용 엽서를 동봉하여 보내는데, 청첩장을 받은 사람은 일주일 이내에 자신이 참석할 수 있는지 없는지를 분명하게 대답해야 한다. 일본에서는 청첩장을 받은 사람만이 피로연에 참가할 수 있으며, 만일 청첩장을 받지 못하고도 마음대로 참석한다면 큰 결례가 된다. 반대로 참석한다는 반송용 엽서를 회송하고도 참석하지 않는다면 이 또한 결혼을 준비하는 양가 사람들에게 큰 부담을 주게 된다. 보통 청첩장을 보내는 것은 결혼 1~2개월 전으로 초대받는 사람은 주로 직장 상사나 선배, 동료, 친구, 은사, 친척 등 친한 사람에 한정된다. 결혼식에 초대받은 하객은 축의금을 준비하는데 결혼 당사자와의 관계에 따라 금액이 달라지지만 친지나 동료의 경우 3만 엔 정도가 적당하다. 홀수로 준비하는 이유는 둘로 나뉘는 짝수는 부부를 갈라놓을 수 있다고 믿기에 불길하다고 여기기 때문이다. 축의금이 아닌 결혼 선물을 준비한 경우에는 결혼식 전에 혼주의 집에 도착하도록 보내는 것이 좋다.

한편 하객들이 참석하는 결혼식 피로연은 나코도의 인사와 함께 시작되는데, 나코도는 자신을 소개한 후 참석자들에게 감사의 인사를 하고, 결혼식에 참석할 수 없었던 하객들에게 두 사람의 결혼이 무사히 치러졌음을 보고한다. 나코도의 인사가 끝나면 결혼식 주빈들의 축사가 이어지고, 건배 후에 신랑 신부는 웨딩케이크를 자른다. 피로연에 나오는 음식은 대개가 양식이나 일식 풀코스 요리이며, 하객들이 식사하는 사이사이에 친구들의 테이블 스피치가 이어진다. 피로연 중에 신랑 신부는 자리를 옮겨 의상을 갈아입고 하객들에게 인사를 다니는데, 이때 신랑 신부가 옷을 갈아입는 의식을 오이로나오시(お色直し)라고 한다. 신부는 입고 있던 결혼 예복인 웨딩드레스나 흰 색의 기모노를 선명한 색상의 칵테일 드레스나 기모노로 갈아입으며, 신랑 역시 만일 결혼식에서 일본식 예복을 입었다면 피로연에서는 턱시도나 다크 슈트로 오이로나오시를 하게 된다.

케이크커팅

반대로 연미복을 입고 결혼식을 올렸다면 피로연에서는 하오리(羽織)에 하카마(袴)와 같은 일본 전통의상으로 옷을 갈아입고 하객들에게 인사를 한다. 이는 아주 오래 된 풍습으로 특히 신부의 경우, 결혼 후 시집의 가풍에 물들

웨딩드레스

오이로나오시

오이로나오시 후 하객에게 인사

겠다고 하는 의미를 지니고 있다.

피로연에 걸리는 시간은 약 2시간 정도이며. 마지막으로 친족 대표가 하객들에게 인사를 하는 것으로 식이 끝난다. 결혼식이 끝났음을 알릴 때도, 아주 주의 깊게 인사말을 고르게 되는데, 이를테면 "피로연이 끝났다"든가 "피로연을 마친다"와 같은 말은 사용하지 않고, 이제 두 사람의 "미래가 열렸다"라고 표현한다. 경사스러운 자리에서 '끝'이라든지 케이크를 '자른다'처럼 파국이나 종말을 나타내는 말은 되도록 삼간다.

인터넷 사이트에서 시판 중인 각종 히키데모노

한편 식이 끝나면 하객들은 히키데모노(引き出物)라고 불리는 답례품을 가지고 돌아간다. 히키데모노는 헤이안(平安)시대 연회를 개최한 귀족들이 초대받은 손님이 돌아갈 때 말을 정원에 끌고 와서 말 등에 많은 선물을 실어 보내던 것에서 유래하고 있다. 근래의 히키데모노는 보통 결혼기념품과 떡(혹은 쿠키)으로 이루어져 있으며 두 품목을 합쳐 5000엔 정도의 물품을 준비하는 것이 일반적이다. 최근에는 다양한 상품이 준비되어 있는 카탈로그를 선물하여 나중에 하객이 시간을 들여 천천히 기념품을 고를 수 있도록 하는 합리적인 선물방식도 유행하고 있다.

**| 결혼식의 형태 |** 일본의 결혼식은 크게 신도식(神道式)과 불교식(仏教式), 기독교식(キリスト教式), 인전식(人前式) 등으로 나눌 수 있다.

### 1) 신도식 결혼식

신도식 결혼식 모습

신도식 결혼식은 일본 고유종교인 신도의 사찰인 신사(神社)에서 행해지는 결혼식을 가리킨다. 다른 말로 신전식(神前式) 결혼식이라고도 하는데, 말 그대로 신사의 본전인 신전 앞에서 결혼식을 올리는 것이 정식이지만 최근에는 전문결혼식장이나 호텔 안에 지어진 신전에서 결혼식을 올리는 경우도 늘고 있다. 신도식 결혼식은 약 100년 전인 1900년에 당시 황태자였던 다이쇼(大正) 천황이 신도식으로 식을 올린 것을 계기로 일반 일본인 사이에서도 유행하게 되었다. 현재 일본에서 가장 대중적이며 인기가 있는 결혼식이다. 신도식 결혼식에서는 신랑과 신부, 간누시(神主 신관의 우두머리), 그리고 양가 부모님과 형제 및 직계 친족, 그리고 나코도 부부만이 참석하는 것이 원칙이다.

미코에게 술을 받고 있는 신부

신랑 신부는 신 앞에서 결혼서약을 한 후, 삼삼구도(三三九度)라고 하여 술잔을 교환하고 술을 마시는 의식을 행하는데, 이는 부부가 인연을 맺는 것을 의미한다. 먼저 신랑은 넓적한 붉은 색의 술잔을 양손으로 들고 미코(巫女 신이나 신사에 봉사하는 미혼 여성)가 따르는 술을 받는다. 신랑은 이 술을 세 번에 나누어 마신 다음 술잔을 신부에게 넘기는데, 그러면 신부는 역시 신랑과 똑같은 동작을 반복하고 신랑에게 다시 술잔을 건넨다. 두 번째 잔도 마찬가지로 신부에서 신랑으로 다시 신부에게로 술을 나누어 마시는 동작을 반복한다. 그리고 세 번째 잔을 또다시 신랑에서 신부, 신부에게서 신랑의 순으로 반복하면 총 아홉 잔의 술잔을 비우게 된다. 이처럼 술을 세 번에 걸쳐 나눠 마시고 세 번에 걸쳐 주고받는 것은 홀수인 3이 운수가 좋은 수라 여겨졌기 때문으로, 이 의식을 거쳐야만 비로소 두 사람은 부부로 맺어지게 된다. 하지만 오늘날에는 삼삼구도를 생략하고 결혼반지를 교환하는 경우도 늘고 있다.

2) 불교식 결혼식

불교식 결혼식 역시 신도식 결혼식과 마찬가지로 불전 앞에서 결혼식을 올리므로 불전식(仏前式) 결혼식이라고도 불린다. 주로 절에서 행해지지만 경우에 따라서는 승려를 집으로 초대하여 집안에 설치된 불전 앞에서 결혼식을 올리기도 한다. 요즘에는 결혼식장이나 호텔에서 불교식 결혼식을 위해 불전이 마련된 회장을 구비하고 있어 집보다는 이곳을 선호한다. 불교식 결혼식에서는 승려의 주례사와 나코도의 서약서 낭독이 있은 후 신랑 신부가 분향을 하는 절차가 있다. 불교에서는 결혼으로 맺어지는 두 사람이 전세(前世)로부터 이어진 인연으로 부처님의 인도 하에 하나가 되는 것으로 보기 때문에 분향을 한 후에는 반드시 신랑 신부에게 염주가 수여된다. 분향 후 신랑신부가 맹세의 뜻으로 신도식 결혼식처럼 삼삼구도의 합환주를 마시고 나면, 참석자 전원도 건배를 한 후 승려가 들려주는 부처님의 말씀을 들으며 합장배례를 하고 퇴장하는 것으로 식이 끝난다.

불교식 결혼식 모습 1

불교식 결혼식 모습 2

3) 기독교식 결혼식

친형제나 직계 친척 이외에는 참석할 수 없는 신도식이나 불교식 결혼식과는 달리 기독교식 결혼식에서는 친구나 지인 등이 참석할 수 있으며, 가톨릭일 경우에는 신부(神父)가, 프로테스탄트일 경우에는 목사가 증인으로 입회한다. 원칙적으로 교회나 성당에서 결혼하기 위해서는 신랑신부 쌍방 혹은 한 편이 신자이어야만 가능하지만, 기독교 신자가 많지 않은 일본에서는 꼭 기독교신자가 아니어도 기독교식 결혼식을 올릴 수 있다.

경건한 분위기의 결혼식을 원하는 신랑 신부들의 경우 이와 같은 기독교식 결혼식을 올리기를 희망하는데, 주로 결혼식장이나 호텔 내에 지어진 채플, 즉 부속 예배당에서 결혼식을 올리는 추세이다. 이때도 신부나 목사가 결혼식을 주관하지만, 종교적인 의미 자체는 한국이나 다른 기독교 국가처럼 크게 중요시되지 않는다. 다만 나코도 부부가 신자가 아닐 경우에는 따로 신자인 사람을 증인으로 세워야 하며, 나코도 부부는 피로연에서만 그 역할을 수행한다.

기독교식 결혼식 모습 1

기독교식 결혼식 모습 2

#### 4) 인전식 결혼식

혼인서약서에 사인하기

공민관 결혼식

신이나 부처가 아닌 친형제나 친척, 친구 등을 증인으로 하여 식을 올리는 인전식 결혼식은 정해진 형식이 없다는 점에서 자유로운 연출이나 진행 등이 가능하다. 이 때문에 점차 인기가 높아지고 있는 추세인데, 대부분의 경우 참석한 하객들 앞에서 신랑신부가 함께 혼인서약서에 사인을 하는 형식을 취한다. 최근에는 결혼 당사자들만 해외로 나가서 식을 올리는 해외결혼식이나 자택 결혼식, 레스토랑을 빌려서 하는 레스토랑 결혼식 등 다양한 아이디어 결혼식이 늘고 있다. 경우에 따라 비용도 저렴하고 번거롭지 않다는 장점이 있으며, 화려한 결혼식인 하데콘(派手婚)이 아닌 검소하고 수수한 지미콘(地味婚)을 원하는 커플의 경우, 각 지역마다 설치되어 있는 공민관(公民館 주민들을 위해 지어진 일종의 공적 집회장)을 주로 이용하므로 '공민관 결혼식'이라고도 불린다.

### 결혼식 예복

일본에서는 결혼식의 형태에 따라 신랑신부가 입는 예복이 다르다.

신도식이나 불교식 결혼식과 같은 전통 결혼식에서 신부는 일본의 전통의상인 기모노를 입는다. 아래 위가 온통 하얀 색인 순백의 기모노는 시로무쿠(白無垢)라고 하는데, 시로무쿠 위에는 우치카케(打ち掛け)라고 불리는 겉옷을 겹쳐 있는다. 우치카케는 일본의 전통의상인 기모노에서도 가장 화려한 의상으로 손꼽힌다. 머리 위에는 쓰노카쿠시(角隠し)라고 불리는 머리 장신구를 쓴다. 겉은 흰색 비단, 속은 빨간색 비단으로 되어 있으며 원래는 여성이 절에 참배할 때 쓴 모자 대용의 장신구이다. 결혼식에서 신부가 이 쓰노카쿠시를 쓰는 것은 신부에게 질투의 뿔이 있어 그것을 감추기 위해 썼다는 속설에서 유래하고 있다.

기독교식 결혼식처럼 서양식 결혼식을 올릴 경우, 신부는 웨딩드레스를 입으며 신랑은 모닝코트와 턱시도, 연미복과 같은 정장을 입는다. 반대로 전통식 결혼식의 경우, 신랑은 자신의 집안의 가문(家紋 집안을 상징하는 문양)이 새겨진 몬쓰키하오리(紋付き羽織 가문이 새겨진 겉옷 상의)와 하카마를 입는다. 또한 양가 부모님은 신랑신부와 같은 격식의 예복을 입거나 신랑신부보다는 화려하지 않고 약간 수수한 느낌의 예복을 입는다.

한편 결혼식이나 피로연에 참석한 하객들은 남성의 경우에는 검은 양복에 하얀 넥타이를 매는 것이 기본이며, 여성들은 신부보다 화려하지 않은 드레스나 기모노를 입는다. 다만 흰 색은 신부의 색을 상징하므로 흰 색을 입는 것은 피해야 한다. 또한 장례식을 연상시키는 검은 색의 복장도 가급적 피하는 것이 좋다. 민소매 드레스를 입은 경우에는 숄 등으로 어깨가 노출되지 않도록 주의한다.

쓰노카쿠시

시로무쿠

몬쓰키하오리와 하카마, 우치카케

모닝코트

## 피로연의 형태

**1) 서양식 피로연**

지정된 자석

현재 일본에서 가장 많이 열리는 피로연이다. 정식 디너에 가까운 형태이며 주로 양식 코스요리가 준비된다. 최근에는 일본식 코스요리나 서양식과 일본식을 혼합한 요리가 나와 서양식 요리가 익숙지 않은 연배의 하객에게 호평을 받고 있기도 하다. 서양식 피로연에서는 앉는 자리가 정해져 있기에 하객이 임의로 자리를 바꿀 수가 없다. 물론 좌석배치를 할 때 신랑신부와 양가 부모는 하객들이 서로 모르는 사람과 동석하여 불편하지 않도록 자리배치에도 세심한 배려를 한다.

**2) 일본식 피로연**

다타미(畳)가 깔린 대연회장에서 일본 전통요리인 가이세키(会席)요리를 맛보는 형태의 피로연으로, 고급 요릿집인 요정이나 일본 전통 여관, 그리고 호텔 내의 일본식 연회장 등에서 행해진다. 바닥에 앉을 수 있는 좌식이라서 다타미를 선호하는 연배의 하객이 많을 경우 적당한 피로연 스타일이라고 할 수 있다. 피로연 회장으로는 일본식 정원을 바라볼 수 있는 장소를 택하는 경우가 많으며, 느긋하고 차분하게 피로연을 즐길 수 있는 분위기가 가장 큰 장점이다.

일본식 피로연 모습

일본식 피로연장

**3) 파티식 피로연**

파티식 피로연은 주로 입식으로 열리는 피로연이다. 자석이 배정되어 있지 않는 자유로운 파티 형식이기에 최근에 인기상승중인 피로연이다. 하객은 물론 신랑신부도 자유로이 이동이 가능하기 때문에 참석한 하객들과 마음껏 대화를 나눌 수 있다는 장점이 있다.

## 2. 미지의 세계를 향한 통과의례, 장례

**| 단가제도 |** 일본인들은 죽은 사람의 혼이 오랜 시간 허공을 방황하게 되면 떠돌다가 산 사람에게 해를 입히는 원혼이 된다고 여겼기에, 정중하게 격식을 차려 장례식을 치르는 것을 매우 중요시해 왔다. 그래야만 고인이 후손을 수호하는 조상신이 될 수 있다고 믿었기 때문이다. 그 때문인지 일본의 장례식은 그 절차가 복잡하고 까다로운 편인데, 과거 일본에서는 장례 때마다 서로 도와주는 장례식조(葬式組)가 있었다. 이들은 지인이나 친지들에게 연락하기, 장례용구 준비하기, 음식 장만 및 손님 접대하기 등 유족들을 대신하여 장례가 원활하게 치러지도록 도왔지만, 오늘날은 전문적인 장례업체가 이런 일들을 대행하고 있기 때문에 더 이상 장례식조를 찾아보기는 어렵다.

일본인들은 아무리 바쁘고 특별한 사정이 있어도 장례식은 반드시 출석하고자 하는데, 주목할 것은 신도식 결혼식을 선호하는 결혼식과는 달리 장례식은 대부분 불교식으로 치른다는 점이다. 이것은 에도시대에 만들어진 단가(檀家)제도의 영향으로, 단가제도란 에도시대 기독교의 전파를 막기 위해 실시된 기독교 탄압 정책의 일환이다. 모든 사람에게 반드시 어느 절의 단가, 즉 불교신자로 등록할 것을 강요한 제도로, 각 개인이 저마다의 연령과 종교 기록 등을 모두 기록해서 절에 남기고 시주와 공양을 하면 그 절의 주지스님은 당사자에게 일종의 호적과 같은 증명서를 발행해 준다. 이를 통해 각 개인은 자신이 기독교 신자가 아님을 입증 받게 되는 것인데, 이 제도의 영향으로 일본에서 대부분의 장례식은 보통 그 집이 소속되어 있는 절에서 행해지게 되었다. 오늘날 일본인의 90% 이상이 불교식 장례식을 치루는 것은 모두 단가제도의 영향이며, 이로 인해 일본불교는 오랫동안 '장례식 불교', '납골당 불교'라고 불리는 수난을 겪어야만 했다.



**| 장례절차 |**

**1) 오쓰야**

오쓰야(お通夜)란 유체를 묻기 전에 평소에 고인과 친했던 사람들이 모여 고인의 명복을 빌고

오쓰야

헤어짐을 섭섭해 하는 모임으로, 한국에서의 밤샘과 같은 절차이다. 일본에서는 사람이 임종할 때 먼저 물을 한 모금 마시게 하는 풍습이 있다. 이것을 시니미즈(死水 임종의 물)라고 하는데, 대개 임종 후 가족들이 물을 탈지면 등에 적셔 젓가락으로 집어 고인의 입술을 축인다. 그런 다음 유족들은 집 현관에 발을 뒤집어서 드리우고 기중(忌中)이라는 글을 붙인 후, 시신을 관에 넣기 전에 고인의 몸을 미지근한 물이나 알코올 등으로 닦는다. 또 고인이 여성이면 엷은 화장을 하고, 남성이면 수염을 깎는 등 고인의 용모를 단정하게 한 후 깨끗한 유카타(浴衣)나 고인이 생전에 좋아했던 옷 등을 수의로 입힌다. 그런 다음 이불 위에 고인을 눕혀 두는데, 이때 고인의 머리를 북쪽으로 향하게 한다. 이것을 기타마쿠라(北枕)라고 하는데, 머리를 북쪽에 두는 것은 보통 석가모니가 머리를 북쪽으로 두고 사망한 것에서 유래한 것이라고도 하나 정확하지 않다. 고인을 눕히고 나면 이번에는 임시 제단을 마련하고 병풍을 세우는데 그림이나 글씨는 모두 밑으로 향하게 하여 거꾸로 세운다. 그리고 병풍 앞에는 하얀 천을 씌운 작은 책상과 꽃병, 선향과 양초 등을 놓아둔다. 꽃도 향도 양초도 모두 하나씩만 두는데, 이는 불행한 일이 두 번 다시 일어나지 않기를 바라는 의미를 담고 있다. 고인의 베갯머리에는 마쿠라메시(枕飯)라고 하여 고인이 애용했던 밥그릇에 밥을 떠 바친다. 원래는 고인이 되살아나지 않기를 비는 뜻이 있었다고 하나 현재는 형식적인 의식으로만 남아 있다.

한편 입관 전 고인에게는 불교식 이름이 계명으로 주어지는데, 이 불교식 계명은 일본에서만 볼 수 있는 독특한 관습이다. 계명 후에 제단이 만들어지면 제단 중앙에 유체를 안치하고, 주위에는 헌화와 공물을 채워둔다. 관 속에는 고인이 생전에 애용한 물품을 함께 넣어 두며, 그런 다음 집으로 모셔온 스님들에 의한 독경과 조문객들의 분향, 그리고 이에 대한 상주의 인사와 접대의 순서로 오쓰야가 이루어지게 된다. 문상을 온 조문객들에게는 한국과 마찬가지로 술과 식사를 접대하는데, 이때 나오는 술은 죽음의 부정을 씻어낸다는 의미가 있으므로 형식적으로라도 입에 대는 것이 예의이다.

### 2) 고별식

보통 고별식은 오쓰야 다음 날에 행해지며, 그 절차는 오쓰야와 마찬가지로 승려가 독경을 하면 참석한 조문객들은 분향을 하고 고인에게 이별을 고하는 순서로 이루어진다. 고별식에 사용되는 제단은 불교식 제단이며 계단의 모습을 하고 있다. 제단에 준비된 향로에 향을 넣는 분향의식은 불교식 장례에서만 하는 것으로 드물게 행해지는 신도식 장례나 기독교식 장례에서는 향을 피우는 대신 흰색 국화 한 송이를 제단에 헌화한다.

고별식에 참석한 조문객들은 고덴(香典 향값)이라고 불리는 조의금을 전달하고 제단에서 고인의 명복을 빈다. 고별식에서는 조문객들 중 생전에 고인과 친분이 두터웠던 지인들이 고인의 약력을 소개하고 조사(弔辭)나 조문(弔文)을 읽으며 고인의 죽음을 슬퍼하고 독경 후에 분향을 한다.

고별식 접수

독경

분향(드라마 「화려한 일족」 중에서)

한편 고덴에는 새 지폐는 넣지 않는데, 만일 새 지폐를 넣는다면 사전에 미리 준비해 두었다는 인상을 주게 되어 실례가 되기 때문이다. 고덴의 금액은 대략 1만 엔 정도이지만 결혼식 때와 마찬가지로 고인이나 유족과의 관계에 따라 금액이 달라진다. 돈 대신 제단을 장식하는 물건이나 화환을 보내기도 한다. 유족들은 장례식이 끝나고 49제가 지나면 참석했던 조문객들에게 고덴가에시(香典返し)를 하게 되는데, 고덴가에시란 조의금인 고덴에 대한 일종의 답례품이다. 일반적으로 조의금의 반 정도 가격에 해당하는 물품을 보내며, 이 때 보내는 고덴가에시의 물품들은 모두 슬픔을 오래 간직하지 말라는 의미에서 나중까지 남지 않는 녹차나 홍차와 같은 차 종류나, 김, 커피세트 등을 보낸다.

### 3) 노베오쿠리

고별식이 끝나면 고인을 차에 실고 화장터까지 이동하는 절차인 노베오쿠리(野辺送り)가 행해

진다. 흔히 슛칸(出棺 출관)이라고도 하며, 이때는 유족과 친척만이 동행하는 것이 일반적이다. 노베오쿠리 전에는 관을 열어 친지와 가족들이 죽은 사람의 얼굴을 보며 마지막 인사를 한다. 일반 조문객은 고별식장에서 합장으로 영구차를 배웅한다. 노베오쿠리에 사용되는 영구차는 대형 외제차를 개조한 것으로 윗부분이 가마모양을 한 호화로운 차를 이용한다.

노베오쿠리

#### 4) 화장과 납골

화장은 흔히 일본어로 다비(タビ)라고 하는데, 이때의 다비란 여행을 의미한다. 일본에서는 화장이 법률로서 정해져 있기에 고인의 시신을 화장하지 않고 땅에 매장하는 것은 극히 드물다. 유족들은 화장이 끝나면 고인의 뼈를 고쓰쓰보(骨壷)라고 불리는 유골 항아리에 담아서 집에 가져간다. 유골을 수습할 때 두 사람이 한 조가 되어 대나무로 만든 긴 젓가락으로 뼈를 집어 넣는데, 이 동작이 불길하다고 여겨 일본에서는 식사할 때 젓가락으로 음식을 주고받는 것이 금지되어 있다. 집안에 모셔 두었던 고쓰쓰보는 49제가 지나면 가족 납골묘로 옮겨 매장한다.

가족 납골묘

일본에서는 대부분이 화장을 하기 때문에 사람이 죽을 때마다 새로이 묘를 만들기보다는 집안 대대로 내려오는 가족 납골묘 안에 유골함을 넣는 장례문화가 정착되어 있다. 다만 분가하여 새로운 가계를 이룬 사람의 경우에는 새 납골묘를 준비하기도 한다. 전통적인 납골묘는 중앙에 세로로 세워진 하나의 큰 묘석과 그 밑 지하에 납골실이 설치되어 있다. 묘석 앞에는 화병과 비석 등이 설치되어 있으며, 비석에는 개인의 이름이 아닌 집안의 이름, 즉 'ㅇㅇ가(家)'가 새겨져 있다. 묘비 뒤에는 소토바(卒塔婆)라고 불리는 끝이 뾰족한 얇은 판자를 세우는데, 여기에 공양의 글귀를 적어 놓는다.

한편 오쓰야나 고별식 등 장례식에 참석한 조문객들은 집에 들어가기 전에 유족들이 준비해 준 소금을 현관에서 뿌리고 손을 물에 씻고 집안으로 들어가는데 이는 부정을 없앤다는 의미를 담고 있다. 최근에는 유족들이 미리 손수건과 소금봉투를 세트로 준비해 두었다가 조문객들에게 건네기도 한다.

### 5) 기중과 복상기간

기중과 복상기간이란 고인의 죽음을 슬퍼하는 기간이다. 고인 사망 후 첫 7일까지를 기중이라고 하는데 이 기간 동안에 유족들은 집밖으로 외출하는 것도 삼가며 고인의 죽음을 슬퍼한다. 복상기간은 '상복을 입는 기간'이라는 의미로 일반적으로는 49제까지, 즉 탈상까지를 복상기간으로 본다. 이 기간 동안 유족들은 결혼식 등 경사에 출석하지 않고 사교적인 행사에도 참석하지 않으며 사찰에 참배하거나 여행가는 것도 삼간다. 또한 사후 1년간은 고인의 죽음을 기리는 의미에서 연하장도 보내지 않고 정월 등에도 경사를 삼간다. 복상기간인 49제 이후에는 가타미와케(形見分け)라 하여 고인의 의복, 유품 등을 유족들이 친척 친지와 함께 나누어 갖는데, 유품을 분배할 때는 고인보다 손윗사람에게는 주지 않으며 포장하지 않고 그대로 건넨다. 또한 유족으로부터 고인의 가타미(形見 유품)를 받았으면 좋겠다는 제안이 들어오면 상대방은 흔쾌히 이를 수락해야 한다.



#### 장례식 복장

조문객의 복장
(드라마 「화려한 일족」 중에서)

결혼식과 마찬가지로 장례식에서도 유족들과 조문객들은 장소에 걸맞는 복장을 갖추어 입어야 하는데, 남성의 경우에는 검정색 양복에 검정색 넥타이를, 여성 조문객들은 무늬가 없는 검정색 기모노나 검정색 양장을 입는다.

기모노의 경우 오비(帯 기모노에 매는 장식용 띠) 역시 검은색이어야 하며, 구두와 핸드백과 같은 액세서리를 착용할 때도 검정 계통의 구두나 핸드백을 착용해야 한다. 또한 몸이 노출되는 복장이나 빛이 나는 액세서리도 금하며 보석은 진주와 검은 색 계통의 보석만 착용 가능한데, 진주 목걸이의 경우 두 줄은 피하는 것이 좋다. 슬픔이 겹친다는 의미를 갖기 때문이다. 이밖에도 불교식 장례의 영향으로 대부분의 참석자들은 염주를 지참한다.

**직장(直葬)과 생전장(生前葬)**

요즘 일본에서는 장례를 치르지 않고 직접 화장을 하는 직장(直葬)이 증가하고 있다. 혹은 살아있을 때 미리 가족, 친지, 친구들을 초대하여 자신의 장례식을 미리 치루는 생전장(生前葬)과 같은 독특한 형태의 고별식을 하는 경우도 있다. 이는 자신의 인생 최후의 의례를 남에게 맡기기 싫다는 풍조를 반영한 것으로 이로 인해 최근에는 생전장을 전문적으로 기획해주는 장례업자까지 등장하고 있을 정도이다.

(김은영)



Answer 1.O 2.O 3.O 4.O 5.X

이야기와 감동이 있는
**일본문화 탐방**

chapter 13

# 일본인의 미의식이 담긴 전통극의 세계

chapter 13

# 일본인의 미의식이 담긴 전통극의 세계

풀어봅시다

1. 노는 세계에서 가장 오래된 직업연극이다. ( )
2. 노의 상연시간은 길어야 30분을 넘지 않는다. ( )
3. 교겐은 가부키의 막간에 상연되는 코믹 대화극이다. ( )
4. 가부키에는 여성배우가 출연할 수 없다. ( )
5. 가부키와 노 · 교겐에는 문벌이 있지만, 분라쿠에는 문벌이 없다. ( )

# 일본인의 미의식이 담긴 전통극의 세계



전통이란 어떤 집단이나 공동체에서 과거로부터 지금까지 이어져 내려오는 사상과 관습, 행동 등의 양식, 혹은 그런 양식의 핵심을 이루는 정신을 가리킨다. 그렇다면 전통문화란 역사적 생명력을 지닌 것으로 현재의 생활에까지 효용을 미치는 정신을 담은 문화양식이라고도 볼 수 있는데, 오늘날 일본인들에게 사랑받고 있는 가부키(歌舞伎)와 노(能), 교겐(狂言), 분라쿠(文楽), 라쿠고(落語), 다도(茶道), 이케바나(生け花), 우키요에(浮世絵) 등은 모두 일본인의 생활에 많은 영향을 미쳐온 문화양식, 즉 일본의 전통문화이다.

특히 일본의 전통공연예술인 노와 교겐, 가부키와 분라쿠는 모두 무대를 사용하여 관객과 소통하며, 과거에서 현재까지 면면히 전해져 온 일본인의 정신을 공연이라는 형태에 담아 보다 생생하게 재현해 준다는 점에서 일본인의 혼과 그 속에 담긴 미의식을 이해하고자 할 때 떼려야 뗄 수 없는 중요한 전통예능이라 할 수 있다.

# 1. 비극과 희극, 상반된 성격의 형제예술

## | 우아한 비극을 담은 가면 무용극 노 |

### 1) 노의 형성과 변천과정

노(能)는 일본의 대표적인 종합 연극이다. 노는 일본이 중국의 영향을 강하게 받던 시대에서 비롯되었는데, 보통 그 기원을 중국에서 전래한 산가쿠(散楽)에서 찾는다. 중국과 한반도를 거쳐 일본에 건너간 민간예능인 산가쿠가 일본으로 넘어오며 일본 고래의 여러 가지 예능과 서로 섞이며 오늘날의 노의 원형이 된 사루가쿠(猿楽)로 탄생하게 되었다. 그리고 점차 당시 위정자들의 강한 지지 속에서 사루가쿠는 국가의 안녕과 번영을 기원하는 국가적인 종교행사 속으로 흡수되어 갔다.

무로마치 시대에 이르러 사루가쿠는 더욱 연극화의 길을 걸으며, 사루가쿠노와 사루가쿠교겐으로 분화된다. 이때까지도 노와 교겐은 통칭 사루가쿠라고 불리는 것이 일반적이었으며, 별도의 전통예술로서 노와 교겐이라는 명칭으로 구분하여 부르게 된 것은 메이지 시대 이후의 일이다. 무로마치 시대에 유행한 사루가쿠노가 사루가쿠 속에 종교적이고도 문학적인, 그리고 가무적인 요소가 추가된 예능으로서의 성격이 강하다고 한다면, 사루가쿠교겐은 익살스러운 흉내내기를 중심으로 하는 희극으로서의 성격이 강한 예능이라고 할 수 있다. 하지만 사루가쿠노나 사루가쿠교겐은 모두 사원이나 귀족의 보호 하에 반주와 합창 등이 정비되어 가며 비약적으로 발전하게 되었다.

센고쿠(戦国)시대 이후 노는 스스로 무대에 올라 연기를 할 만큼 노에 심취해 있던 도요토미 히데요시(豊臣秀吉 1536~1598) 시절을 맞이하며 더욱더 발전하게 되는데, 그의 비호 하에 노의 배우들은 녹봉을 받고 생활상의 안정을 누리며 차츰 무사 계급을 위한 전통예능으로 발전해 가게 된다. 또 에도시대에는 도쿠가와 막부의 보호, 통제 하에 정해진 형식 속에서 세련된 미를 추구하며 발전을 거듭해 간다. 3대 장군인 도쿠가와 이에미츠(徳川家光 1604~1651) 시절, 노는 에도 막부의 의식음악인 시키가쿠(式楽)로 제정되며 연기와 기법이 고도로 발달되는 한편, 일반 서민들에게까지 노의 세계가 개방되게 된다. 하지만 메이지 시대에 이르러 노는 쇠퇴하게 되는데, 주된 비호세력이던 쇼군과 다이묘와 같은 무사계층의 몰락으로 인해, 녹봉을 잃고 일자리를 잃게 된 노의 배우들과 이들 가문은 존폐여부가 불투명해지는 등 최대의 위기를 맞게 된다. 다행히도 구미시찰 등을 통해 나라의 전통예능으로서 노의 중요성을 인식한 정치가 및 일부 인사들의 노력에 의해 노는 다시 주목받게 되었고, 1881년에는 노의 진흥을 위해 노가쿠샤(能楽社)라는 협회가 결성되며 다시 활성화되게 되었다. 현재 일본 전국에는 70여 곳이 넘는 크고 작은 전용 극장이 있다. 오늘날에는 노와 교겐을 총칭하여 노가쿠(能楽)라고 부르기도 한다.

### 2) 노의 특징과 대표자

노는 독특한 박자와 음조의 노래, 무겁고 진지한 분위기의 춤으로 이루어진 가면 무용극으로, 음악과 춤, 시와 연기를 모두 볼 수 있는 세계에서 가장 오래된 직업 연극이다. 주인공의 대부분은 유령으로 공연은 대단히 무겁고 몽환적인 분위기를 연출하는데, 이로 인해 관객들은 노를 연극이라기보다는 마치 엄숙한 의식을 보는 것처럼 느끼기도 한다. 이것은 노가 불교에서 깊은 영향을 받았기 때문으로 노에 담겨있는 불교적인 인생무상의 세계는 일본인들의 종교적 심성과 사생관(死生観) 등 일본인의 정신세계를 이해할 때 매우 중요하다.



노의 연기는 주연 배우의 춤과 노래가 대부분이며, 연기는 또한 비유와 암시, 상징 등 매우 추상화된 연기 양식에 역점을 두고 있다. 대부분의 춤은 정형화되어 있으며 춤이라고는 해도 그 움직이는 속도가 매우 느리다. 또한  춤동작과 조화를 이루는 느린 반주와 진행 등은 자칫 보는 이들에게 지루한 느낌을 주기도 한다. 노의 배우는 배우의 얼굴 표정을 감추는 가면을 착용함으로써 동작을 통해 절제된 감정표현을 하는데, 대사가 고어(古語)라서 일본인이라 하더라도 대본 없이 대사를 이해하기는 힘들다.

그런데 이처럼 노를 기존의 경지에서 한 차원 더 높은 격조 있는 전통예능으로 승화시킨 것은 14세기 중엽 등장한 간아미(観阿弥 1333~1384)와 제아미(世阿弥 1363?~1443?)로, 부자 관계인 이들은 오늘날과 같은 노를 완성시키는데 결정적인 역할을 한 천재적인 각본가이자 배우이다. 아버지인 간아미는 흉내내기와 연기를 중시하던 이전의 사루가쿠를 개혁한 인물로, 노의 세계에 가무를 넣고 유현(幽玄)의 미를 수용시켰다는 점에서 노의 완성자로도 불린다. 유현이란 아련하게 나타나는 정취를 의미하는 말로, 유현의 미란 우아한 아름다움의 세계를 지칭한다. 또한 그는 노에 당시 유행하는 구세마이(曲舞)의 선율을 도입하여 노를 음악적으로도 한층 심화시켰는데, 구세마이란 가마쿠라시대부터 무로마치시대에 걸쳐 유행한 춤으로 곡의 리듬에 맞춰 무대 위를 이동하며 추는 춤이다. 간아미는 손에 부채를 들고 북소리의 리듬에 맞추어 추는 이 구세마이에 마치 오늘날의 랩을 연상시키는 강렬하고 불규칙한 박자의 리듬을 차용함으로써, 그때까지 비교적 짧은 형식의 노래에 그쳤던 노의 음악에 복잡하고 긴 서사적인 가사를 부를 수 있는 리듬을 도입했으며, 그 결과 노는 음악적으로 훨씬 변화가 풍부한 가무극이 될 수 있었다. 아들인 제아미는 노를 학문적으로 정립한 공이 크다. 그는 유현의 미 또한 표면적인 우아함을 넘어선 내면적인 우아함의 세계를 추구하는 세계로 심화시켰으며, 이후에도 노의 연기법, 연출법, 예술적 가치에 관한 이론서 등 많은 저술을 남김으로써 노의 이론을 정립시켰다. 그런데 이처럼 간아미와 제아미가 노를 발전시킬 수 있었던 것은 그들이 막강한 후원자를 만났기 때문이기도 한데, 특히 12살 무렵 간아미와 함께 무로마치 막부 3대 쇼군 아시카가 요시미츠(足利義満 1358~1408) 앞에서 공연을 했던 제아미는 이후 요시미츠의 눈에 들어, 그의 후원 하에 마음껏 새로운 연출방식을 창안하고, 노에 대한 이론을 만들어 후세에 전할 수 있었다.



### 3) 노의 구성요소

#### (1) 다치카타

노의 배우는 다치카타(立方)라고 하는데 그 역할에 따라 주인공인 시테카타(仕手方)와 상대역인 와키카타(脇方), 그리고 보좌역인 쓰레(ツレ) 등으로 나뉜다. 주인공인 시테카타는 줄여서 시테라고도 하며, 원래의 의미는 연기하는 사람이라는 뜻이다. 시테는 저승에서 온 사람이거나 영적인 인물들이 대부분으로 노의 가면인 노멘(能面)을 착용해야 한다. 공연이 시작되면 주인공인 시테는 무대로 이어진 긴 복도의 안쪽 어둠에서 북과 피리소리에 맞추어 화려한 의상을 입고, 특별한 연출도 없이 단지 음악과 목소리, 그리고 움직임에 의해 생겨나는 정확한 리듬 속에서 등장한다. 그리고 무대 위에서 '요오'라는 코러스들의 장단과 피리, 북 소리에 맞추어 춤을 춘다.

시테와 쓰레

하지만 상대역인 와키카타, 즉 와키의 역할은 보다 단순한데, 단지 시테보다 먼저 무대에 등장하여 시테가 나오면 약간의 문답을 나누는 것뿐으로, 대부분은 무대에 앉아 시테의 춤을 가만히 지켜볼 뿐이다. 하지만 와키는 저승에서 온 몽환적인 존재인 시테의 연기를 마치 진짜인 것처럼 리얼하게 지켜보는 연기를 통해 자칫 황당무계하다고 여겨질 수 있는 시테의 존재를 부각시키고, 더 나아가 아름답지만 대단히 지루한 무용극으로 끝날 수 있는 노의 세계에 실재성을 부여하는 중요한 역할을 담당한다. 와키는 승려의 역할이 대부분인데, 대개의 스토리는 시테가 승려인 와키에게 중재를 구하고 마지막에 그 소원이 이루어지면 자유의 몸이 된 시테가 다시 긴 복도를 따라 어둠 속으로 사라지며 끝나는 구조로 되어 있다.

와키



(2) 하야시카타와 지우타이

하야시카타(囃子方)란 악기를 연주하며 배우의 연기에 흥을 돋우어주는 연주자들을 가리키며, 지우타이(地謡)는 하야시카타의 연주에 맞추어 노래를 부르는 합창단의 일종이다. 노의 무대 위에는 배우들 외에도 하야시카타와 지우타이를 위한 자리가 마련되어 있다. 하야시카타가 사용하는 악기는 피리와 큰 북, 중간 북, 작은 북 등인데, 특이한 것은 악기가 엄격하게 분업화되어 있기 때문에 같은 북의 종류라도 한 사람이 크기가 다른 북의 연주를 하는 것은 엄격하게 금지되어 있다는 점이다. 지우타이는 보통 6명에서 8명으로 구성되어 있으며, 등장인

하야시카타

지우타이

물이 여성의 역할이든 남성의 역할이든 이들은 모두 음색을 바꾸지 않고 남성의 굵은 목소리 그대로 발성한다. 노 공연의 성패를 쥐고 있는 것은 시테도 와키도 하야시카타도 아닌 지우타이일 경우가 많다.

### (3) 노의 무대

노의 무대인 노부타이(能舞台)는 지붕과 4개의 기둥이 특징적인 노를 위한 전용 무대이다. 정사각형 모양의 무대를 중심으로 무대 중앙 뒷벽에는 노송이 그려진 벽면이 있는데, 이를 가가미이타(鏡板)라고 한다. 가가미이타 앞쪽 중앙에는 배우들이 연기하는 본무대(本舞台)가 있으며, 본무대와 가가미이타 사이에는 하야시카타의 자리인 아토자(後座)가 있다. 관객의 자리에서 보아 무대 오른편에는 지우타이가 앉는 지우타이자(地謡座)가 있다. 이밖에도 본무대 왼편에는 길게 뻗은 복도가 있는데, 이것은 배우들의 등장통로로 하시가카리(橋掛り)라 부른다. 하시가카리 앞쪽에는 세 그루의 소나무가 놓여 있다. 이 소나무들은 무대에 가까워질수록 점점 나무의 크기가 커지는데 이는 원근감을 표현함과 동시에 저승에서 이승으로의 이동을 상징한다.

노부타이

아토자(왼편), 지우타이자(오른편)

### (4) 노의 의상과 소도구

노에서는 의상도 매우 중요한 요소가 되는데, 노 상연 시에 걸치는 배우의 의상을 흔히 쇼조쿠(装束)라고 한다. 고급 비단으로 만들어진 쇼조쿠는 매우 화려하고 품위가 있으며 오늘날 노에서 사용되는 의상의 대부분은 15세기에서 17세기에까지 이르는 기모노(着物)를 원형으로 하고 있다. 특히 16세기 후반인 모모야마(桃山)시대에 만들어진 쇼조쿠는 화려함과 현란함을 더하고 있으며 오늘날 사용되는 노멘(能面)과 노부타이(能舞台)의 양식 등도 모두 이 시대에 완성된

쇼조쿠

것이 대부분이다. 따라서 오늘날은 별도의 쇼조쿠를 개발하고 있지 않다.

이밖에도 노의 배우는 반드시 주케(中啓)라고 불리는 부채를 가지고 등장하는데, 주케는 배우의 언어를 대신하는 중요한 소도구이며 접혀있을 때도 반쯤은 펼쳐져 있는 것처럼 보이는 것이 특징이다.

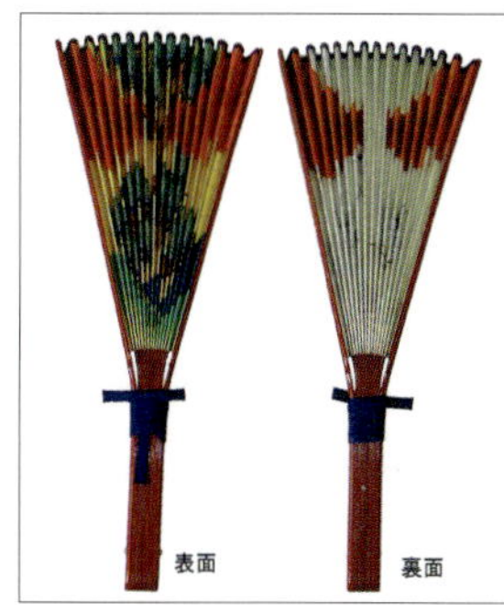

주케

노의 주인공인 시테가 쓰는 가면을 노멘(能面)이라고 하는데, 배우의 현실을 지우고 무대 위의 현실을 재생하기 위해 사용되는 노멘은 노에 있어서 중요한 소도구이다. 노멘은 다른 말로 오모테(面)라고도 한다. 보통 시테가 주로 사용하고 다른 연기자들, 특히 상대역인 와키는 노멘을 절대로 쓰지 않는다. 다만 시테라고 할지라도 현실 속의 남자역을 할 때는 노멘을 착용하지 않는데 이때는 연기자의 얼굴 자체를 히다멘(直面)이라고 하여 가면으로 간주한다. 노멘을 쓰는 것은 감정표출을 차단함으로써, 역으로 인간 내면의 섬세한 감수성과 감정을 한 차원 높은 곳으로 끌어올리고자 하는 의미를 담고 있다. 노멘으로 인해 배우의 행동반경에는 제약이 생기지만 연기자는 섬세한 움직임으로 이런 제약을 극복하고 깊은 감정을 표출해야만 한다. 노멘은 크게 여성형인 온나멘(女面)과 남성형인 오토코멘(男面), 그리고 도깨비와 귀신을 나타내는 기멘(鬼面)과 노인형인 조멘(尉面)의 네 종류로 분류할 수 있으며, 이밖에도 원한을 나타내는 온료(怨霊)와 찡그린 얼굴을 나타내는 시카미(シカミ) 등이 있다.



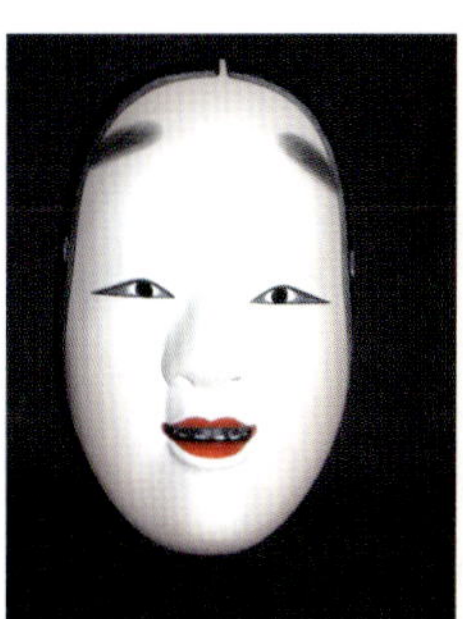
온나멘

오토코멘

기멘

조멘

## 질편한 웃음을 추구하는 대화극 교겐

### 1) 교겐의 유래와 변천과정

교겐(狂言)이란 미친 소리, 도리에 어긋난 말, 장난, 농담, 거짓을 꾸며 사람을 속이는 일 등을 가리키는 말로 한마디로 말한다면 이치에 맞지 않는 실없는 소리라는 의미이다. 그 말처럼 교겐은 노와는 달리 사루가쿠가 지닌 본연의 재미, 즉 골계적이고도 익살맞은 성격을 계승하고 있다. 초기에는 흉내 내기와 요술 등을 위주로 하는 예능에서 출발했지만 차츰 화술을 주제로 하는 대화극, 또는 대사극의 형식으로 변화에 변화를 거듭하며 품격 있고 세련된 웃음, 익살과 해학을 추구하는 일본의 대표적인 4대 국극(國劇)이자 오늘날 일본인에게 인기 있는 전통예능의 하나가 되었다.

교겐이 본격적인 골계극으로 자리 잡게 된 것은 남북조시대로, 이 시기에 이미 교겐은 노부타이를 나누어 쓰는 노의 막간극으로의 성격이 형성되었다. 하지만 노가 무로마치 시대에 이미 대본, 의상, 무대 등 대부분의 형식이 완성되고 이 시대를 중심으로 발전해 가게 되었음에도 불구하고, 교겐은 여전히 전문 작가도 완전한 대본도 갖추지 못한 상태였다. 때문에 교겐의 배우들은 대략의 공연 내용이나 연출의 골격만을 정해 공연을 하고, 무대 위에서 즉흥적으로 대사를 첨가하는 등 유연하게 연기하는 것이 요구되었다. 교겐이 큰 변화를 겪게 된 것은 에도시대 이후로, 노처럼 격식과 전통을 중시하게 되면서 교겐은 세련미를 추구하고, 즉흥성보다는 대본을 중시하는 공연으로 변화해 가게 된다. 이러한 변화는 노와 함께 교겐이 에도막부의 의례용 음악인 시키가쿠로 제정된 것에서 기인한다. 메이지시대 이후 교겐은 노와 마찬가지로 무사정권의 해체로 인해 타격을 입기도 했지만 전통예능의 중요성을 인식한 메이지 정부에 의해 점차 부흥하기 시작했다. 오늘날에는 고전작품 외에도 창작 형식의 교겐도 만들어지며 대중의 인기를 끌고 있다.

### 2) 교겐의 특징

교겐은 노와 같은 무대를 사용하지만 같은 내용을 연기하더라도 표현 방식은 상당히 다르다. 노가 불과 몇 걸음을 아주 천천히 걸어가며 슬픔의 표현도 손바닥을 눈가에 천천히 갖다 대는 것으로 압축하여 표현하는 것에 비해, 교겐은 활달하게 무대를 휘저으며 우는 소리도 아주 요란하게 흐느껴 운다든지, 격정적으로 얼굴을 흔들어대는 등 과장된 표현으로 흥미를 유발한다. 교겐의 주요 소재는 부부싸움, 허풍장이 등에 대한 야유 등으로 일본인의 일상생활이나 사회상을 반영하고 있다. 노의 막간에 상연되는 교겐은 노가 한 시간 반 정도 상연되는데 비해 15분에서 30분 정도로 공연시간도 비교적 짧으며, 진지한 예능인 노의 긴박감을 완화시켜주는 촉매와 같은 역할을 한다. 교겐이 본격적으로 노의 막간극으로 쓰인 것은 에도시대부터로 총 5회 상연되는 노의 사이 사이에 상연되어 하루 4회 정도 공연되었다. 하지만 최근에는 노와 분리되어 단독으로 상연되는 교겐도 적지 않다. 노와는 달리 교겐 배우인 교겐시(狂言師)는 가면을 쓰지 않고 공연하는 것이 기본이나, 경우에 따라 신이나 귀신, 노인과 추녀 그리고 동물과 같은 존재를 나타내기 위해서 가면을 소도구로 사용하기도 한다. 단, 교겐의 가면인 교겐멘(狂言面)은 익살스러운 표정을 짓고 있는 것이 특징이다.

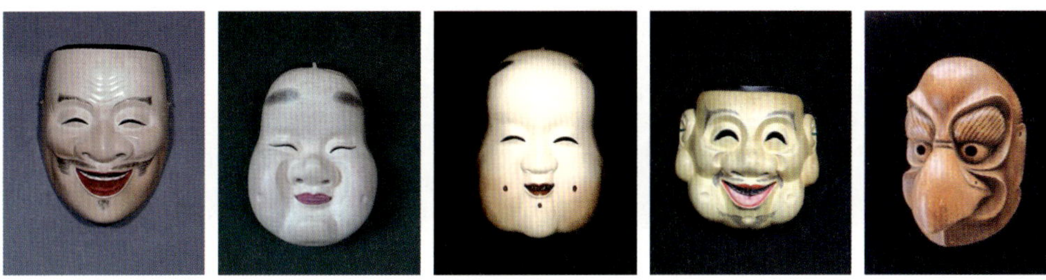

각종 교겐멘



### 노와 교겐의 공연형태 비교

| | 노 | 교겐 |
|---|---|---|
| 공통점 | 같은 무대(노부타이)를 공유, 서로에게 영향을 끼치며 발전해 온 형제와 같은 관계<br>배우는 모두 남성으로 구성되어 있음 | |
| 차이점 | 서정적 대사, 춤과 연기로 이루어진 가면극. 장중하면서도 긴장감이 넘침 | 일상 언어(대사)와 동작으로 된 대사극<br>가벼운 웃음, 풍자를 추구하는 희극(喜劇) |
| | 비극적, 상징적, 환상적 가무극 | 현실적, 개방적, 사실적 대화극 |
| | 가면 사용이 필수 | 가면은 보조수단에 불과 |
| | 현실적 세계, 비현실적 세계, 불교적 주된 소재를 고전에서 구함 | 친근한 현실세계를 다룸, 반불교적<br>현대의 코미디에 응용되기도 함 |
| | 망령이나 귀신이 나오지 않으면 극이 성립되지 않음 | 망령, 귀신과 같은 유령의 존재를 믿지 않음 |
| | 문어체의 대사로 불교사상에 토대한 우아한 세계를 표현 | 실생활에서의 우스갯소리와 밀접한 구어체로 질펀한 해학을 나타냄 |
| | 80-90분간 공연 | 15~30분간 공연 |
| | 등장인물 8-10명. 귀족, 무사, 미녀, 귀신, 영웅, 역사적 인물 | 등장인물 3-4명. 상인, 부랑자, 귀신, 스님 |

# 2. 희로애락이 담긴 서민적 공연예술

## | 여장 남자들의 열연장 가부키 |

### 1) 가부키의 유래와 변천과정

화려한 의상과 강렬한 분장, 독특한 연기와 음악이 어우러지는 가부키(歌舞伎)는 노, 교겐, 분라쿠(文楽)와 함께 일본을 대표하는 일본의 4대 국극이자, 오늘날 일본인들에게 가장 사랑받는 전통 연극이다. 가부키란 용어 속에는 노래와 춤, 연기라는 의미가 모두 담겨 있는데, 원래 가부키는 가부쿠(傾く) 혹은 가타부쿠(傾く)라는 동사에서 파생된 말로, 이는 한 쪽으로 기울어지다, 치우치다, 이상한 차림새를 하다와 같은 의미를 갖는다.

16세기 말 일본에는 사람들의 눈에 띄는 화려한 옷을 입고 거리를 활보하는 사람들이 출현하게 되었는데, 당시 사람들은 이들을 상식을 벗어난 특이한 행동을 하는 사람들이라는 의미에서 가부키모노(かぶき者)라 불렀다. 이런 가부키모노들의 비상식적이고도 이색적인 기이한 모습을 춤에 반영하여 선보인 것은 오쿠니(阿国 ?-1613?)라고 하는 무녀(巫女)로, 그녀가 바로 오늘날 가부키의 시조이다.



#### (1) 온나 가부키

가부키의 창시자인 오쿠니는 1603년 주로 신사나 강변 등에 노를 흉내낸 허름한 무대를 설치하고 남장이나 검은 승려복을 입고 춤과 촌극을 공연했는데, 이것이 대성공하여 상당한 인기를 얻게 되었다. 이후 그녀는 교토에 가설극장을 만들고, 그곳에서 사찰이나 불상의 건립기금을 마련하기 위한 공연을 본격적으로 선보이게 되는데, 남자흉내를 내고 기묘한 염불춤을 추는 오쿠니의 춤은 곧 선풍적인 인기를 끌게 되었다. 이후 곳곳에서 다른 유녀(遊女)들도 곧 오쿠니의 춤을 흉내내기 시작했고 여성 극단이 잇달아 생겨나며 춤과 촌극을 공연하게 되었다. 이것을 온나 가부키(女歌舞伎), 혹은 유녀 가부키(遊女歌舞伎)라고 한다. 그런데 이 온나 가부키는 배우들의 연기보다는 미모를, 그리고 관능적인 춤을 볼거리로 삼았기에 점점 풍속을 어지럽히고 사회 질서를 흐트러뜨리는 등 심각한 풍기문란 현상이 일어나게 되었다. 이에 1629년

에도 막부는 풍기상의 이유를 들어 여성이 가부키에 출연하는 것을 일체 금지하게 된다.

⑵ 와카슈 가부키

1629년 에도 막부가 여성 배우 출연을 금지하자 이를 대신하여 등장한 것이 와카슈 가부키(若衆歌舞伎)이다. 와카슈란 아직 성인이 되지 않은 소년을 일컫는 말로, 와카슈 가부키는 미소년들로 구성된 소년 가부키를 가리킨다. 하지만 와카슈 가부키도 그다지 오래 이어지지는 않았는데, 유곽의 유녀로 착각될 만큼 뛰어난 미모를 지닌 미소년 배우들이 성적인 노리개가 되며 이번에도 동성애와 변태성욕 등 풍기문란이 문제시되었기 때문이다. 결국 막부는 1652년에 다시 가부키를 금지시키게 된다.

⑶ 야로 가부키

1653년 등장한 야로 가부키(野郎歌舞伎)는 성인 남성으로 구성된 가부키로, 야로란 성인 남자를 의미한다. 이 야로 가부키 이후부터 성인 남자만이 연기를 할 수 있는 오늘날과 같은 가부키의 형태가 갖추어지게 되었다. 에도 막부는 야로 가부키를 재개시키면서 몇 가지 조건을 걸었는데 성인남자만 출연할 것, 노래와 춤보다는 연극을 중심으로 할 것 등이 그것이다. 이러한 조건 하에 출발한 야로 가부키는 그러나 성인 남자의 연극만으로는 흥행이 되지 않았으므로 가부키의 내용을 개혁해야할 필요가 생겼다. 용모 위주, 홍미 위주의 구경거리에서 벗어나 연극적인 성격을 보다 충실하게 할 필요가 있었으며 기예를 익혀야만 했다. 또한 남성 배우들은 연기력과 함께 홍행성을 겸비하기 위해 이때부터 성을 넘나드는 연기, 즉 남성이 연기하는 여성상에 특히 힘을 기울여만 했다. 오늘날 가부키 관객들은 드라마와 더불어 배우가 제공하는 볼거리를 더욱 즐기게 되었다.

**가부키의 꽃 온나가타(女方)**

가부키에서 여성 역할만을 전문적으로 맡는 남자 배우들을 일컬어 온나가타, 혹은 오야마(女形)라고 한다. 이들은 미모를 뽐내기보다는 여성스런 자태나 목소리, 심리묘사를 통해 여성보다 더 여성스러운 모습을 표현하고 요염함으로 관객을 매료시킨다. 온나가타가 되기 위해서는 수년간의 훈련이 필요한데 양 무릎을 붙이고 얌전하게 걷기, 부드럽게 어깨 늘어뜨리기 등 고난도의 기술을 익혀야 한다. 때문에 이들은 평소 생활에서도 여성의 생활방식을 통해 여성스런 특질을 익히고자 노력한다. 온나가타는 하나미치(花道)와 함께 가부키를 특징짓는 최대의 볼거리이기 때문에 가부키의 꽃이라 불린다.

### 2) 가부키의 구성요소

#### (1) 작품



에도시대와 메이지시대를 거치며 극의 내용이 확대되고 복잡해짐에 따라 스토리를 중시하는 오늘날의 가부키에는 각본성이 뛰어난 작품들이 출현하게 되었다. 특히 메이지시대이후 서구의 문예사조의 영향을 받아 탄생된 일련의 작품들은 신가부키라고 하고 그 이전까지의 작품을 고전이라고 한다. 오늘날 가부키 한 작품의 상연에 걸리는 시간은 막간을 포함하여 총 5시간 정도로 각 막마다 독립된 스토리를 가지고 있기 때문에 각본은 한 사람이 아닌 몇 사람의 각본가의 작업에 의해 단기간에 완성된다. 노와 마찬가지로 대사는 고어가 중심이 되므로 관람 시 현대 일본어로 해설을 해 주는 경우가 많다. 가부키 작품은 내용에 따라 지다이모노(時代物), 세와모노(世話物), 오이에모노(お家物) 등으로 나눌 수 있다. 지다이모노는 중세의 귀족이나 무사를 주인공으로 하는 시대극이며, 세와모노는 에도시대 서민들의 삶을 소재로 한 작품으로 실제 있었던 일들을 다룬 화제극이다. 이 밖에 다이묘(大名)의 한(恨)과 복수, 출가(出家) 등의 이야기를 다룬 작품들은 오이에모노라 한다.

#### (2) 배우

온나카타 외에도 가부키에는 다치야쿠라고 해서 남성역을 전담하는 배우가 등장한다. 다치야쿠(立役)는 넓은 의미로는 여성 역할을 하는 온나가타를 제외한 배우, 즉 남성역을 하는 모든 배우를 가리키지만 좁은 의미로는 주인공으로 등장하는 선인(善人)을 가리킨다. 선인역의 역할로는 충의와 의협심을 가진 무사나 초인적인 힘을 가진 무사 등이 주로 등장하는데 이때 배우는 구마도리(隈取)라 하여 가부키 특유의 화장을 하는 것이 특징이다. 가부키의 배우들은 얼굴의 화장만 봐도 연기하는 인물이 영웅인지 악인인지를 알 수 있는데, 용기 있고 정의로운 영웅의 역할은 붉은 색인 반면 악당이나 악령은 남색을 사용하여 차갑고 어두운 성격을 나타내준다.

다치야쿠

한편 다치야쿠나 온나카타 등 가부키 배우는 하고 싶다고 해서 누구나 될 수는 없으며, 반드시 세습제를 통해 전통적인 가부키 배우 가문의 남자들만이 배우를 물려받을 수 있다. 가부키뿐만 아니라 노, 교겐과 같은 일본의 전통예능에는 습명(襲名)이라고 하는 제도가 있는데, 이것은 후대의 배우가 명배우였던 선대의 이름을 이어받는 것을 지칭한다. 가부키 명문인 이치카와 집안에서는 현재까지 10여명이 넘는 이치카와 단주로(市川団十郎 1660~1704)가 배출되었다.



### 인물의 성격을 묘사하는 독특한 화장법 구마도리(隈取)

구마도리란 가부키 배우가 맡은 인물의 힘을 강조하기 위해 선으로 얼굴에 그리는 화장을 가리킨다. 구마도리는 등장인물 중에서도 초인적인 힘을 가진 존재와 같은 비일상적인 인물을 나타낼 때 주로 사용된다. 구마(隈)란 음영을 뜻하는 말로, 하얗게 칠한 얼굴 윤곽을 따라 그린 선을 색의 농담(濃淡)으로 구분하여 음영을 두드러지게 한다. 구마도리에 사용되는 색은 크게 적색과 남색의 두 종류로 나뉘며, 이들 색을 조합하면 전체적으로 백여 종의 인물을 표현할 수 있다. 색이나 선의 수, 굵기, 형태에 따라 배역의 성격을 구별할 수 있는데, 적색은 정의의 사자를, 남색은 초능력을 지닌 악인이나 악령을, 갈색은 요괴를, 검은색은 강직함 등을 나타낸다. 한편 선을 긋지 않고 얼굴을 하얗게 표현하는 화장은 시로누리(白塗)라 하는데, 신분이 높은 사람이나 여주인공을 나타낼 때 주로 사용된다.

(3) 무대

가부키 상연 전, 무대에는 검은색과 녹색, 주황색으로 이루어진 폭이 넓고 수직의 줄무늬가 들어간 무대 커튼이 드리워져 있다. 이 세 가지 배색은 오늘날 가부키 색이라 불리며 가부키 무대를 나타내는 하나의 상징이 되었다. 막은 기계를 사용하지 않고 사람이 무대 안쪽을 잡고 뛰면서 열고 닫는데, 이때 무대 뒤에서는 박자를 맞추어 한 쌍의 나무막대를 두드려 극이 시작되고 끝남을 알려준다.

가부키의 막

가부키의 무대장치



배우의 연기가 펼쳐지는 무대 중앙에는 본무대 이외에 회전무대와 세리(セリ), 간도가에시(がんどう返し) 등의 장치가 설치되어 있다. 무대 중간에 마루의 한 부분이 회전할 수 있도록 만들어진 회전무대는 1758년에 처음 도입된 것으로 극에 신속한 장면 전환의 효과를 준다. 세리는 무대 배경으로 사용되는 대형 소품을 들어 올리는 장치이며, 간도가에시는 무대의 배경을 뒤로 쓰러뜨리고 다른 배경을 무대 위로 올릴 때 사용하는 장치이다. 보통 가부키의 무대 배경은 작품의 내용이나 장면에 따라 각각 다르지만 노의 영향으로 극의 내용과 상관없이 무대 정면에 소나무 그림이 그려진 배경을 사용하는 경우도 있다.

무대 왼편에는 배우의 대기실까지는 이어지는 하나미치(花道)라 불리는 긴 통로가 있다. 하나미치는 노의 하시가카리처럼 등장인물의 등장, 퇴장을 위한 공간이지만, 배우가 중요한 대사를 말하거나 인상적인 포즈를 취할 때는 관객에게 배우의 연기를 클로즈업하여 보여주는 중요한 연기 공간이다. 무대에 인접한 하나미치의 일부분에는 슷폰(スッポン)이라 하여 무대아

래에서 위쪽으로 배우가 등장하는 작은 무대 장치가 있다. 슷폰으로는 주로 요괴나 망령, 유령 등 초인간적인 존재가 등장한다.

그밖에도 공연 중인 무대에서는 검정 두건을 쓰고 전신을 검은 의상으로 덮은 사람들을 볼 수 있는데 이들은 구로코(黒衣)라 불리는 일종의 무대 스텝이다. 구로코는 배우의 연기를 도와 극의 진행을 원활하게 돕지만 가부키에서 검은 색은 무(無)를 의미하기 때문에 무대 위를 뛰어다녀도 관객들은 이들을 눈에 보이지 않는 존재로 간주해야 한다.

구로코

## 인간의 희로애락을 연기하는 인형극 분라쿠

### 1) 분라쿠의 유래와 특징



17세기에 등장한 분라쿠(文楽)는 죠루리(浄瑠璃)와 샤미센(三味線), 인형 등으로 구성된 직업적인 인형극으로 가부키와 마찬가지로 에도시대 서민들을 중심으로 향수되었다. 분라쿠는 원래 닌교죠루리(人形浄瑠璃)라 불렸는데, 이것은 인형을 사용한 죠루리라는 의미이다. 15세기에 발생한 죠루리는 일본의 전통 악기인 샤미센의 반주에 곡조를 맞추어 이야기를 낭송(朗誦)하는 서사 음악의 일종인데, 죠루리에 인형이 사용된 닌교죠루리의 시작은 1600년 전후로 보는 것이 일반적이다. 분라쿠라는 명칭은 1872년 1월 우에무라 분라쿠켄(植村文楽軒 1813~1887)이라는 사람이 오사카의 닌교죠루리 극장을 자신의 이름을 딴 분라쿠좌라고 명명한 것에서 유래한다. 이 분라쿠좌는 일정한 장소에서 인형극을 상영하는 유일한 극장이었기 때문에 이후 분라쿠라고 하면 곧 닌교죠루리를 연상하게 되었다. 분라쿠는 제2차 세계대전 이후 쇠퇴하기 시작하여 1960년대에는 완전히 소멸될 뻔하는 등 위기를 맞이하기도 했지만, 정부의 지원 및 국립 분라쿠 극장 등의 설립으로 위기를 모면했다. 현재 오사카에 있는 국립 분라쿠 극장에서는 2개월에 한 번씩 정기 공연이 열린다.

## 2) 분라쿠의 구성요소

### (1) 인형

공연 중인 분라쿠 인형

세계 어느 나라나 인형극은 존재하지만 한 개의 인형을 세 사람이 조종하는 인형극은 분라쿠뿐이다. 의리와 인정, 세간의 관심이 집중되는 남녀의 한(恨)과 정(情)의 세계를 묘사하는 분라쿠는 애절한 노랫가락과 구슬픈 샤미센의 연주에 맞추어 인형에게 인간의 복잡 미묘한 심리를 연기하게 하며, 인형의 정교한 움직임으로 보는 이들을 울고 웃고 화내는 등 감정이입하게 만든다. 인형은 머리와 몸통, 손과 발, 의상으로 구성되어 있는데 크기는 1미터에서 1.5미터 정도이다. 머리의 크기가 전체의 3분의 1을 차지하며 인형의 머리는 약 60종류가 있다. 여자 인형에는 다리가 없으며, 대신 인형의 옷자락을 교묘하게 움직여서 표현한다. 이밖에도 인형의 눈이나 입을 열고 닫거나 손가락을 움직이고 눈썹을 깜빡거리게 조종해서 인간의 희로애락을 풍부하게 표현한다.



### (2) 가이라이시

가이라이시

공연 시 무대 위에서 분라쿠 인형을 조종하는 사람을 가이라이시(傀儡師)라고 한다. 가이라이란 꼭두각시라는 의미로, 인형조종자인 가이라이시는 주조종자와 왼손조종자, 발조종자로 나뉜다.

인형 움직임의 대부분을 조종하는 주조종자는 왼팔과 왼손으로 인형을 지탱, 움직임이 가능한 눈꺼풀, 안구, 눈썹, 입으로 연결된 장치를 조종하며 오른손으로는 인형의 오른팔을 조종한다. 한편, 극의 진행을 돕는 부조종자들은 주조종자의 오른쪽과 왼쪽 양편에서 인형을 조종하는데 왼손조종자는 인형의 왼팔만을 담당하고 발조종자는 주조종자의 오른편에서 인형의 발만을 담당한다. 이들은 검은 두건에 검은 복장을 해야만 하는데 그들은 가부키에서의 구로코와 마찬가지로 공연 중에 무대를 돌아다니며 극의 진행을 돕지만, 관객들은 이들을 눈에 보이지 않는 존재로 간주한다. 하지만 등장하는 인형이 늘면 늘수록 조종자들도 세 배수로 늘게 되어 무대 위는 조종자들로 매우 번잡스러워지며 이것이 오히려 극에 몰입하는데 방해가 되기도 한다.

⑶ 다유와 샤미센

분라쿠의 변사인 다유(太夫)는 홀로 무대에서 사용되는 인형을 대신해 대사는 물론 사건의 진행, 풍경이며 기상 상황에 이르기까지 모든 것을 이야기한다. 이때 아름다운 소리를 내기보다는 뱃속에서 짜내는 듯 한 비장한 소리로 남녀노소 등 모든 목소리를 소화해내며 극에 재미를 더해 준다. 얼굴이 벌겋게 되며 온 힘을 다해 뽑아내는 다유의 애절하고도 처절한 가락은 듣는 이들을 소리의 세계로 이끌기에 관객 중에는 분라쿠를 보러간다고 하지 않고 들으러 간다고 표현하기도 한다.

다유와 샤미센

마지막으로 분라쿠를 구성하는 샤미센(三味線)은 세 줄로 된 일본 고유의 현악기이다. 저음의 아름다운 소리를 내며 특히 분라쿠에 사용되는 샤미센은 굵은 대를 사용하기에 소리가 크고 음폭이 넓어서 분라쿠의 세계가 그리는 비극과 슬픔을 잘 표현해 준다. 흔히 다유를 남편, 샤미센을 부인에 비교하기도 한다. 실제로도 다유와 샤미센 연주자는 예술상의 부부의 연을 맺고 반드시 같은 사람과 공연하는데 만일 한쪽이 마음대로 다른 사람과 무대에 오르면 이는 간통으로 간주될 정도라고 한다.

(김은영)

Answer 1. O 2. X 3. X 4. O 5. O

이야기와 감동이 있는
일본문화 탐방

chapter 14

# 언어 속에 담긴 시대와 삶

1. 시대와 함께 걸어온 일본인의 이야기
2. 한자에서 탄생된 문자, 가나

chapter 14

# 언어 속에 담긴 시대와 삶

풀어봅시다

1. 현재 일본 5천 엔 권의 화폐모델은 여성 작가이다. (  )
2. 무라카미 하루키와 무라카미 류는 형제이다. (  )
3. 일본은 아직 노벨문학상을 받지 못하였다. (  )
4. 일본문자는 한자를 기반으로 만들어졌다. (  )
5. 일본어에는 존경어가 없다. (  )

# 언어 속에 담긴 시대와 삶



문학작품은 시대를 비쳐주는 거울과도 같다. 일본의 국가형성 시기에는 지배계급의 정통성을 주장하기 위한 역사서가 편찬되었고, 궁정문화가 발달했던 시대에는 작품 속에 귀족사회의 모습이 자주 묘사되었다. 잦은 전쟁으로 인해 사회가 혼란할 때는 영웅담이나 인생무상을 주제로 한 작품들이 집필되었다. 그리고 근대화가 한창 진행될 때는 서양의 새로운 풍속을 소개하거나 근대화에 대한 날카로운 비판을 담은 소설이 다수 발표되었다. 이와 같이 일본문학은 각각 그 시대의 특징과 그에 따른 문화, 일본인들의 심성 등을 대변하면서 일본의 역사와 함께 발전해 왔다.

그리고 일본어는 중국의 한자를 기반으로 만들어진 것으로 일본문화의 키워드인 절충문화의 대표적인 일례라고 할 수 있다.

# 1. 시대와 함께 걸어온 일본인의 이야기

## | 고전문학 |

### 1) 상대문학

문학발생 이후 헤이안쿄(平安京 현재 교토시에 당나라의 장안성을 모방하여 만들어진 계획도시)로 수도를 옮기기 전까지의 문학을 상대(上代)문학이라고 한다. 문자가 없었던 시기에는 입에서 입으로 전하는 구승(口承)문학의 형태를 띠었다. 이후 한자의 전래로 인해 문자 사용이 가능해지자 신화, 전설, 설화, 가요 등의 옛 구승문학이 정리된다. 이 시기의 대표작으로 『고사기(古事記)』, 『일본서기(日本書紀)』, 『만엽집(万葉集)』이 있다.



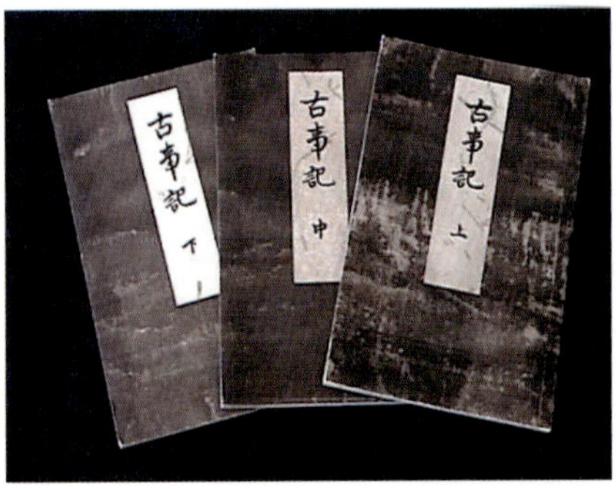


고사기

『고사기』(712)는 히에다노 아레(稗田阿礼 생몰년 미상)가 외웠던 천황의 계보나 설화 등을 오노 야스마로(太安万侶 ?~723)가 기록한 역사서이다. 천황 중심의 지배체제의 정당성을 주장하고 율령제를 강화하기 위해 편찬되었다. 일본의 신도사상이나 일본 고대 사회와 문화를 이해하는 데 귀중한 자료가 되고 있다.

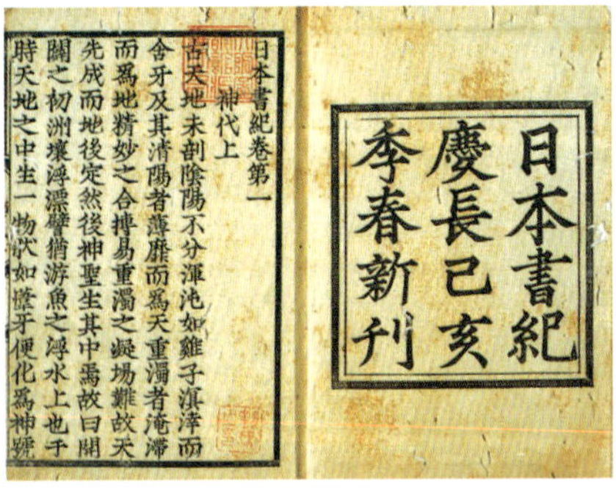


일본서기

『일본서기』(720)는 덴무(神武 711~585)천황의 명에 의해 도네리 신노(舎人親 676~735) 등이 편찬한 역사서이다. 총 30권으로 구성되어 있으며 고대 일본의 신화와 전설부터 지토(持統 645~703)천황까지의 역사를 기록하였다. 전반부는 신화의 내용을 다루고 있기 때문에 허구성이 강하지만 후반부는 사실성이 풍부하다.

『만엽집』은 7세기 후반부터 8세기 후반에 걸쳐 편찬된 현존하는 가장 오래된 일본의 가집(歌集)이다. 다양한 계층의 사람들이 읊은 4,500수 이상의 시를 모은 서정시의 금자탑으로 일컬어지고 있다. '만엽가나(万葉仮名)'라고 불리는 한국의 이두와 비슷한 문자로 표기한 것이 특징이다. 헤이안시대에 이 만엽가나를 바탕으로 일본문자가 만들어졌다.

### 2) 중고문학

수도를 헤이안쿄로 천도하고부터 가마쿠라(鎌倉)막부가 성립될 때까지의 문학을 중고(中古)문학이라고 한다. 이 시기에는 귀족문학이 꽃피우고 산문문학과 여성문학이 발달하였다. 초기에는 한시문이 유행하였지만, 히라가나(平仮名)의 보급으로 인해 와카(和歌 5·7·5·7·7의 음절을 가진 일본시의 형태)가 성행하였다. 다이고(醍醐 885~930)천황의 명에 의해 최초의 칙선 와카집인 『고금와카집(古今和歌集)』이 편찬되었는데 귀족들은 여기에 실린 시를 암송하며 자신의 교양을 과시하기도 하였다.

이 시기의 소설 중 대표작은 『다케토리 이야기(竹取物語)』와 『겐지 이야기(源氏物語)』이다. 『다케토리 이야기』는 대나무 속에서 발견된 가구야히메(かぐや姫)가 아름다운 여성으로 성장하여 5명의 귀공자에게 청혼을 받지만 결국 보름달이 뜨는 밤에 승천하는 이야기이다. 신비적이고 공상적 이야기와 함께 기만에 찬 상류사회를 풍자하고 있는 작품이다.

가구야히메

일본 최고의 고전 작품으로 손꼽히는 『겐지 이야기』는 귀족사회를 배경으로 하여 주인공인 히카루 겐지(光源氏)의 숙명적인 사랑과 연애, 상대 여성들의 운명을 그린 작품이다. 작자는 무

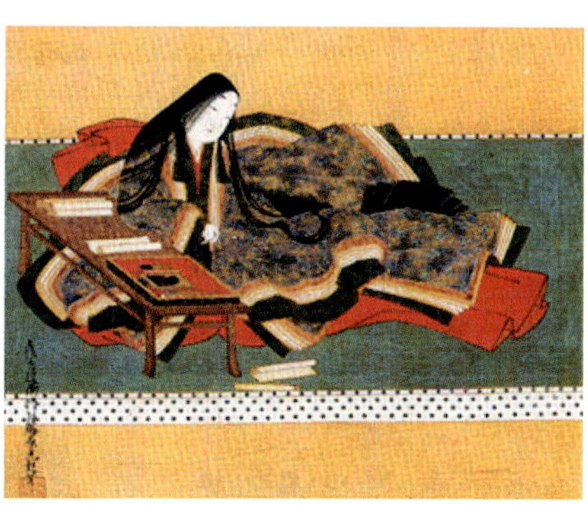

무라사키 시키부

겐지 이야기 천년 기념우표

라사키 시키부(紫式部 978경~1014경)이다.

또한 이 시기에는 여성들이 쓴 일기문학이 발달하였고, 『겐지 이야기』와 함께 헤이안시대 여성문학의 쌍벽을 이루는 세이쇼 나곤(清少納言 생몰년 미상)의 『마쿠라노소시(枕草子)』가 편찬되었다. 궁중생활을 기록하고 있는 이 작품은 일본수필문학의 효시이며 후세 문학에 많은 영향을 끼쳤다.

### 3) 중세문학

가마쿠라막부가 수립되고 에도(江戸)막부가 들어서기 전까지를 중세(中世)라고 한다. 권력의 중심은 귀족으로부터 무사에게 이양되었고 전란이 반복되는 시대였다. 전기에는 전쟁을 소재로 한 군기물(軍記物)이 생겨났고 이들 문학의 밑바탕에는 무상관(無常觀)이 일관되어 흐른다. 후기에는 렌가(連歌 두 사람 이상이 와카의 상구(上句)와 하구(下句)를 번갈아 읊어나가는 형식)와 노(能), 교겐(狂言) 등이 출현하였다.

헤이케 이야기 삽화

『헤이케 이야기(平家物語)』는 중세 문학의 걸작이다. 다이라(平)가문의 번영과 몰락하는 과정을 그리고 있다. 특히 '기원정사(祇園精舍)의 종소리, 제행무상(諸行無常)의 울림이라'로 시작되는 모두(冒頭)부분은 불교의 무상관이 잘 드러나 있으며 인생무상을 느끼게 해주는 명구 중의 명구라고 할 수 있다.

『쓰레즈레구사(徒然草)』는 겐코(兼好 1283~1352) 법사의 수필을 모은 것으로서 2권 243단으로 구성되어 있다. 『마쿠라노소시(枕草子)』, 『호조키(方丈記)』와 더불어 3대 수필 중 하나이다. 전편에는 불교의 무상관으로 일관되어 있으며, 인생의 모든 일에 끊임없는 흥미를 나타내는 복합적인 성격을 가진 수필이다. '쓰레즈레'에는 '따분함, 무료함, 쓸쓸함'이라는 뜻이 있는데 본문 중에 '무료하고 적적하여 하루 종일 벼루를 마주한 채 마음속에 떠올랐다가 사라지는 부질없는 일들을 그저 적다보니 이상하게도 마음이 심난하구나'라는 마음의 공허함을 잘 표현한 구절이 있다.

#### 4) 근세문학

이하라 사이카쿠 상

호색일대남 삽화

근세문학은 에도막부가 들어서면서부터 대정봉환(大政奉還 1867년 에도막부가 천황에게 국가 통치권을 돌려준 사건)에 이르는 시기에 발생되었다. 이 시기에는 인쇄기술이 발달하여 출판물이 널리 보급되었는데, 크게 전기의 가미가타(上方)문학과 후기의 에도문학으로 나뉜다. 가미가타문학이란 겐로쿠기(元禄期 1688~1704)를 정점으로 하여 교토(京都)와 오사카(大阪)에서 행해지던 조닌(町人 도시에 거주하던 상공업자) 문학을 일컫는다. 대표적인 것으로 호색생활을 즐기는 한 남자의 일생을 그린『호색일대남(好色一代男)』이라는 작품으로 호평을 받은 이하라 사이카쿠(井原西鶴 1642~1693)의 우키요조시(浮世草子 에도시대의 소설의 일종)가 있다. 그는 호색물(好色物), 조닌물(町人物), 무가물(武家物), 잡화물(雜貨物)로 분류되는 작품들을 남겼고 그의 작풍은 근대작가들에게 많은 영향을 주었다. 또한 지카마쓰 몬자에몬(近松門左衛門 1653~1725)의 조루리(淨瑠璃 샤미센(三味線)의 반주에 맞추어 특수한 억양과 가락을 붙여 엮어 나가는 이야기의 일종), '일본의 김삿갓'이라고 불리는 마쓰오 바쇼(松尾芭蕉 1644~1694)의 하이카이(俳諧) 등이 있다. 마쓰오 바쇼의 작품 중에는 반 년 동안 도호쿠(東北)・호쿠리쿠(北陸)를 경유하여 에도까지 여행하면서 쓴『오쿠노호소미치(おくのほそ道)』가 유명하다. 메이지(明治)시대에 성립된 17자로 된 시(詩)인 하이쿠(俳句)의 원류가 되는 것이 이 하이카이이다. 후기에는 문학의 중심이 에도로 옮겨졌고 이 시기에는 서민을 중심으로 가부키(歌舞伎)가 발달하기도 하였다.

| 근 · 현대문학 |

### 1) 메이지 · 다이쇼시대의 문학

메이지유신(明治維新) 이후부터 1884년까지를 계몽기라고 한다. 이 시기는 대개 희작(戱作)문학기, 계몽운동기, 번역문학기, 정치소설기로 구분된다.

희작은 에도의 통속오락소설을 일컫는 말로서 대표작으로 가나가키 로분(仮名垣魯文 1829~1894)의 『아구라나베(安愚楽鍋)』를 들 수 있다. 이 소설은 책상다리를 하고 앉아 쇠고기 전골을 먹는 사람들의 모습을 묘사하고 있는데 서양문명을 소개하는 것에 그치지 않고, 서양문명의 겉모습만 따라하는 사람들의 모습을 풍자하고 있다. 한편 서양사정을 알리는 것에 힘쓴 후쿠자와 유키치(福沢諭吉 1834~1901)는 『학문의 권장(学問のすゝめ)』이라는 저서에서 '하늘은 사람 위에 사람을 만들지 않고 사람 밑에 사람을 만들지 않고'라는 유명한 말을 남기며 교육의 중요성을 강조하였고 게오(慶応)대학교를 설립하였다. 그는 현재 만 엔 권의 화폐 모델이다. 그리고 『80일간의 세계일주』 등이 번역되어 미지의 세계인 서양을 알렸고, 야노 류케(矢野龍溪 1850~1931)는 『경국미담(経国美談)』을 통해 자신의 정치적 이상을 반영하는 작품을 쓰기도 하였다.



권선징악이라는 고전소설의 패턴을 전면적으로 부정하고 인간의 심리나 사실을 있는 그대로 묘사해야 된다는 주장이 쓰보우치 쇼요(坪内逍遥 1859~1935)의 『소설신수(小説神髄)』에 제기되면서 사실주의가 막을 연다. 이 이론의 영향을 받은 후타바테 시메(二葉亭四迷 1864~1909)는 최초의 근대적 소설로 평가받고 있는 『뜬 구름(浮雲)』을 집필하였다.

금색야차 동상

의고전주의는 사실주의에 대한 반동으로 발생한 것으로 전통문학을 보호하자는 측면에서 오자키 고요(尾崎紅葉 1867~1903)나 히구치 이치요(樋口一葉 1872~1896) 등이 중심이 되어 전개되었다.

이하라 사이카쿠의 영향을 받은 오자키 고요는 사랑과 돈 사이에서 갈등하는 내용을 담아 메이지시대 최고의 베스트셀러가 되기도 한 『금색야차(金色夜叉)』를 집필하였다. 금색야차란 돈귀신, 즉 수전노라는 뜻이다. 한국에서는 조중환(趙重桓

1863~1944)이 『장한몽(長恨夢)』이라는 이름으로 번안하여 1913년 「매일신보(每日申報)」에 연재하였고 이것이 신파극으로 공연되어 유명해졌다.

시인이자 소설가인 히구치 이치요는 당시 불치병으로 여겨졌던 폐결핵에 걸려 24세라는 젊은 나이에 요절했지만 『키재기(たけくらべ)』, 『흐린 강(にごりえ)』 등을 통해 근대화의 과정 속에서 사라져가는 일본 전통사회의 모습을 묘사한 수작을 남겼다. 최초의 여성 직업작가로서의 위치를 인정받아 현재 5천 엔 권의 지폐 모델로 선정되었다.

히구치 이치요

『문학계(文学界)』라는 잡지를 중심으로 하여 낭만주의 작가들이 활동하였는데 기타무라 도코쿠(北村透谷 1868~1894), 모리 오가이(森鷗外 1862~1922) 등이 대표 작가이다. 모리 오가이는 독일 유학에서 돌아온 뒤 『무희(舞姫)』를 발표하였는데, 사랑과 출세의 갈림길에서 출세를 선택한 한 청년의 고뇌를 그리고 있다. 이것은 모리 오가이의 실제 체험을 바탕으로 하고 있어서 화제가 되었다.



지나치게 관념적이고 리얼리티가 떨어지는 낭만주의에 대한 반동으로 생긴 것이 자연주의이다. 이것은 19세기에 프랑스의 졸라, 모파상 등을 중심으로 발생하였기 때문에 졸라이즘이라고도 한다. 인간이나 사회를 과학적으로 분석하고 객관적으로 묘사하자는 자연주의 운동은 당시 심각한 경제 불황 속에서 빈부의 격차가 심화되던 일본사회의 분위기로 인해 자연스럽게 수용되었다. 일본의 근대작가들은 자연주의적인 입장에서 현실을 있는 그대로 묘사하고자 시도하였지만 결국에는 자신의 내면을 적나라하게 고백하는 사소설적인 경향을 띠게 된다. 대표작으로는 부락민의 차별문제를 다룬 시마자키 도손(島崎藤村 1872~1943)의 『파계(破戒)』나 다야마 가타이(田山花袋 1872~1930)의 『이불(蒲団)』 등이 있다. 『이불』은 젊은 여제자에 대한 노골적이며 추하기까지 한 스승의 사랑을 다루고 있는데, 이것은 작가 자신의 경험담을 쓴 것으로 사회적으로도 센세이션을 불러일으켰다.

자연주의에 대한 반발로 탐미파(耽美派), 백화파(白樺派), 이지파(理知派)가 나타난다. 게오대학 출신들이 중심이 되는 탐미파는 『미타문학(三田文学)』을 통해 활동하였는데 이들은 성적 쾌감에서 느껴지는 미를 추구하였다.

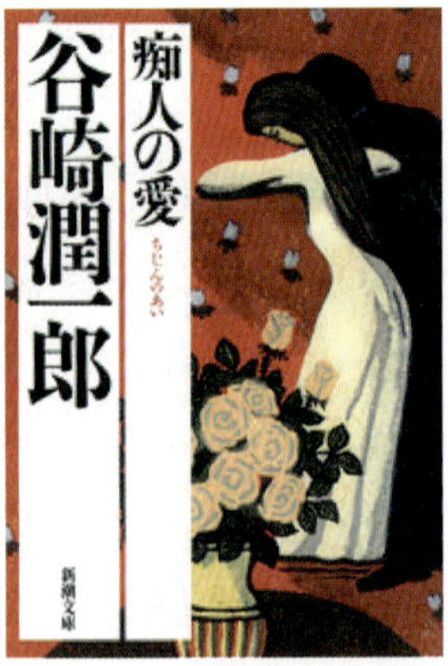


치인의 사랑

다니자키 준이치로(谷崎潤一郎 1886~1965)의 『치인의 사랑(痴人の愛)』은 어린 소녀를 자신의 이상형으로 기르려 하다가 결국에는 자신이 그녀의 포로가 되고 마는 이야기이다.

각슈인(学習院)대학을 중심으로 하여 발생한 백화파는 인간의 고귀성과 이상을 추구하고자 하였다. '소설의 신'으로 불리는 『암야행로(暗夜行路)』의 시가 나오야(志賀直哉 1883~1971)가 이 시기의 작가이다.

현실을 이지에 의해 재구성해야 한다고 주장한 이지파는 도쿄대학 출신들이 중심이 되었으며 『신사조(新思潮)』라는 잡지를 통해 활동하였다. 대표작가로 35세라는 젊은 나이에 자살한 아쿠타가와 류노스케(芥川龍之介 1892~1927)를 들 수 있다.

모리 오가이와 나쓰메 소세키(夏目漱石 1867~1916)는 자연주의에 반대의 입장을 취하였지만 어느 파에도 속하지 않고 독자적으로 활동하였다.

낭만주의에서 활동했던 모리 오가이는 의사 집안에서 태어나 독일에서 의학을 공부하고 돌아온 뒤 육군 군의관이 되었다. 집필 활동을 병행하던 모리 오가이는 노기 마레스케(乃木希典 1849~1912) 장군의 순사에 감동을 받아 이후 역사소설 집필에 열중하였다. 대표작으로는 『기러기(雁)』, 『아베 일족(阿部一族)』 등이 있다.

나쓰메 소세키는 불우한 어린 시절을 보냈지만 문부성 제1회 국비장학생으로 영국 유학을 마치고 대학 강단에 섰다. 이후 아사히(朝日) 신문사의 제의로 본격적인 직업작가가 되어 왕성한 창작활동을 하였다. 『나는 고양이로소이다(吾輩は猫である)』, 『도련님(坊っちゃん)』, 『그 후(それから)』, 『마음(心)』 등이 대표작이다.

아쿠타가와 류노스케

모리 오가이

나쓰메 소세키

**나쓰메 소세키의 명구 감상**

- 나는 고양이이다. 이름은 아직 없다.
- 태평스럽게 보이는 사람들도
  마음속을 두드려 보면
  어딘가에서
  슬픈 소리가 난다. 『나는 고양이로소이다』

- 자유와 독립과 자아에 가득 찬
  현대에 태어난 우리는
  그 희생으로서 모두
  이 외로움을 맛보지 않으면 안 되죠.
- 나는
  차디찬 머리로 새로운 말을 하는 것보다는
  뜨거운 혀로 평범한 이야기를 하는 것이
  살아있는 것이라고 믿습니다. 『마음』



2) 쇼와시대의 문학

제1차 세계대전 이후 프롤레타리아 문학운동이 전개되었는데, 대표작가로는 『전기(戦旗)』를 무대로 활약한 고바야시 다키지(小林多喜二 1903~1933)를 들 수 있다. 그는 노동자들에 대한 가혹한 환경과 착취를 고발한 『게공선(蟹工船)』을 발표하였다. 프롤레타리아 문학운동은 정부의 사상 탄압으로 1934년 붕괴되었지만 이후 전향문학의 형태로 발전하였다.

설국

프롤레타리아문학과 함께 다이쇼시대부터 쇼와시대 초에 걸쳐 일본문학계를 이끈 것은 예술파이다. 1968년 노벨 문학상을 수상하여 유명해진 『설국(雪国)』의 가와바타 야스나리(川端康成 1899~1972)가 이 시기의 작가이다. 그는 요코미쓰 리이치(横光利一 1898~1947) 등과 『문예시대』를 창간하였다.

대표작인 『설국』은 눈으로 뒤덮인 고장의 아름다운 묘사와 함께 도쿄의 한 남성과 설국 기생의 미묘한 심리묘사가 돋보이는 작품이다. '아름다운 일본과 나'라는 주제로 노벨 문학상 수상연설을 한 것으로 알 수 있듯이 가와바타 야스나리는 전통적인 일본의 아름다움을 작품을 통하여 끊임없이 그려냈지만 가스중독 자살로 생을 마감하였다.

제2차 세계대전 이후에는 개인의 다양성과 창조성을 존중하는 문학이 발생한다. 이들은 크게 무뢰파(無頼派), 전후파(戦後派), 제3의 신인으로 분류되는데 먼저 무뢰파는 패전 후의 암담한 상황에 대한 허탈감 또는 불안감을 다룬 작품을 주로 발표하였다. 대표적으로 다자이 오사무(太宰治 1909~1948)의 『인간실격(人間失格)』 등이 있다. 또한 전후파라 불리는 신진작가들이 출현하여 『근대문학(近代文学)』을 거점으로 하여 활동하였는데 중심 작가로는 자위대 기지에서 할복자살을 한 미시마 유키오(三島由紀夫 1925~1970)가 있다. 제3의 신인은 1955년 경에 새롭게 등장한 작가들을 일컫는 말로 주로 아쿠타가와상의 수상자 또는 후보였던 작가들이 주류를 이루고 있다. 대표작으로는 엔도 슈사쿠(遠藤周作 1923~1996)의 『침묵(沈黙)』이 있다. 그리고 가와바타 야스나리의 뒤를 이어 1994년 문학 분야에서 두 번째로 노벨상을 수상한 오에 겐자부로(大江健三郎 1935~)도 제3의 신인에 속한다.



### 3) 헤세시대의 문학

경제적 불안, 사회적 문제, 세계적으로 전쟁 및 테러의 위협이 대두되는 등 혼잡한 현대 사회의 모습을 반영이라도 하듯이 '상실', '허무', '소통'이라는 키워드에 중점을 둔 작품들이 대두되었다.

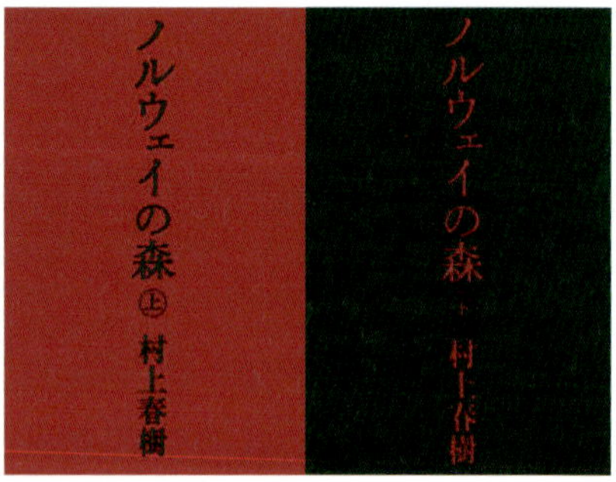


상실의 시대

현재의 일본문단을 대표하는 작가 중 한사람인 무라카미 하루키(村上春樹 1949~)는 1979년 『바람의 노래를 들어라(風の歌を聴け)』로 제22회 군조(郡像)신인문학상을 수상하면서 문단에 데뷔하였다. 그리고 1987년 현대 젊은이들의 이야기를 다룬 『상실의 시대(ノルウェイの森)』를 발표하여 62만부의 판매고를 올리며 하루키 신드롬을 낳았다. 그 밖의 대표작으로 『태엽 감는 새 연대기(ねじまき鳥クロニクル)』, 『해변의 카프카(海辺のカフカ)』, 『1Q84』, 『색채가 없는 다자키 쓰쿠루와 그가 순례를 떠난 해(色彩を持たない多崎つくると、彼の巡礼の年)』 등이 있다.

한없이 투명에 가까운 블루

용의자 X의 헌신

화차

또한『한없이 투명에 가까운 블루(限りなく透明に近いブルー)』를 집필하여 1976년 제19회 군조신인문학상을 수상하고, 이어 이 작품으로 제75회 아쿠타가와상을 수상하며 화려하게 문단에 데뷔한 작가는 무라카미 류(村上龍 1952~)이다.『한없이 투명에 가까운 블루』는 1960~1970년대 초의 미군기지촌을 무대로 하여 광란의 젊은이들의 모습을 그린 작품이다. 무라카미 류는 남다른 예술적 재능으로 영화와 문학, 음악의 경계를 넘나들며 활동하고 있다.



한편『베드 타임 아이즈(ベッドタイムアイズ)』(1985)의 작가 야마다 에이미(山田詠美 1959~),『냉정과 열정 사이 Rosso(冷静と情熱のあいだ Rosso)』(1999)로 유명한 에쿠니 가오리(江國香織 1964~),『키친(キッチン)』(1988)으로 데뷔한 요시모토 바나나(よしもとばなな 1964~) 등 여성 작가들의 활동이 대두되어 1980년대 이후에는 연애소설이 붐을 이루었고, 추리소설이 상업적인 효과를 거두며 주목을 받고 있다.『용의자 X의 헌신(容疑者Xの献身)』,『백야행(白夜行)』,『탐정 갈릴레오(探偵ガリレオ)』로 잘 알려진 히가시노 게이고(東野圭吾 1958~),『모방범(模倣犯)』,『화차(火車)』를 쓴 미야베 미유키(宮部 みゆき 1960~) 등이 대표 작가이다.

## 2. 한자에서 탄생된 문자, 가나

**| 일본어의 성립과 구성 |** 일본어는 중국어, 영어, 러시아어, 힌두어, 스페인어 다음으로 많이 사용되는 언어이다. 일본의 경제력이 점점 커지면서 전 세계적으로 일본어를 배우고 사용하는 사람들이 늘고 있는 추세이다.

일본어를 표기하는 데 사용되는 글자는 히라가나(ひらがな), 가타카나(カタカナ), 한자이다. 일본은 5세기 이전에 중국으로부터 한자를 받아들여 사용하였고 헤이안시대에 한자를 바탕으로 한 히라가나와 가타카나가 만들어졌다. 히라가나와 가타카나를 합해서 보통 '가나(仮名)'라고 한다. 당시 한자를 '정식글자'라는 뜻의 '마나(真名)'라고 불렀기 때문에 '임시' 또는 '가짜'라는 뜻을 붙여 가나라고 부르게 된 것이다. 히라가나와 가타카나는 모양은 다르지만 발음은 같다. 1900년 '초등학교시행규칙'에 따라 현재의 자체로 통일되었다.

히라가나는 한자의 초서체를 간략하게 하여 만든 글자이다. 히라가나가 만들어졌을 당시에는 보통 여성들이 이 문자를 사용하였고 그로 인해 여성문학이 꽃을 피우기도 하였다.

가타카나는 한자의 일부분을 따거나 획을 간단히 해서 만들어졌다. 주로 외래어나 의성어, 의태어, 전보 및 광고문, 특히 강조하고자 하는 말 등에 사용된다.

| 발음 | 히라가나 | 가타카나 |
|---|---|---|
| i | 以 → い | 伊 → ィ (伊의 왼쪽부분) |
| u | 宇 → う | 宇 → ゥ (宇의 윗부분) |

이정표와 간판

### 히라가나와 가타카나

※ 히라가나

| | あ行 | か行 | さ行 | た行 | な行 | は行 | ま行 | や行 | ら行 | わ行 | |
|---|---|---|---|---|---|---|---|---|---|---|---|
| あ段 | あ | か | さ | た | な | は | ま | や | ら | わ | ん |
| | a | ka | sa | ta | na | ha | ma | ya | ra | wa | N |
| い段 | い | き | し | ち | に | ひ | み | | り | | |
| | i | ki | shi | chi | ni | hi | mi | | ri | | |
| う段 | う | く | す | つ | ぬ | ふ | む | ゆ | る | | |
| | u | ku | su | tsu | nu | hu | mu | yu | ru | | |
| え段 | え | け | せ | て | ね | へ | め | | れ | | |
| | e | ke | se | te | ne | he | me | | re | | |
| お段 | お | こ | そ | と | の | ほ | も | よ | ろ | を | |
| | o | ko | so | to | no | ho | mo | yo | ro | o | |

※가타카나

| | ア行 | カ行 | サ行 | タ行 | ナ行 | ハ行 | マ行 | ヤ行 | ラ行 | ワ行 | |
|---|---|---|---|---|---|---|---|---|---|---|---|
| ア段 | ア | カ | サ | タ | ナ | ハ | マ | ヤ | ラ | ワ | ン |
| | a | ka | sa | ta | na | ha | ma | ya | ra | wa | N |
| イ段 | イ | キ | シ | チ | ニ | ヒ | ミ | | リ | | |
| | i | ki | shi | chi | ni | hi | mi | | ri | | |
| ウ段 | ウ | ク | ス | ツ | ヌ | フ | ム | ユ | ル | | |
| | u | ku | su | tsu | nu | hu | mu | yu | ru | | |
| エ段 | エ | ケ | セ | テ | ネ | ヘ | メ | | レ | | |
| | e | ke | se | te | ne | he | me | | re | | |
| オ段 | オ | コ | ソ | ト | ノ | ホ | モ | ヨ | ロ | ヲ | |
| | o | ko | so | to | no | ho | mo | yo | ro | o | |



일본은 한자를 간략하게 하여 쓴다. 예를 들어 '배울 학'자의 경우 한국에서는 '學'자를 쓰는데 일본에서는 이것을 간단하게 '学'자로 표기한다. 그리고 한자를 읽을 때에는 음독이나 훈독, 또는 음과 훈을 혼용하여 읽는다.

한자를 기반으로 하여 만들어진 히라가나와 가타카나, 그리고 복잡한 획수를 간략하게 하여 사용하는 한자 등을 보면, 외부에서 들어온 것을 일본에 맞게 새롭게 재창조하는 절충문화의 일례를 엿볼 수 있다.

| 일본어의 특징 |　일본어의 특징은 한국어와의 비교를 통해 잘 알 수 있다. 먼저 일본어는 한자 문화권에 있으며 어순과 조사의 쓰임이 한국어와 거의 유사하다.

| 예) 나 | 는 | 학교 | 에 | 갑니다. |
|---|---|---|---|---|
| 私 | は | 学校 | へ | 行きます。 |
| watashi | wa | gakkou | e | ikimasu |

위의 예와 같이 일본어는 한국어와 어순이 비슷하기 때문에 쉽게 습득할 것이라고 생각하여 일본어 공부를 시작했다가 힘들어하는 사람들도 많다. 또 최근 들어 일본어 번역기를 이용하는 사람들도 많은데 표현이 다르거나 같은 한자라도 의미나 어순이 다른 것도 많다. 예를 들어 '저 사람은 참 발이 넓어'의 경우 '발이 넓다'라는 표현을 일본에서는 '얼굴이 넓다'라고 표현한다. 여러 방면에 다재다능한 사람을 한국에서는 '팔방미인(八方美人)'이라고 하는데 일본에서는 처세를 위해 누구에게나 잘 보이려고 하는 사람을 가벼이 일컫는 말로 쓰인다. 사랑하는 사람을 지칭하는 '애인(愛人)' 또한 일본에서는 떳떳하지 못한 관계를 맺은 이성을 말할 때 쓴다. 그리고 '현모양처'를 '양처현모'라고 하거나 '왔다갔다'를 '갔다왔다'라고 표현한다.



또한 일본어는 한국어와 마찬가지로 존경어가 발달되어 있다. 한국어의 경우 어간과 어미 사이에 '시'나 '으시'를 넣어 존경어를 만들거나 '먹다', '자다'와 같이 완전히 바뀌어 버리는 경우가 있다. 일본어도 마찬가지이다. 그러나 절대경어를 쓰는 한국과는 달리 일본에서는 상대경어를 사용한다. 예를 들어, 일본사람들은 자신이 속한 회사 사람이나 가족을 다른 사람에게 말할 때 낮추어서 표현한다. '사장님'을 '사장'이라고 하고 '계시다'를 '있다'라고 말하는 것이다. 인명이나 직명에 붙여 경의를 나타내는 '～씨'의 뜻을 가진 '～상'도 자신의 어머니를 다른 사람에게 말할 때는 붙이지 않지만 다른 사람의 어머니를 지칭할 때는 '～상'을 붙이는 것이 예의이다.

| 한국어 속의 일본어 | | 일본어 속의 한국어 | |
|---|---|---|---|
| 간지<br>(感じ) | 느낌, 감각 등의 의미로 한국에서는 '폼 난다' 는 뜻으로 사용 | はな<br>(하나) | 처음이라는 의미로 사용 |
| 기스<br>(きず) | 상처<br>(원음은 기즈) | チョンガー<br>(총가) | 미혼남성 지칭 |
| 쓰키다시<br>(つきだし) | 곁들이 안주(음식)<br>(원음은 츠키다시) | すくすく<br>(스쿠스쿠) | '쑥쑥 자라다' 의 쑥쑥 |
| 노가다<br>(どかた) | 토목 공사장의 일꾼<br>(원음은 도카타) | キムチ(기무치),<br>チゲ鍋(치게나베)<br>등의 음식명 | 나베는 찌개라는 뜻 |
| 뗑깡<br>(てんかん) | 병명 '간질' | | |
| 기라성<br>(きら星) | 기라는 반짝반짝 빛나는 것을 의미 | | |
| 오뎅(おでん),<br>우동(うどん) 등의<br>음식명 | | | |

(윤혜영)



Answer 1. ○ 2. × 3. × 4. ○ 5. ×

이야기와 감동이 있는
일본문화 탐방

chapter 15

# 일본을 움직이는 제도와 조직

1. 천황주권에서 국민 주권으로
2. 대립 조정과 질서 유지를 위한 제도와 조직

chapter 15

# 일본을 움직이는 제도와 조직

풀어봅시다

1. 현행 일본국 헌법의 주권은 천황에게 있다. ( )
2. 일본의 국회는 양원제로 중의원과 참의원으로 구성되어 있다. ( )
3. 일본 총리는 국민투표에 의해 선출된다. ( )
4. 참의원은 중의원보다 국정 영향력이 약하다. ( )
5. 현재 일본의 여당은 자민당이다. ( )

# 일본을 움직이는 제도와 조직



넓은 의미에서 정치란 인간생활의 전반 어디에서나 발생되는 이해관계의 대립이나 의견의 차이를 조정해 나가는 통제 작용을 모두 포함한다. 그러나 정치를 국가적 차원에서 파악해 본다면 사회생활에서 일어나는 필연적인 대립과 분쟁이 조정되고 질서가 유지되어야 하지만 이러한 질서가 국가라는 테두리 안에서 개개인의 도덕 등과 같은 자율적인 규범만으로 유지되기는 어렵다. 그 때문에 국가는 국가권력을 배경으로 법과 그 밖의 여러 방법으로 질서를 유지시키려고 하는데 이러한 작용을 정치라고 한다.

결국 모든 정치활동의 최종 목표는 현재의 문제점을 개선하여 질서를 유지하며 국민들이 인간다운 삶을 영위하게 하고 상호 간의 이해를 조정하며 사회질서를 바로잡아 보다 살기 좋은 환경 만들기를 지향하고 있는 것인 만큼 정치는 한 나라의 현재는 물론 미래 형성에 중대한 영향력을 행사한다.

여러모로 전환기에 서 있는 오늘날, 일본을 움직이는 정부 조직과 제도, 정당 활동 등에 대해 주목함으로써 일본 사회의 현재를 가늠해 봄과 동시에 나아가 무엇보다도 정치가 지니는 미래 형성 기능에 주목할 필요가 있다. 정치는 바로 미래와 직결되기 때문이다.

# 1. 천황주권에서 국민 주권으로

## | 헌법 |

### 1) 대일본제국 헌법

헌법발포약도(憲法發布略圖)

막부 말기에 막번(幕藩)체제의 모순이 첨예화하고 외세의 압력으로 외국과의 통상이 불가피하게 된 막부는 쇄국정책을 포기하고 개국을 하게 되지만, 존왕양이(서양열국과의 교류에 반대해 외국을 배척하는 양이사상과 막부 대신 천황을 숭배하는 존왕사상이 결합) 운동의 중심 세력이었던 사쓰마번(薩摩藩), 조슈번(長州藩), 도사번(土佐藩) 등의 하급무사들은 황실이 있던 교토를 중심으로 근본적인 개혁을 외면한 채 미봉책으로 일관하는 막부와 맞서게 된다. 이를 계기로 결국 1866년에 막부가 해체되고 이듬해인 1867년에 왕정복고를 이루는데, 이것이 메이지유신(明治維新)이다. 메이지유신은 봉건적 성격을 갖는 무사정권인 막부가 붕괴되고 천황을 중심으로 한 근대국가가 탄생했다는 것을 의미할 뿐만 아니라, 현대 일본의 정치를 포함한 대부분의 제도의 틀을 마련하는 계기가 되었다는 점에서 일본 역사상 매우 중요한 의미를 갖는 사건이다.

막부 타도 후 메이지 정부는 중앙집권적 체제를 확립하기 위해 1871년 번의 권력을 폐지하고 새로이 현을 설치하는 폐번치현(廢藩置縣)을 단행하였을 뿐만 아니라 구미의 근대국가를 모델로 교육, 군사, 토지 및 조세 제도 등 일련의 제도를 개혁하여 '문명개화'와 '부국강병'을 위해 자본주의 육성과 군사력 강화에 힘을 기울였다. 또한 1889년에는 근대 입헌주의에 기초한 대일본제국 헌법을 제정, 공포함으로써 정치적으로는 입헌정치가 개시되어 현대 일본 정치의 기틀이 마련되었다.

메이지 헌법이라고도 불리는 대일본제국 헌법은 국권이 강한 프로이센 헌법을 벤치마킹해 만들었기 때문에 천황이 제정하여 신민에게 선포하는 흠정헌법(欽定憲法 군주가 제정한 헌법으로 군주국가에서 전제군주가 군주의 권력을 유보(留保)하고 국민에게 어느 정도의 권리나 자유를 은혜적으로 인정하면서 제정한 헌법)이다. 그러므로 이 헌법은 부국강병의 천황제 국가체제 정비를 목표로 한 것이었다고 하겠다.

대일본제국 헌법의 특색으로는 가장 먼저 주권이 천황에 있다는 점을 꼽을 수 있는데, 신으로서의 지위를 부여받은 천황이 행정, 입법, 사법을 모두 장악하는 강력한 천황대권을 가지고 행사할 수 있었다. 또 근대 헌법의 형식에 따라 권리에 관한 규정은 있지만 그 권리는 천황이 '신민'에게 부여하는 것이었기 때문에 국민의 권리는 얼마든지 법률과 칙령으로 제한될 수 있었다. 통치기구 역시 천황의 통치권 아래에서 권력 분립제의 형식을 채택하여 입법, 행정, 사법 기관으로 분리되어 있었다. 그러나 비교적 독립성을 지니고 사법권을 행사하던 재판소 외에 행정기관인 내각과 제국의회는 그 권한이 매우 한정적이어서 천황의 행정권과 입법권을 보필하는 정도의 기관이었다.

천황을 정점으로 관료와 군인이 지배하는 정치 체제가 가능하도록 한 이 대일본제국 헌법은 1947년 일본국 헌법 시행까지 반세기 이상 한 번도 개정되지 않았다.



#### 2) 일본국 헌법

제2차 세계대전에서 패배한 일본은 1945년을 기점으로 크게 변모하게 되는데 그 시작은 일본을 점령한 GHQ(연합국 군총사령부)의 맥아더 사령관의 주도하에 이루어진 헌법 개정에 있다고 할 수 있다. 연합국은 일본 정치의 민주화를 요구하여 천황 중심의 대일본 제국 헌법을 전면적으로 개정할 필요가 있었다. 천황제의 존속, 전쟁 포기, 모든 봉건적 제도의 폐지라는 이른바 맥아더 3원칙에 입각하여 만들어진 일본국 헌법은 현행의 일본국 헌법으로 1946년 11월에 공포되었다. 공포 후 국민에게 민주헌법의 내용과 의의를 널리 알리기 위한 기간을 두어 1947년 5월 3일에 시행되었다.

맥아더와 쇼와천황

일본국 헌법을 주축으로 일본은 1889년에 제정된

대일본제국 헌법에 규정된 천황 중심의 국가주의 · 제국주의에서 민주주의 · 평화주의 국가로 새롭게 출발하게 된다.

신헌법 일본국 헌법과 구헌법 대일본제국 헌법과의 차이점으로는 먼저 주권이 천황에게 있던 흠정헌법에서 국민에게 주권이 있는 민정헌법으로 바뀌고 천황의 지위가 신에서 상징적인 존재로 변한 점, 평화주의를 강조한 점을 들 수 있다. 이 밖에 법률의 범위 내에서만 자유로울 수 있었던 국민의 권리도 자유권, 사회권 등을 명기한 기본적 인권을 보장받게 된 점 등이다.

이와 같이 신헌법은 국민 주권의 원칙, 기본적 인권의 존중, 평화주의의 3대 원리에 바탕을 두고 있는데 일본의 정치는 이 세 가지 원리와 그 근본에 위치한 인간의 존엄성을 바탕으로 이루어진다.

천황 주권에서 국민 주권으로 바뀐 일본국 헌법에서의 천황의 지위와 역할을 보면, 천황의 지위는 "주권이 있는 국민의 총의(總意)"에 입각하여 "일본국의 상징이자 국민통합의 상징"이라고 규정되어 있다. 그 역할로는 예를 들어 국회의 지명에 의해 내각총리대신을 임명하고, 내각의 지명에 입각하여 최고재판소장을 임명하는 일과 같이 정치상의 권한이 없는 형식적인 국사(國事)나 제외국(諸外國)과의 우호의례에만 관여하는 것으로 되어 있다. 즉, 천황은 내각의 조언과 승인에 따라 형식적인 국사 행위를 하는 데 불과한 것으로 되어 있다. 결국 일본국 헌법에 의하면 천황은 정치상의 권한은 없지만 외교 의례상 원수로서의 대우를 받는 존재로 변화한 것이다.

일본국 헌법의 평화주의는 일본이 제2차 세계대전 당시 여러 나라에 가한 전쟁의 참상에 대한 반성에서 비롯된 것으로 철저한 전쟁 포기와 비무장 평화주의와 평화의 테두리 안에서 생존할 권리를 명시한 평화 헌법이다.

# 2. 대립 조정과 질서 유지를 위한 제도와 조직

## | 일본의 통치기구 |

### 1) 법률을 제정하는 국회

일본의 통치제도는 입법, 사법, 행정의 각 기관이 분립된 삼권분립제를 취하고 있는데 입법권은 1947년 제정된 일본국 헌법에서 규정된 국권 최고기관이자 유일한 입법기관인 국회가 담당하고 있다.

국회의사당

단원제인 한국의 국회와는 달리 일본의 국회는 양원제이다. 양원제란 의회가 2개의 합의체로써 구성되고, 원칙적으로 각 합의체가 각각 독립하여 결정한 의사가 일치하는 경우에 그것을 의회의 의사로 간주하는 의회제도를 말하는데 일본은 480명의 중의원(衆議院)과 242명의 참의원(參議院)으로 구성된 양원제를 채택하고 있다. 양원 모두 국민들의 선거에 의해 뽑힌 의원들로 조직되며 중의원 의원 선거는 일반적으로 총선거라고 하고 참의원 의원 선거는 통상선거라고 한다. 선거권은 20세 이상의 남녀 모두에게 주어지지만 피선거권은 참의원 선거와 도도부현(都道府縣) 지사만 30세 이상으로 정해져 있고 나머지는 모두 25세 이상의 사람에게 주어진다.

국회의 권한에는 내각총리대신의 지명, 내각 불신임 결의, 법률안 의결, 예산 의결, 결산 승인, 외국과의 조약 승인, 재판관에 대한 탄핵재판, 국정조사권, 헌법 개정의 발의 등이 있다. 특히 중의원은 법률안과 예산안의 선의권(先議權) 및 의결권(議決權), 조약의 승인, 내각총리대신의 지명 등에 관해 참의원보다 우위에 있으며 국정의 중심을 맡고 있다.

| | 중의원 | 참의원 |
|---|---|---|
| 의원수 | 480명 | 242명 |
| 임기 | 4년 | 6년(3년마다 정원의 반 교체) |
| 해산 | 가능 | 불가 |
| 피선거인의 연령 | 만 25세 | 만 30세 |
| 선출 방식 | 소선거구 300명<br>비례대표 180명 | 선거구 146명<br>비례대표 96명 |

중의원과 참의원의 비교

중의원의 임기는 원칙적으로 4년이지만 중의원 해산과 함께 임기도 만료하게 되어 있어 중의원이 조기 해산하게 될 경우에는 그 임기도 자연히 단축된다.

참의원은 임기 6년으로 비례대표제로 선출되는 전국구와 도도부현 단위로 구성되는 선거구별 선거를 통해 선출한다. 참의원에는 해산이 없고 3년마다 실시되는 선거에 의해 의원의 반수가 교체된다. 입법권은 양원이 공유하지만 양원에서 가결된 법률안이 법률이 된다. 단 양원의 의결 내용이 대립될 경우 중의원의 의결 내용이 참의원을 우선한다. 그 때문에 중의원과 참의원으로 나뉘는 일본의 국회는 선거에서 중의원 의석을 과반으로 차지하느냐 과반으로 차지하지 못하느냐에 따라 국정운영에 큰 영향을 끼치게 되는데 그 이유는 중의원 의석이 많아야 국정을 운영할 때 여러 가지 정책들을 빠르게 처리할 수 있기 때문이다. 이와 같이 중의원과 참의원이 국정에 끼치는 영향력이라는 측면에서 보면 참의원은 중의원보다 힘이 약한 의원이라고 생각할 수도 있다. 바로 이러한 이유에서 참의원의 존재 의의 자체에 대해 회의적이고 비판적인 시각도 많다.



(1)국회의 구조

국회의 종류에는 상회(常會)라고도 불리는 통상국회, 임시국회, 특별국회, 참의원의 긴급집회가 있다. 국회의 소집은 보통 내각이 결정하지만 소집 자체는 천황의 국사행위로서 천황의 소집칙서(召集勅書) 공포에 의해 시행되며, 회기 첫날에 열리는 개회식에는 천황도 참석한다.

국회 내부

통상국회는 매년 1회, 1월에 소집되며 회기는 150일로 규정되어 있다. 임시국회는 재해대책 등을 위한 수정 예산과 법률안 심의가 긴급하게 필요할 경우, 중의원 의원의 임기 만료에 따른 총선거와 중의원 선거가 치러진 경우, 재적의원 4분의 1이상의 요구가 있을 경우 등 내각이 필요에 따라 소집한다. 특별국회는 총선거 후 30일 이내에 소집되는데 주요 안건은 내각총리대신의 지명이 된다.

⑵ 국회의 규칙과 해산

헌법에 정해진 특별 표결, 통상 표결은 과반수가 원칙으로 출석의원의 3분의 2이상이 찬성해야 한다. 헌법 개정은 중의원과 참의원을 합한 총의원의 3분의 2이상의 찬성이 필요하다. 또한 국회의 해산은 내각의 해산 결정에 의해 해산되는데 해산이 가능한 중의원에 한해서 이루어진다. 일반적으로 중의원에서 내각 불신임안이 가결되었거나 내각 신임안이 부결되었을 경우 내각도 중의원을 해산하는 일이 많은데 이 경우 10일 이내에 중의원을 해산하거나 혹은 내각이 총사퇴를 해야 한다.



**일본 국회의원은 어떤 특혜를 받을까?**

**1. 국회의원의 수입**

월수입: 130만 1000엔(연간 1561만 2000엔)
보너스: 연 2회 (연간 635만 4480엔)
문서 통신 교통 체재비: 월 100만엔 (연간 1200만엔)
합계: 3429만 480엔

도쿄 아카사카의 의원숙사

**2. 그 밖의 혜택**

-신칸센, 특급, 특실 등의 요금도 포함해 모든 JR선 무료
-월 4회의 항공권 무료
-임대료가 싼 의원 숙사(예를 들어 2007년에 완성된 도쿄의 일등지 아카사카(赤坂)에 있는 의원숙사의 경우 시가 45만엔 상당의 숙사가 9만엔)
-국비로 3명의 비서 고용 (제1 비서, 제2 비서, 국회의원 정책담당 비서)
-퇴직금과 연금 혜택(10년 이상 의원직을 하게 되면 퇴직금도 주어지고 연금제도도 잘 정비되어 있어 국회의원 이후의 품위를 유지하는 데 상당한 도움이 된다고 한다. 1년 단위로 치면 의원연금은 412만엔 정도가 되고, 재직 10년 이상이면 1년당 약 8만 2천엔이 증액된다.)

### 2) 행정권을 담당하는 내각

#### (1)의원내각제와 내각총리대신

일본은 대통령제를 채택하고 있는 우리나라와 달리 1885년에 처음 내각제가 도입된 이래로 행정권은 내각과 지방 공공단체, 행정 기관이 담당하고 내각이 의회에 대해서 책임을 지며 의회의 신임을 내각 존립의 조건으로 한다는 의원내각제를 채택하고 있다. 의원내각제에서는 대통령제와는 달리 수상은 국민이 직접 선출하는 것이 아니라 의원들에 의해 선출된다. 현행 내각제도는 1947년에 제정된 일본국 헌법의 규정에 입각해 있는데 의원내각제는 국회다수당의 당수가 내각을 수반하며, 내각은 국회 해산권을 가지고 국회는 내각 불신임권을 가진다. 대통령제에 비해 의원내각제는 정치적 책임에 민감하고 독재를 방지할 수 있다는 장점을 지니고 있는 반면 잦은 내각 교체로 인해 정국이 불안정할 수 있으며 다수당의 횡포가 우려되는 단점이 있기도 하다.



| 정부형태 | 대통령제 | 의원내각제 |
|---|---|---|
| 특징 | · 엄격한 삼권 분립<br>· 정부와 국회 관계 대등<br>· 정부의 국회 해산권 없음<br>· 국회의 내각 불신임권 없음<br>· 국회의원과 각료 겸직 불가 | · 입법과 행정권의 융합<br>· 국회 다수당의 당수가 내각 수반<br>· 내각은 국회해산권을 가짐<br>· 국회는 내각 불신임권을 가짐<br>· 국회의원과 각료 겸직 가능 |
| 장점 | · 대통령 임기 동안 정국 안정<br>· 국회 다수당의 횡포 견제 가능 | · 정치적 책임에 민감<br>· 독재 방지 |
| 단점 | · 정치적 책임에 둔감<br>· 독재 우려 | · 정국 불안정<br>· 다수당의 횡포 우려 |

대통령제와 의원내각제 비교

내각은 내각총리대신과 그 외의 국무대신으로 조직되어 있다. 내각을 대표하는 내각총리대신 즉 수상은 국회에 의해 선출되는데 양원은 각각 수상을 선출할 수 있지만 양원에서 선출한 수상 후보가 서로 다를 경우 중의원에서 선출된 후보가 수상이 된다. 대개는 다수 의석을 확보하고 있는 정당의 대표가 수상이 된다. 수상은 국회가 국회의원 중에서 지명하고 천황에 의해 임명되며, 일본의 실질적인 정치와 경제 전반을 책임진다.

행정권의 최고기관인 내각의 권한으로는 행정, 예산안 및 법률안에 관련된 의안을 국회에 제출할 권리와 외교문제, 조약의 조인 및 비준, 천황의 국사행위에 대한 조언과 승인, 최고재판소 장관 지명과 그 밖의 재판관 임명, 중의원 해산, 임시국회와 긴급집회 소집, 국가공무원의 임명 및 감독 등이 있다.

한편 수상의 주요 권한과 임무로는 내각 대표로서 행정부 각부의 지휘 감독과 국무대신 등 내각 각료들의 임명권 및 파면권 등이 있다. 또한 내각 불신임안이 중의원에서 가결되었을 경우 10일 이내에 내각이 중의원을 해산하지 않으면 내각 총사퇴를 할 수 있다.

### 야스쿠니(靖国) 신사와 총리의 신사참배

야스쿠니 신사

현재 야스쿠니 신사에는 청일전쟁, 러일전쟁, 만주사변 및 제2차 세계대전에서 숨진 군인과 군속의 위패가 보존되어 있으며, 가미카제(神風) 돌격대원의 동상과 유슈칸(遊就館)이라는 전쟁 박물관이 자리잡고 있다. 그러나 야스쿠니 신사는 원래 1869년 메이지 천황이 일본 군인들의 혼령을 위로하기 위해 만든 것이었다. 그러던 것이 제국주의 시대에는 군국주의 정책을 종교적으로 뒷받침하는 역할을 했으며, 천황 숭배와 군국이념을 조장하는 상징 코드로 이용되었다. 그 때문에 제2차 세계대전이 끝난 후 일본에 진주한 맥아더 사령부는 야스쿠니 신사와 국가의 연결선을 끊기 위해 국영 신사로의 특권적 지위를 박탈하였다.

이러한 야스쿠니 신사가 정치적인 화두로 뜨겁게 등장하게 되는 것은 1978년 전쟁 당시 수상이었던 도조 히데키(東條英機)를 비롯한 A급 전범 14명의 위패가 합사되면서부터이다. 전쟁과 폐해를 당연한 역사로 받아들이고 미화하려는 일본내 보수 우익 세력의 참배 요구는 여전히 거센 반면, 침략당한 아시아 국가들 특히 한국과 중국의 입장에서 보면 표면적으로는 마땅히 해야 할 사과조차 없이 전쟁 조장국의 현 총리가 그들 전범에 고개 숙여 참배하는 저의는 '전쟁책임을 부인하는 뻔뻔한 행위'라고 밖에 볼 수 없기 때문이다. 그러기에 현 총리의 신사참배는 단순히 개인의 종교적 의지를 표현하는 것 이상의 정치적 의미가 담겨 있다고 볼 수 있다. 역대 수상 역임자 중 특히 고이즈미 총리는 자신의 우익 정치 성향을 여지없이 야스쿠니 신사 참배를 통해 풀어낸 것으로 유명한데, 그는 한국이나 중국, 대만의 눈치를 의식하면서도 자국의 기득 세력과 지지 기반에 보다 애착을 갖고 행동하였다. 또한 아베 신조 총리는 자학하는 역사관을 지양하고 '아름다운 일본'을 만들고자 애국심을 고취하는 언동과 정치관을 견지하고 있으며, 총리가 되기 전부터 총리가 되면 당연히 야스쿠니 신사를 참배하겠다고 선언한 초우익적 인물이기도 하다.

이에 반해 2009년 8월 총선에서 자민당에 압승을 거두어 반세기만에 정권교체를 이뤄내고 제93대 일본 총리로 선출된 하토야마 유키오는 선거전 때부터 야스쿠니 신사 참배에 반대하는 입장을 표명한 바 있다. 또한 뒤를 이은 제94대 수상 간 나오토(菅直人)는 "야스쿠니 신사에는 A급 전범이 합사되어 있어 총리나 각료의 공식 참배는 문제가 있다고 생각한다"고 말하며 자신의 재임 중 야스쿠니 신사 참배는 하지 않겠다는 뜻을 밝히기도 하였다.

(2) 일본의 행정 조직

일본의 행정 조직은 1부(府) 12성청(省廳)으로 조직되어 있다. 내각부(內閣府)를 중심으로 총무성(總務省), 법무성(法務省), 외무성(外務省), 재무성(財務省), 문부과학성(文部科學省), 후생노동성(厚生勞働省), 농림수산성(農林水産省), 경제산업성(經濟産業省), 국토교통성(國土交通省), 환경성(環境省), 방위성(防衛省) 11성과 국가공안위원회(경찰청) 1청이 포함된다. 특히 2007년 1월 1일부터 중앙 행정조직 중에 방위청이 방위성으로 승격되었는데, 방위성 승격에 관련된 다른 개정 법안에는 자위대법을 개정해 자위대의 국제평화협력 활동을 부수적인 임무에서 본연의 임무로 격상하는 내용이 포함되어 있다.

일본의 각료는 군국주의의 부활을 두려워한 GHQ의 정책에 따라 일본국 헌법에 의하면 총리대신 이외의 국무대신은 문민이어야 한다고 정해져 있다. 또한 총리대신이 국무대신을 임명하되 국무대신의 과반수를 국회의원에서 선출해야 한다고 규정되어 있다.

통상 총리를 비롯한 각 성과 청의 수장을 통칭하여 국무대신이라고 한다. 보통 성의 수장은 ㅇㅇ대신, 또는 ㅇㅇ상으로 불리고, 청의 수장은 ㅇㅇ장관으로 불린다. 단 내각 전체를 총괄하는 내각 관방의 수장은 관방장관이라고 부르는데 이는 총리와의 상하 구분을 위한 예외적인 경우이다.

**관료제와 행정시스템**

일본의 근대적 관료제는 메이지 정부에 의해 통독 이전의 프러시아 행정조직을 기반으로 성립되었다. '작은 정부'를 추구하는 일본은 다른 선진국에 비해 공무원 수가 적은 편인데, 일본의 공무원은 국가공무원, 지방자치체의 지방공무원, 공공기업체의 직원 등으로 채용되며, 총무성과 인사원이 감독하고 노동쟁의권과 단체교섭권은 인정되지 않는다.

특히 퇴직한 고급관료 등이 관청 등의 조직 외부에서 그 활동이나 사업을 지원하는 단체나 관련 깊은 민간기업 등의 좋은 지위로 취직하는 소위 낙하산 인사를 일본어로는 '아마쿠다리(天下り)'라고 하는데 1990년대 말 이 아마쿠다리 관행에 대한 비판이 거세져서 2000년부터는 모든 상급 공무원이 재취직하는 상황을 공표해서 불투명한 인사 관행이 이루어지지 않도록 하고 있다.

또, 일본에서도 행정개혁이 자주 거론되는데, 이는 행정의 간소화와 효율성, 투명성을 추구하여 국민들에게 신임 받는 관료사회를 만들기 위함이다.



### 3) 사법권을 행사하는 재판소

사법권은 최고재판소를 비롯해 법률에 의거하여 설치된 하급 재판소에 속한다. 하급재판소에는 고등재판소, 지방재판소, 가정재판소, 간이재판소가 있고 국회에는 재판관 탄핵재판소가 있다. 최고재판소는 모든 사법사건의 최종결정을 위한 종심(終審)재판소로 법률, 명령, 규정이나 행정행위의 위헌심사권을 지닌다. 최고재판소 장관은 내각이 지명한 후, 천황이 임명을 하고, 최고재판소 재판관은 내각이 임명한다. 또한 최고재판소 장관과 그 외의 최고재판소 재판관은 임명 후 국민심사를 받으며 이후 10년이 경과할 때마다 재차 국민심사를 받게 되어 있다. 최고재판소는 1명의 장관과 14명의 재판관으로 구성되어 있다. 고등재판소는 주요 도시 8곳에 있으며 지방재판소는 각 도부현에 1개, 홋카이도 4개로 전국에 모두 50개소가 있다. 가정재판소는 지방재판소에 병설되는데 가정 내의 불화나 소년 범죄를 다루고, 간이재판소는 교통위반과 같은 경범죄를 다루는 재판소이다.

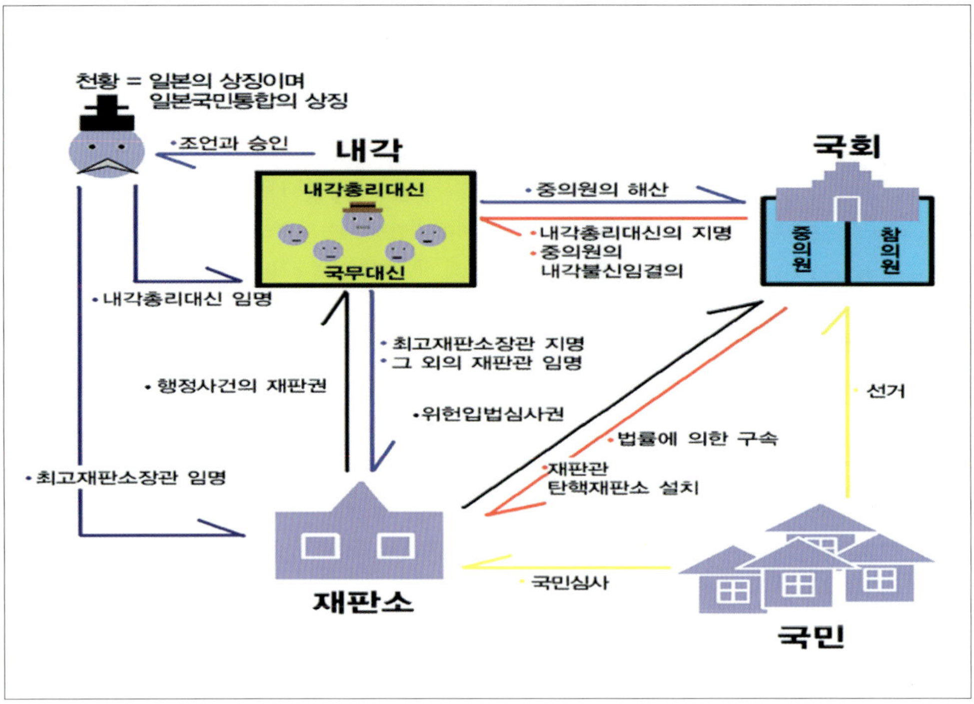


일본의 통치기구



| 정당 |

1) 일본의 정당 시스템과 자유민주당

일본 정당은 1870년대 자유민권운동을 주도했던 세력에 의해 처음 결성되었는데 일본 최초의 정당은 1874년 이타가키 다이스케(板垣退助 1837~1919) 주도로 결성된 애국공당(愛國公堂)이다. 이후 정부의 탄압과 정당간의 투쟁에도 불구하고 많은 정당이 등장했지만 전후 신헌법 발표(1946) 이전까지 참다운 정당정치는 실현되지 못했다. 이와 같은 정당 난립의 상황은 전후에도 계속되다가 1955년 10월 우파와 좌파로 분열되었던 일본사회당(日本社會党)이 재통합되면서 진보계 정당 세력을 대표하게 되었다.

한편 이러한 진보정당들의 움직임에 대해 보수진영인 일본자유당(日本自由党)과 일본민주당(日本民主党)이 같은 해 11월에 당을 통합하여 자유민주당으로 출범하면서 일명 '55년 체제'라고 하는 일본 정당의 대립 구도가 형성되게 된다. 자유민주당의 기본 정책으로서 외교 안보면에서는 미일안보조약을 축으로 자위력(自衛力) 증강을 주장하고, 내정면에서는 고도의 경제 성장 정책을 펴왔으며, 전쟁포기를 규정한 현 헌법의 개정을 시도하고 있다.

보수 우경 성향이 강한 일본의 대표당 자민당이 1955년 이후 국회 양원에서 과반수 의석을 차지한 후 55년 체제에서는 자유민주당이 항상 여당이 되었고, 국회에서는 자민당의 총재가 내각총리대신으로 지명되어 왔다. 자민당은 패전 직후 재건에 박차를 가해 전후 복구와 경제 성장이라는 목표 하에 일본을 세계경제대국으로 성장시키는데 성공함으로써 장기집권을 해 올 수 있었다.

1980년대 후반 이후 자민당의 정치 부패와 금권정치에 대한 비판 여론이 고조되기 시작하여 1993년 중의원 선거에서 38년간 집권한 자민당이 과반수 의석 확보에 실패하면서 55년 체제는 무너지게 된다.

그 후 다시 자민당은 여당의 자리를 회복하여 2009년 8월까지 2년 5개월 정도를 제외하고 장기집권을 이어 오다가 2009년 8월 30일에 실시된 총선에서 민주당에 패배해 54년 만에 정권교체가 이루어졌다. 그러나 2012년 총선에서 압승을 거둔 자민당은 3년 3개월만에 정권을 회복하여 다시 여당으로 복귀함으로써 제1당으로서의 자리를 지켜오고 있다.



### 3)일본의 정당

현재 일본에는 많은 정당과 지역정당이 존재하지만, 2013년 5월 현재 국회에 의석을 보유하고 있는 상위 10개 정당은 일본의 2대 정당인 자유민주당과 민주당을 비롯해 공명당, 민나노토(みんなの党), 세카쓰노토(生活の党), 일본공산당, 사회민주당, 미도리노카제(みどりの風), 신당개혁, 국민신당 순으로 각각 의석수를 차지하고 있다. 이들 가운데 주요 정당은 대개 이념에 따라 보수와 진보로 나뉘는데 흔히 자유민주당, 민주당, 공명당, 국민신당 등은 보수 정당으로 구분되고, 사회민주당, 일본공산당 등은 진보정당으로 구분된다.

| 정당명 | 중의원 | 참의원 | 합계 |
|---|---|---|---|
| 자유민주당(1955~) | 295 | 84 | 379 |
| 민주당(1998~) | 57 | 84 | 141 |
| 일본유신회(2012~) | 53 | 3 | 56 |
| 공명당(1964~1994, 1998~) | 31 | 19 | 50 |
| 민나노토(2009~) | 18 | 13 | 31 |
| 세카츠노토(2012~) | 7 | 8 | 15 |
| 일본공산당(1922~) | 8 | 6 | 14 |
| 사회민주당(1945~) | 2 | 4 | 6 |
| 미도리노카제(2012~) | 2 | 4 | 6 |
| 신당개혁(2008) | 7 | 5 | 12 |
| 국민신당(2005~) | 0 | 2 | 2 |

상위 10개 정당의 의석수(2013. 5)



## 전후 일본 수상의 재임기간은 얼마나 될까?

| | 수상 | 재임기간 | 퇴임 사유 |
|---|---|---|---|
| 1 | 히가시쿠니노미야 나루히코오 (東久邇宮稔彦王) | 1945.8.17.~1945.10.9.(54일) | GHQ와의 대립 |
| 2 | 시데하라 기쥬로 (幣原喜重郎) | 1945.10. 9 ~1946. 5 .2(226일) | 총선패배(자민당) |
| 3 | 요시다 시게루(吉田茂) | 1946.5.22~1947. 5 .24(376일) | 총선 패배(사회당) |
| 4 | 가타야마 데츠(片山哲) | 1947.6.1~1948.3.1일(284일) | 여당(사회당)내 정쟁 |
| 5 | 아시다 히토시(芦田均) | 1948.3.10~1948.10.15(224일) | 스캔들(쇼덴(昭電)사건) |
| 6 | 요시다 시게루(吉田茂) | 1948.10.19~1954.12.10(2244일) | 여당내 정쟁 |
| 7 | 하토야마 이치로(鳩山一郎) | 1954.12.10~1956.12.23(745일) | 자진사임(원만) |
| 8 | 이시바시 단잔(石橋湛山) | 1956.12.23~1957.2.25(65일) | 사망 |
| 9 | 기시 노부스케(岸　信介) | 1957.2.25~1960.7.19(1241일) | 60년안보투쟁 |
| 10 | 이케다 하야토(池田勇人) | 1960.7.19~1946.11.9(1575일) | 사망 |
| 11 | 사토 에사쿠(佐藤榮作) | 1946.11.9~1972.7.7(2798일) | 자진사임(원만) |
| 12 | 다나카 가쿠에(田中角榮) | 1972.7.7~1974.12.9(886일) | 스캔들(룻키드사건) |
| 13 | 미키 다케오(三木武夫) | 1974.12.9~1976.12.24(747일) | 자민당 분열 선거 |
| 14 | 후쿠다 다케오(福田赳夫) | 1976.12.24~1978.12.7(714일) | 총재선 패배 |
| 15 | 오히라 마사요시(大平正芳) | 1978.12.7~1980.7.17(589일) | 사망 |
| 16 | 스즈키 젠코(鈴木善幸) | 1980.7.17~1982.11.27(866일) | 자진 사임(원만) |
| 17 | 나카소네 야스히로(中曾根康弘) | 1982.11.27~1987.11.6(1804일) | 자진 사임(원만) |

| 18 | 다케시타 노보루(竹下登) | 1987.11.6~1989.6.2(575일) | 리크루트 사건 |
|---|---|---|---|
| 19 | 우노 소스케(宇野宗佑) | 1989.6.2~1989.8.9(69일) | 참원선 패배 |
| 20 | 가이후 도시키(海部俊樹) | 1989.8.9~1991.11.5(819일) | 여당내 정쟁 |
| 21 | 미야자와 기이치(宮澤喜一) | 1991.11.5~1993.8.6(641일) | 자민당 최초의 하야 |
| 22 | 호소카와 모리히로(細川護熙) | 1993.8.6~1994.4.25(263일) | 총리의 금전 스캔들 |
| 23 | 하타 츠토무(羽田孜) | 1994.4.25~1994.6.29(66일) | 여당내 정쟁 |
| 24 | 무라야마 도미이치(村山富市) | 1994.6.29~1996.1.11(562일) | 자진 사임(원만) |
| 25 | 하시모토 류타로(橋本龍太郎) | 1996.1.11~1998.7.30(932일) | 참원선 패배 |
| 26 | 오부치 게조(小渕惠三) | 1998.7.30~2000.4.5(616일) | 사망 |
| 27 | 모리 요시로(森喜朗) | 2000.4.5~2001.4.26(387일) | 여당내 정쟁 |
| 28 | 고이즈미 준이치로(小泉純一郎) | 2001.4.26~2006.9.26(1980일) | 자진 사임(원만) |
| 29 | 아베 신조(安倍 晋三) 1차 | 2006.9.26 ~2007.9.26(366일) | 자진 사임 |
| 20 | 후쿠다 야스오(福田 康夫) | 2007.9.26~2008.9.24(364일) | 자진 사임 |
| 31 | 아소 다로(麻生 太郎) | 2008.9.24~2009.9.16(358일) | 총선 패배 |
| 32 | 하토야마 유키오(鳩山 由紀夫) | 2009.9.16~2010.6.4(262일) | 자진 사임 |
| 33 | 간 나오토(菅直人) | 2010.6.8~2011.9.2(452일) | 자진 사임 |
| 34 | 노다 요시히코(野田 佳彦) | 2011.9.2~2012.12.26(482일) | 총선 패배 |
| 35 | 아베 신조(安倍 晋三) 2차 | 2012.12.26~ | |

전후 일본의 역대 수상들의 사임 이유야 제각기 다르지만 전체적으로 전후 역대 수상들의 평균 재임 기간이 불과 2년 남짓한 정도로 매우 짧다는 점은 주목할 만한 점이라 하겠다. 또한 이른바 55년 체제 이후 호소카와 · 하타 내각, 하토야마 · 간 · 노다 내각을 제외하면 모두가 자민당 정권이라는 점도 간과할 수 없는 일본 정치의 특징이라고 하겠다.



(박미경)

Answer 1. × 2. ○ 3. × 4. ○ 5. ○

이야기와 감동이 있는
일본문화 탐방

chapter 16

# 일본 사회를 지탱하고 있는 여러 제도들

1. 일본 가족의 어제와 오늘
2. 일본 교육의 과거와 현주소
3. 고령화되어가는 일본 사회와 그를 지탱하는 제도들

chapter 16

# 일본 사회를 지탱하고 있는 여러 제도들

풀어봅시다

1. 딩크족은 정상적으로 부부생활을 하면서 의도적으로 자녀를 갖지 않는 맞벌이 부부를 말한다.( )
2. 일본에서는 부부가 같은 성을 사용한다. ( )
3. 일본의 의무교육은 고등학교까지이다. ( )
4. 일본의 신학기는 4월에 시작된다. ( )
5. 일본의 국민연금 가입자는 65세부터 연금을 받을 수 있다. ( )

# 일본 사회를 지탱하고 있는 여러 제도들



사회제도란 한 사회에 의하여 지지되고 있는 조직화된 행위양식을 말한다. 이와 같은 사회제도에는 가족제도, 교육제도, 사회보장제도 등이 있는데 이 중 가족제도는 가족의 구성이나 기능을 규제하는 사회제도, 혹은 그것에 의하여 결정되는 가족형태를 말한다. 즉 가족의 생활을 규제하는 법률, 도덕, 관습 등의 총체를 말한다. 또한 교육제도는 교육에 관한 조직, 작용 따위가 법규에 따라 성립된 제도를 말하며 사회보장제도는 사회보험, 공적부조, 사회복지제도와 같이 노령, 병, 실업, 장애 등의 생활상의 문제에 대해 빈곤의 예방, 생활의 안정 등을 위해 사회적으로 소득이나 의료에 대한 서비스를 제공하는 제도를 말한다. 이러한 사회제도는 사회의 발전단계와 경제구조나 정치형태와 밀접한 관계를 맺고 있어 각 민족마다 그 사회의 형편에 따라 다양한 양상을 나타낸다.

# 1. 일본 가족의 어제와 오늘

## | 일본 가족제도 |

### 1) 가족제도의 역사

일본에서 가족이라는 말이 처음 사용되기 시작한 것은 메이지시대로 그 이전에는 이에(家いえ)라는 말이 사용되었다. 이에의 구성원은 대개는 부모자식, 형제관계이거나 부부관계로 엮어지는 사람들이다. 이에에는 그 이에를 일으킨 시조가 있고 시조로부터 선대(先代)까지가 조상이 되며 제사와 숭배의 대상이 된다. 이에는 가업(家業)을 가지고 이를 영위하며 가문의 격에 따라 다른 이에와 상하관계를 유지하면서 사회를 구성해 왔다.

일본 가족제도의 역사를 좀 더 구체적으로 살펴보면 헤이안(平安)시대에 시배계층인 귀족을 중심으로 일정한 형태의 가족제도가 등장했고, 일족 중에서 가장 유능한 자손이 본가(本家)의 양자(養子)가 되어 가독(家督 그 집의 상속인, 장남)을 계승하였다.



가마쿠라(鎌倉)시대에는 헤이안시대와 같이 장자 또는 적자의 구별이 없이 가장 유능한 자손을 가독으로 임명했고, 분할상속제가 이루어져 여성에게도 재산권과 상속권이 인정되었다.

또한 에도시대에는 사농공상의 엄격한 신분제도가 도입되어 가부장제적 가족제도가 확립되었다.

메이지유신 이후에는 신분제가 폐지되고 평민들에게도 성씨가 허용되었다. 또한, 1872년 근대적 호적제가 시행되면서 일본인은 하나의 이에에 속하게 된다. 즉 메이지 정부가 일본은 천황가를 종가로 하는 만세일계(万世一系)의 가족국가라는 이데올로기를 정착시키기 위해 모든 국민들에게 호적제를 시행하여 호주의 권리를 강화하는 가부장제적 이에제도를 도입한 것이다. 이에제도는 호주에 의해 통솔되어 온 대가족 제도로 개인보다는 가족 집단을 중요시하고 강력한 가장의 권력과 권위에 의해 유지되는 가족제도인데 결혼한 부부는 동일한 이에에 속하지만 성씨를 바꾸지 않았다.

1898년 메이지민법이 시행되면서 일본의 가족제도는 근대적인 가족법에 의해 규율되게 된다. 호주에게는 모든 가족 구성원을 통솔할 권한이 부여되고, 상속은 가독 상속제로 장남이 단독으로 상속하게 된다. 또한 부부는 동일한 이에에 속하며 결혼한 여성은 남편의 성으로 변경하게 하였다. 또한 아내는 법률상 무능력자로 규정하여 법률 행위를 할 수 없게 하고 독자적인 재산권이 인정되지 않았으며, 자녀에 대한 친권자 권리도 인정되지 않았다.

1947년에는 천황 주권의 메이지 헌법이 폐지되고 민주주의적이고 평등주의적인 주권재민의 신헌법이 도입되었으며 메이지 이후 지속되어 온 이에제도가 폐지되어 장자 단독상속제에서 형제균등상속제로 바뀌게 된다. 또한 부부는 새로운 호적을 만들 수 있어 부부 중심의 근대적 혼인 가족제도가 성립된다. 그러나 가족 공동체 관념이 유지될 수 있도록 부부는 동일 호적에 기재되도록 하고 가족 구성원은 동일한 성씨를 갖게 하였다.

현행 민법에서는 처의 법률상 무능력자 규정이 폐지되고, 남편의 아내 재산 관리권, 이혼 시 처의 재산분할청구권이 인정된다.

### 일본의 양자제도

한국 사회에서는 전통적으로 아들을 중시하여 아들이 없는 집안에서는 어떻게 해서든 아들을 낳아 대를 이어가기 위해 노력했다. 이에 반해 일본에서는 아들이 없거나 딸만 있는 경우 혹은 자식이 없는 경우 다음과 같은 방법으로 가계와 제사를 계승하고 있다.

① 사위를 양자로 들이는 경우
사위를 양자로 받아들이는 경우 사위는 자신의 부모로부터 물려받은 성을 버리고 자기 아내의 성을 따르게 된다. 따라서 자신은 물론 자식까지도 처가의 자손이 된다. 이런 사위를 양자사위(데릴사위)라고 부른다.

② 친동생을 양자로 들이는 경우
친동생을 양자로 들이는 경우 형제관계는 소멸되고 부자관계가 존재하게 되는데 이러한 양자를 순양자라고 한다.

③ 양녀와 양자를 들이는 경우
양녀와 양자를 들이는 경우 먼저 양녀를 맞이한 다음 양자사위를 맞이하는 방법과 양자를 먼저 받아들인 다음 결혼시켜 가계를 계승해 나가는 방법이 있다.

### 2) 가족형태의 변화

#### (1) 핵가족화

일본의 가족형태는 가부장제를 기초로 하는 대가족이 일반적이었으나, 최근에는 핵가족화가 진행되고 있다. 그 이유로서는 집단 중심의 이에제도의 붕괴로 인한 가부장제의 약화와 급속한 산업화, 도시화로 인한 단신부임의 증가 등을 들 수 있다. 또한, 개인주의적 사회관의 확산과 대학 진학 후 자녀의 자립 등으로 핵가족화가 급속히 진행되고 있다.

#### (2) 새로운 가족형태의 등장

핵가족화와 함께 20세기 후반부터 일본에서는 딩크족, 편부모가족, 재혼가족, 독신가족 등의 새로운 가족형태가 등장하게 된다. 딩크족은 'double income, no kids'의 약칭으로 1986년경 미국에서 만들어졌으며 정상적인 부부생활을 하면서 의도적으로 자녀를 갖지 않고 맞벌이를 하는 젊은 부부를 말한다. 편부모가족은 부모 중 어머니 아버지 중 한쪽으로만 구성된 가족을 말하며 재혼가족은 이혼 경험이 있는 사람으로 구성된 가족, 독신가족은 결혼하지 않은 사람으로 구성된 1인 가족을 말한다. 이러한 새로운 가족 형태는 20세기 후반 일본뿐만 아니라 세계적으로 등장하여 계속하여 증가하고 있는 추세이다.

| **일본의 성씨** | 일본에서 지배층인 귀족이나 무사만 가질 수 있었던 성을 일반 서민이 가지게 된 것은 메이지유신 이후로 메이지정부가 1875년에 성의 보유를 의무화하면서부터이다. 그러나 오랜 동안 성 없이 살아 온 일반서민이 성을 짓는 것은 어려운 일이었다. 스스로 자기의 성을 지은 사람도 있었지만, 대부분 무지했던 서민들은 배운 사람에게 성을 지어 달라고 부탁했고, 심지어는 호구조사를 하는 관리에 의해 급히 만들어진 성도 적지 않았다. 일본에서 현재 쓰이고 있는 성씨는 약 12만 가지에서 17만 가지로 추정된다.

**전국 성씨 순위**

| 전국순위 | 성씨 | 전국순위 | 성씨 |
|---|---|---|---|
| 1 | 사토(佐藤) | 6 | 와타나베(渡辺) |
| 2 | 스즈키(鈴木) | 7 | 야마모토(山本) |
| 3 | 다카하시(高橋) | 8 | 나카무라(中村) |
| 4 | 다나카(田中) | 9 | 고바야시(小林) |
| 5 | 이토(伊藤) | 10 | 가토(加藤) |

일본에서 인명에 쓰이는 한자는 상용한자 1945자 외에 284자의 한자가 있는데 이는 글자만을 제한한 것일 뿐, 같은 한자라고 하더라고 여러 가지 방법으로 읽을 수 있다. 따라서 일본인과 만나 명함을 주고받을 때에는 반드시 명함 뒤에 적혀진 로마자 표기를 확인한 뒤에 상대방의 이름을 불러야 실수하지 않는다. 그러나 워낙 성이 많고 읽는 방법이 다양하여 성을 보고 어떻게 읽어야 하는지 물어봐도 실례가 되지 않는 경우가 많다.

또한 성이 바뀌지 않는 한국과 달리 일본인들은 필요에 따라 성을 바꾸는 경우도 있는데 예를 들면 데릴사위가 처가의 성으로 바꾸어 그 집안을 계승하기도 하며 결혼한 여성들은 결혼전의 성을 그대로 쓰는 경우도 있으나 대부분은 남편과 같은 성으로 바꾸어 사용하는 경우가 많다.



## 2. 일본 교육의 과거와 현주소

**| 교육제도의 역사 |** 17세기에서 19세기 전반의 봉건시대에도 백성들 사이에서는 교육에 대한 열의가 매우 높았다. 당시 지배계급이었던 무사계급은 군사와 함께 행정을 담당하고 있었는데 지배계급의 자제에게 그에 필요한 교양이나 도덕 무예를 가르치는 번교(藩校)가 각지에 설

번교

데라코야

치되어 그들의 교육을 담당하였다.

서민들은 데라코야(寺小屋)에서 교육을 받았는데 데라코야란 읽기나 쓰기 등을 가르치는 한국의 서당과 비슷한 교육기관으로 초기에 절에서 교육을 담당했기 때문에 후에 이러한 이름으로 불리게 되었다고 한다. 이 데라코야에는 누구나 자유롭게 입학할 수 있었고 수업기한도 개인의 능력에 따라 정할 수 있었다. 이러한 번교와 데라코야 같은 교육기관이 에도시대 일본인들의 문맹률을 낮추는데 크게 기여하였다.

메이지시대에 이르러 일본 정부는 산업, 문화를 발전시키기 위해 서양의 학문을 도입하여 초등학교에서 대학교까지 일관되게 교육제도를 정비하였다. 그리하여 1872년 최초로 의무교육제도가 제정되고 1900년에는 6세부터 4년제 의무교육, 1907년에는 초등학교 6년제 의무교육이 시행되었다. 그 후 초등학교, 중학교, 고등여학교(高等女学校), 실업(実業)학교, 고등학교, 대학교가 많이 만들어지게 되는데 초등학교 외에는 희망자가 선택해서 입학하였으므로 진학률은 높지 않았다.



제2차 세계대전 후, 일본의 교육제도는 다시 전면적으로 개편되게 된다. 의무교육 기간은 초등학교 6년에서 중학교까지의 9년으로 늘어났으며, 진학률도 높아져 대다수의 사람들이 초등학교, 중학교, 고등학교뿐만 아니라 대학에 진학하게 되었다.

**| 학교 교육제도 |** 일본의 학교 교육제도는 한국과 같이 6, 3, 3, 4제도를 채택하고 있다. 즉, 초등학교 6년, 중학교 3년, 고등학교 3년, 대학교 4년으로 이 중 초등학교에서 중학교까지 9년간은 의무교육 기간이다.

#### 1) 초등학교

초등학교(일본에서는 소학교라고 칭함)는 만 6세부터 12세까지 아동들이 다니는 6년제 의무교육 단계의 학교이다. 초등학교는 1872년 발표된 학제에 의해 교육이 실시되고 있는데 초등교육기관으로서 모든 국민을 대상으로 한다. 전쟁 중에는 국민학교라는 명칭이 사용되었지만 메이지 이후 소학교라는 명칭이 다시 사용되게 되었다. 대부분의 아동들은 집 근처의 공립학교에 다니지만 일부 아동들은 사립 초등학교에 들어가기 위해 6세에 입학시험을 치르기도 한다. 초등학교에서는 일상생활에 필요한 기초과목을 학습하고 같은 선생님이 전 과목을 가르치는 경우가 많다.

#### 2) 중학교

중학교 역시 초등학교와 마찬가지로 1947년 전후 교육개혁으로 3년간의 의무교육으로 운영되고 있다. 공립 초등학교를 나온 대부분의 아동들은 집 근처 공립 중학교에 가게 되고 소수의 학생들만이 사립학교로 바꾸어 진학을 한다.

중학교에서는 사회의 일원으로서 필요한 기초적인 지식, 기능을 익히고 장래의 진로를 선택하는 능력을 기르게 된다. 중학교부터 각 과목을 전공한 교사가 가르친다.

#### 3) 고등학교

고등학교는 의무교육(초등학교 6년, 중학교 3년) 후의 상급학교로서 1948년에 발족되었다. 현재 일본의 고등학교 진학률은 90%이상으로 일본의 고등학교는 준의무교육화의 단계라고 할 수 있다. 고등학교에서는 사회의 유익한 형성자로서 필요한 자질을 기르고 개성에 맞춰 진로를 결정하기 위해 필요한 능력을 기른다.

일본의 고등학교는 보통과정과 전문과정으로 구분되는데 보통과정은 우리나라의 인문계 고등학교에 해당하는 대학진학 준비과정이며, 전문과정에는 수산, 농업, 공업, 상업, 가정, 간호과정 등이 있다.

#### 4) 대학교

대학은 교육기관임과 동시에 학술연구기관으로서의 역할도 지니고 있는 곳으로 지식을 폭넓게 익히고 전문 분야를 깊이 연구하는 기관이다. 「데이터북 국제노동비교 2008」(노동정책연구)에 따르면 일본의 대학진학률은 2007년 현재 53.2%로 한국의 82.8%, 영국의 61.2%에 비해서는 낮은 수치이나 미국의 51.1%, 프랑스의 40.0%에 비해서는 높은 수치를 나타내고 있다.

일본의 대학교육 기간은 4년이고 의대, 치대는 6년이며 대학원은 석사 2년 박사 3년이나, 의대, 치대는 석사과정 없이 박사과정만 4년이다. 그 외에 우리나라의 전문대학에 해당되는 단기(短期)대학과 고등학교와 단기대학이 합쳐진 고등전문학교(高等專門学校)가 있다.

도쿄대학 야스다강당

일본의 대학은 국립(国立), 현립(県立), 시립(市立)등의 국공립대학과 사립대학으로 나누어진다. 1991년까지 일본의 국립대학은 1877년 설립된 일본에서 가장 오래된 대학인 도쿄대학을 비롯해 97개교, 도쿄도립(東京都立)대학, 오사카시립(大阪市立)대학과 같은 공립대학이 39개교, 사립대학은 와세다(早稲田)대학, 게이오(慶應)대학을 비롯한 380여개교가 있으며, 이 외에 592개의 단기대학이 있다. 그러나 2004년 이후 대부분의 국립대학이 법인화되었다.

일본의 대학수업은 대부분 90분 단위로 이루어지며 한국과 마찬가지로 자신이 희망하는 수업을 신청하여 수강, 학점을 따는 시스템이다. 신학기는 4월에 시작되어 다음해 3월까지 1년이 되는데, 3학기제로 1학기는 4월에서 8월, 2학기는 10월에서 12월, 3학기는 1월에서 3월이다.



## 일본의 입학시험과 교육문제

### 1) 입학시험

일본에서는 유치원, 초등학교, 중학교에서도 입학시험이 치러지고 있으나 고등학교, 대학교의 입학시험이 가장 중요하다.

고등학교 입학시험의 경우 사립 고등학교는 독자적으로 입학시험과 면접을 실시하고 공립학교는 입시 기준이 각 지역마다 정해져 있는데 일반적으로 중학교 성적과 영어, 수학, 국어, 사회, 이과의 5개 교과목의 필기시험에 의해 결정된다.

대학입시의 경우도 국공립대학과 사립대학이 다른데 국공립대학 입학시험의 경우 공통으로 보게 되는 우리나라의 대학수학능력시험과 같은 대학입시센터시험(1차시험)과 각 대학별로 실시하는 2차시험, 그리고 고교 성적이 종합적으로 더해져서 합격 · 불합격이 결정된다. 대학입시센터시험은 1979년도에 대학입시센터에서 정한 규정대로 문제가 출제되는데, 거의 30여년이 지난 지금까지 시험제도가 바뀌지 않고 그대로 진행되고 있다. 1차시험인 대학입시센터 시험은 국어 1과목, 사회 2과목(윤리 · 사회, 정치 · 경제, 일본사, 세계사, 지리A, 지리B 중 선택), 수학 1과목, 이과 2과목(과학, 물리Ⅰ, 화학Ⅰ, 생물Ⅰ, 지학Ⅰ 중 2과목 선택, 또는 기초이과 1과목 선택), 외국어 1과목 등 총 5교과 7과목으로 이루어져 있다.

한편 사립대학의 경우는 위의 모든 과목을 공부할 필요 없이 본인이 지망하는 대학에서 정한 과목만 공부하면 된다. 따라서 고등학교 1학년 때부터 국공립대학으로 진학할 학생과 사립대학으로 진학할 학생이 따로 공부하는 경우가 많다. 고등학교와 대학의 입학시험은 매년 1월부터 3월에 시행되며 복수지원이 가능하다.

### 2) 교육문제

일본은 출신교가 그 사람의 일생이나 경력에 결정적인 영향을 미치는 학력사회이이다. 일본의 대학 입학시험은 개인의 운명을 좌우하는 중대사로 간주되어 좋은 학교에 입학하기 위한 경쟁이 치열한데, 이에 따라 성적이 나쁜 학생의 등교거부와 청소년의 범죄와 같은 부작용이 발생하고 있다. 또한 교사가 학생들에 대한 통제력을 잃는 학급붕괴 문제와 이지메로 인한 등교거부, 자살, 정신장애, 비행 등의 여러 문제가 발생하여 각종 사회적 문제점을 야기하고 있다.



이러한 문제점을 해결하기 위해 일본에서는 유토리교육(ゆとり教育 유토리는 여유라는 의미)의 일환으로 주 5일제 수업을 실시하고 있으나 학력 및 학습의욕 저하의 문제점을 일으키고 있으며 입시제도가 바뀌지 않은 상황에서 학교에서의 부족한 학습시간을 채우기 위해 학생들은 학원에 다니는 시간이 늘어나게 되었다. 따라서 보다 근본적인 대책이 필요하다는 목소리가 높아지고 있다.

### 일본의 입시 필수품

한국에서는 대학입시를 앞둔 수험생에게 잘 붙으라는 의미로 엿을 선물하거나 두뇌의 회전을 돕는다고 하여 초코렛과 사탕 등을 선물하기도 하며 문제를 잘 풀라는 의미로 휴지를 선물한다. 또한 시험을 잘 보라는 의미로 거울을 선물하기도 하며 잘 찍으라는 의미로 포크를 선물하기도 한다.

이와 마찬가지로 일본에서도 입시를 앞둔 수험생에게 가쓰돈(돈가스덮밥에서 '돈가스'를 의미하는 '가쓰'와 '이기다'라는 의미의 '가쓰'는 동음이다)을 사주거나 킷캣(킷캣의 일본식 발음 '킷토 캇토(キットカット)'는 '반드시 이기자'라는 의미의 '깃토 가토(キットカトー)'와 음이 유사하다)을 선물한다.

가쓰돈

킷캣 초콜릿

문어 관련 입시용품

또한 최근에는 문어를 선물하기도 하는데 이는 놓기만 하면 통과한다(置くとパス)라는 일본어 발음 '오쿠토 파스'와 문어를 나타내는 영어 'octopus'의 일본식 발음 '오쿠토파스(オクトパス)'가 같기 때문에 생긴 것이다. 일본의 학문의 신이 모셔져 있는 다자이후 텐만구의 상점가에서는 문어로 된 열쇠고리, 문어로 된 부적 등을 흔히 볼 수 있다.



## 3. 고령화되어가는 일본 사회와 그를 지탱하는 제도들

### | 일본의 사회현상 |

#### 1) 저출산

일본에서 제2차 세계대전 이후인 1945년부터 1954년까지 출생아수가 연간 270만명 정도로 급증하게 되는데 이러한 베이비붐 시기에 태어난 세대를 단카이(団塊)세대라 부른다. 단카이란 일본어로 '뭉치, 덩어리'를 뜻하는 말로 동년배 사람의 수가 많기 때문에 마치 하나의 덩어리 모양을 이루어 나이를 먹어간다는 뜻에서 나온 말이다. 일본에서는 이 단카이세대 이후 출생률 하락 현상을 보이게 된다. 그 이후 1971년에서 1974년의 2차 베이비붐으로 출생아 수가 잠시 증가하게 되나 1979년 매년 하락하여 총 인구 감소현상을 보이게 된다.

인구감소의 가장 큰 원인은 저출산을 들 수 있는데 이러한 저출산현상이 일어나게 된 원인은 전후 급속한 산업화와 여성의 교육수준 향상, 남녀평등 인식의 확산, 여성의 사회진출 확대 등으로 일본인들의 결혼관과 자녀에 대한 가치관이 변화했기 때문이다. 또한 여성의 결혼과 출산으로 인한 퇴직현상 등 사회적 차별이 여성의 결혼과 출산을 저해하는 요소로 작용하였기 때문이다. 따라서 반드시 특히 젊은 여성층을 중심으로 독신을 추구하는 인식이 확산되면서 일본 사회의 출생률은 급격히 감소하게 된다.

**일본 출생률의 추이 (단위 100명당)**

| 연도<br>국가 | 70-75 | 75-80 | 80-85 | 85-90 | 90-95 | 95-00 | 00-05 | 05-10 |
|---|---|---|---|---|---|---|---|---|
| 세계 | 3.08 | 2.84 | 2.79 | 2.73 | 2.47 | 2.25 | 2.12 | 1.94 |
| 아시아 | 3.37 | 2.98 | 2.89 | 2.84 | 2.51 | 2.22 | 2.03 | 1.81 |
| 일본 | 1.90 | 1.52 | 1.28 | 1.12 | 0.99 | 0.94 | 0.89 | 0.75 |
| 한국 | 3.04 | 2.31 | 2.04 | 1.55 | 1.60 | 1.37 | 1.04 | 0.91 |



### 2) 고령화

저출산현상과 함께 의학의 발달과 생활수준 및 생활환경의 개선 등으로 평균수명이 길어지면서 고령화현상도 나타나고 있다. 전체 인구 대비 65세 이상의 인구의 비율이 14%에 도달한 사회를 고령사회(aged society)라고 하고 20%이상인 사회를 초고령사회(super-aged society)라고 하는데 일본은 2010년 현재 23%로 이미 초고령사회로 진입하고 있으며 2015년에는 25%, 즉, 4명 중 1명이 고령자가 될 전망이다.

2010년 일본의 남녀별 인구(단위%)

| | 남 | 여 | 합계 |
|---|---|---|---|
| 0-14세 | 14 | 12.6 | 13.3 |
| 14-64세 | 65.8 | 61.7 | 63.7 |
| 65세 이상 | 20.2 | 25.7 | 23 |

고령화는 서비스를 필요로 하는 인구의 증가와 세금, 보험료를 납입해야 하는 젊은세대의 상대적 감소를 의미하며 그 증가하는 비용을 어떻게 충당해야 하는지가 과제로 남게 된다.

"일본의 노령화 걱정스럽다"

2009년 11월 12일, 즉위 20년을 맞은 아키히토(明仁)천황은 "일본 사회가 급속하게 노령화하고 경제가 약해지는 것이 걱정스럽다"며 "일본 국민이 힘을 합쳐 난관을 극복하기를 바란다"고 말했다. 그는 또 일본 왕족의 수가 줄어드는 데 대해서는 "왕세자 부부의 생각이 존중돼야 한다"며 차세대의 의견이 우선이라는 시각을 분명히 했다.

-한국 「노년시대신문」 (2009년 11월 13일)-



## 일본의 사회복지제도

### 1) 사회복지제도의 역사

사회복지제도는 생활상 어떠한 지원이나 보호를 필요로 하는 미성년자, 고령자, 장애자 등의 생활의 질을 유지, 향상시키기 위한 서비스를 사회적으로 제공하는 것 혹은 그를 위한 제도나 시설을 정비하는 것을 가리킨다.

일본에서 근대국가로서의 사회복지제도와 정책은 구휼(救恤)규칙을 시작으로 다이쇼(大正)시대부터 쇼와(昭和) 초기까지 발전을 이루지만 당시에는 빈민이나 약자에 대한 자선적, 구빈적(救貧的) 요소가 강했다. 국가의 책무로서 사회보장정책이 본격적으로 시작된 것은 종전 이후로 우선은 패전 처리의 일환으로 시작되었다. 먼저 참전 군인이나 유족의 경제문제에 대처하기 위한 생활보호법이 만들어지고 전쟁고아를 위한 아동복지법의 제정, 아동보호시설이 만들어졌다. 다음으로 1950년 상이군인 등을 구제하기 위한 신체장애자복지법이 시행되는 등 사회복지제도가 정책으로서 확립되어 가게 된다. 그 후 1960년대에 현재의 지적장애자복지법, 노인복지법, 현재의 모자 및 과부복지법이 제정되었는데 이를 통칭하여 복지 6법이라 부른다.

1997년에는 본격적인 저출산 · 고령사회를 배경으로 아동복지법이 개정, 2000년에는 고령자를 위한 보건, 복지 서비스를 통합한 개호(介護 간호)보험법이 시행되어 사회복지제도는 아동복지와 고령자복지 서비스를 시작으로 이제까지의 조치제도에서 계약중심의 제도로 크게 전환된다. 또한 2006년에는 장애자립지원법이 시행되는데, 이와 같은 일련의 개혁을 사회복지 기초구조개혁이라고 부른다.

#### 2) 노인복지제도

고령자복지라는 것은 사회복지제도의 한 분야로 특히 고령자를 대상으로 한 서비스를 가리키며 노인복지라고도 불린다. 광의로는 고령자의 소득보장과 의료보장을 포함한다. 여기에서는 노인복지시설, 방문개호, 소득보장제도, 건강한 고령자들의 활동을 지원해 주는 제도에 대해 살펴보기로 한다.



##### (1) 노인복지시설

노인복지시설로는 노인데이서비스센터, 노인단기입소시설, 양호(養護)노인홈, 특별양호(養護)노인홈, 경비(軽費)노인홈, 노인복지센터, 노인개호지원센터 등이 있다.

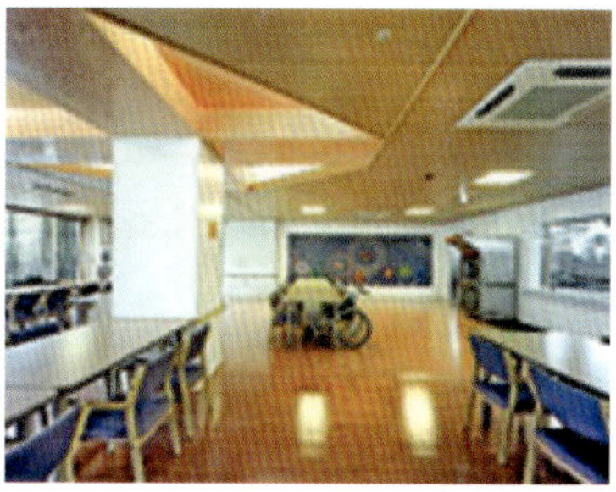

노인단기입소시설

노인데이서비스센터라는 것은 고령자의 입욕, 식사제공, 기능훈련, 개호방법의 지도, 그 밖의 편의를 제공하는 시설로 65세 이상의 노인이 신체상 또는 정신상의 장애로 일상생활을 영위하기 어려운 경우나 어떠한 사유에 의해 개호보험법에서 규정하는 시설에 다니는 것이 곤란하다고 인정되는 자가 대상이 된다.

노인단기입소시설이라는 것은 보호자의 지병과 그 외의 이유에 의해 자택에서 간호를 받는 것이 일시적으로 곤란한 고령자를 단기간 입소시키는 시설이다.

또한 양호노인홈이라는 것은 주로 경제적인 이유로 집에서 양호를 받는 것이 곤란한 65세

이상의 노인을 입소시켜 돌보는 시설이다.

특별양호노인홈은 항상 보호를 필요로 하지만 어떠한 사유로 자택에서 돌볼 수 없거나 개호보험법에서 규정하는 개호노인복지시설에 입소하지 못하는 자 등을 입소시켜 돌보는 시설이다.

개호노인복지시설

경비노인홈이라는 것은 무료 또는 저액요금으로 노인을 입소시켜 식사를 제공하거나 일상에 필요한 편의를 제공하는 시설이다.

또한 노인복지센터라는 것은 무료 또는 저액요금으로 노인에 관한 각종 상담을 해 주거나 노인 건강의 증진, 교양 향상 및 레크레이션 등의 편의를 종합적으로 제공하는 시설이다.

노인개호지원센터는 노인복지에 관한 전문적인 정보제공, 상담, 지도, 재택개호를 받는 노인과 그 보호자, 노인복지사업자 사이의 연락조정 등의 업무를 종합적으로 담당하는 시설이다.



(2) 방문개호

방문개호라는 것은 자택에서 사회복지사 또는 후생노동성령으로 정하는 자가 입욕, 배설, 식사 등의 개호, 그 밖에 일상생활에 필요한 도움을 제공하는 제도이다. 홈헬퍼서비스라고 하기도 한다.

방문개호

(3) 소득보장제도

소득보장제도에는 국민연금, 후생연금, 공제연금과 같은 공적연금제도와 생활보호제도가 있다.

국민연금은 20세 이상 60세 미만의 모든 국민을 대상으로 노령, 장애, 사망에 의한 소득의 상실, 감소 등 국민생활의 안정을 저해하는 요소를 국민공동연대에 의해 방지하여 건전한 국민생활을 유지 · 향상하기 위한 공적연금제도이다. 연금에 가입하여 납부하는 경우는 국민연금이라 불리지만 연금을 받는 경우는 연금의 종류에 따라 노령기초연금, 장해기초연금, 유족기초연금, 과부연금, 사망일시금이라 불리며 이 경우 국민이라는 용어는 붙지 않는다. 보험료는 전년도의 소득이 기준 이하인 경우 신청에 의해 보험료가 면제(전액 반액)되는 제도가 있고 소득이 기준 이하의 학생인 경우도 신청에 의해 보험료의 납부를 유예받을 수 있는 제도가 있다.

노령기초연금, 장애기초연금 및 유족기초연금은 필요한 보험료를 납부한 사람을 대상으로 일정한 요건 하에 지급되는데 지급되는 연금은 일본 국외에 거주하고 있어도 이주한 곳으로 송금하도록 되어 있다. 단 노령이 되었을 때 연금을 받기 위해서는 보험료를 25년 이상 납부해야 65세부터 받을 수 있다. 중노년이 되어서 일본에 거주하게 된 외국인 등은 국민연금의 가입기간이 부족할 경우가 있는데 영주허가를 받은 외국인에 대해서는 일본 국외에 거주하고 있던 기간도 국민연금의 가입기간으로 간주해 주는 등, 최근 일본에서 노후를 맞이하는 외국인이 연금을 수급할 수 있는 조치가 취해지고 있다.

그러나 일본사회에 저출산과 노령화가 급속히 진행되면서 이러한 연금제도가 붕괴될 것으로 예상되고 있다. 1995년에는 65세 이상의 노인 한 명을 4.4명의 생산연령층(15세에서 64세)이 부양하였으나 2025년이 되면 65세 이상의 노년층을 부양할 수 있는 인구가 2.2명으로 감소하게 될 것으로 예상되기 때문이다. 또한 오늘날의 연금수준이 계속 유지된다하더라도 퇴직 후의 가계지출을 충족시키지 못하여 퇴직자들은 일용직 근로와 기타 기금에 의존하게 될 것으로 예상된다.

후생연금이라는 것은 정식으로는 후생연금보험이라고 하고 주로 일본 민간기업의 노동자가 가입하는 공적연금제도이다. 가입자나 유족을 위해 노령연금, 장해연금, 유족연금이 사회보장청으로부터 지급된다.

공제연금은 사회보험의 하나로 국가공무원, 지방공무원, 사립학교의 직원 등이 가입하고 있는 공적연금제도이다.

마지막으로 생활보호제도라는 것은 일본의 정부, 자치단체가 경제적으로 곤궁한 국민에 대해 생활보호비를 지급하여 최소한의 생활을 보증하는 제도이다.

(4) 건강고령자의 활동

노인회

건강고령자의 활동을 지원하는 제도로서는 노인회, 노인클럽, 경로회 등도 있는데 이 조직은 지역에 소속된 고령자를 위한 복지를 목적으로 한 상호부조(相互扶助) 조직이다.

실버인재센터는 지역마다 한 개씩 설치되어 있는 고령자의 자주적 단체로 임시적, 단기적인 일을 청부, 위임의 형식으로 하는 공익 법인 사단이다. 그러나 취업 알선을 위한 조직은 아니다.

3) 아동복지제도

아동복지라는 것은 만18세 미만의 아동에 대해 이루어지는 복지정책을 가리킨다. 아동에 대한 복지는 종래 장애아, 고아, 모자 가정으로 대표되는 특별한 지원을 필요로 하는 아동에 대한 시책을 중심으로 행해져 왔다. 그러나 최근에는 특히 일본에서 저출산 현상이 급속히 진행되고 있는 점을 감안하여 모든 가정에서 아이를 낳아 기르기 쉬운 사회환경 조성을 위한 시책이 중심을 이루고 있다.



(1) 저출산 대책

일본은 미혼여성의 증가와 만혼의 증가, 결혼하고도 아이를 갖지 않는 가정의 증가로 인한 저출산 현상이 급속히 진행되고 있다. 정부는 이러한 저출산 대책의 일환으로 2003년 7월 차세대육성지원대책추진법을 시행하고 있는데 여기에서는 일본에서 급속히 진행되는 저출산에 사회전체가 대응해야만 한다는 관점에서 국가나 지방자치단체 뿐만 아니라 아이를 낳아 기르기 쉬운 환경을 만들기 위해 기업도 책임을 지지 않으면 안된다고 규정하고 있다.

구체적 대책으로서 국가, 지방자치단체, 300명 이상의 종업원을 고용하는 기업이 차세대육성을 위한 행동계획을 정하도록 하고 있는데 이 행동계획을 중심으로 육아 휴가의 취득 촉진, 보육소를 중심으로 한 육아지원센터의 창설, 아동수당제도의 확충 등의 시책이 검토 혹은 실행되고 있다.

### (2) 아동복지시설

아동복지시설은「모든 아동은 동등하게 생활이 보장되고 보호받지 않으면 안된다」(아동복지법 제1조 제2항)는 관점에서 건강한 성장을 저해하는 환경에 있는 아동을 각종 아동복지시설에 입소 혹은 다니도록 함으로써 그 회복을 도모하는 것을 목적으로 한다. 아동복지시설로는 유아원, 보육소, 아동양호시설, 아동자립지원시설, 아동가정지원센터 등이 있다.

유아원은 유아를 입학시켜 양육하고 또한 졸업한 자에 대해서 상담이나 그 밖의 지원을 하는 아동복지시설을 말한다. 아동양호시설이 원칙적으로 1세 이상의 아동을 양육하는데 반해 1세 미만의 유아를 주로 양육한다. 단 경우에 따라서는 초등학교 입학 전의 유아도 양육할 수가 있다.

보육소는 보호자가 일하는 등의 이유에 의해 보육할 수 없는 아동을 하루 단위로 맡아 양육하는 시설이며 보육원이라고도 한다.

보육소

아동양호시설이라는 것은 가정환경이 나쁘고 가정에서의 생활이 곤란하다고 아동상담소장이 판단한 아동을 양육하는 아동복지시설이다. 줄여서 양호시설이라고도 한다.



아동자립지원시설이라는 것은 범죄 등의 불량행위를 하거나 불량행위를 할 우려가 있는 아동, 가정환경 등 생활지도를 필요로 하는 아동을 입소 또는 다니게 하여 필요한 지도를 실시함으로써 자립을 지원하는 아동복지시설이다. 또한 퇴소 후의 아동에 대해서도 필요한 상담이나 도움을 주며, 입소는 아동상담소의 조치에 의하는 경우가 많다.

아동가정지원센터는 지역의 아동복지에 관한 모든 문제를 지도 · 조언하고 지역 주민과아동상담소, 아동복지시설의 연락조정을 하는 시설이다. 기본적으로 다른 아동복지시설에 병설된다.

### (3) 아동에 대한 수당

출산 육아를 하는 자에게 금전적 원조로서 건강보험제도상의 출산일시금제도나 아동수당과 같은 수당이 있다. 또한 장애아나 아버지가 없는 아동의 수당으로서 장애아복지수당, 아동부양수당, 특별아동부양수당 등의 제도도 있다.

(4) 아동상담소

일본의 도도부현(都道府県)과 정령지정(政令指定)도시는 아동상담소를 설치할 의무가 있다. 아동상담소는 부모의 육아에 관한 상담이나 아동학대에 관한 신고 등을 받아 적절한 조치를 취하도록 지도하거나 상담소 내의 일시 보호소에 아동을 보호하거나 각종 시설 등에 위탁하는 등의 조치를 취한다.

(금종애)



Answer 1. ○ 2. ○ 3. × 4. ○ 5. ○

이야기와 감동이 있는
일본문화 탐방

chapter 17

# 조직과 노력의 미학 일본의 스포츠

1. 무도(武道)에서 스포츠로
2. 놀이와 경쟁에서 거대 상품이 된 대중 스포츠

chapter 17

# 조직과 노력의 미학 일본의 스포츠

풀어봅시다

1. 일본에서 가장 인기 있는 스포츠는 축구이다. (   )
2. 일본의 국기(國技)인 스모는 일본인만 선수가 될 수 있다. (   )
3. 유도에서 유효 10개는 한판에 해당된다. (   )
4. 고시엔은 전국고교야구선수권대회를 가리킨다. (   )
5. K-1은 전 세계에서 가장 강한 무술을 뽑는다는 취지로 일본에서 만들어졌다. (   )

# 조직과 노력의 미학
# 일본의 스포츠



지역에 따라 나라별로 각각 즐기는 스포츠는 다르지만, 현대인에게 스포츠는 단순한 즐거움을 넘어 하나의 문화로서 큰 위치를 차지하고 있다. 정규 뉴스 다음에 스포츠 뉴스가 별도로 편성될 정도로 스포츠는 거대 산업으로 성장해 있으며, 일반인들도 생활 속에서 다양한 스포츠를 직접 즐기고 있다.

일본인이 즐기는 스포츠는 전통적인 것과 현대적인 것이 공존하는 그들의 문화적 특징을 반영하고 있는데, 오랜 역사를 가진 스모와 유도, 가라테 등의 전통 스포츠와 야구, 축구, 배구 같은 현대 스포츠가 인기가 있다. 또한 이런 스포츠는 오랜 기간의 훈련과 노력을 요하는 것이며 개인보다는 조직적인 면이 중요시 되고 있는 바, 일본인의 특성과도 무관하지 않다.

# 1. 무도(武道)에서 스포츠로

## | 스모(相撲) |

### 1) 스모의 역사

스모는 일본의 전통적인 격투기로 1909년 국기(國技)로 제정되었다. 기원은 정확하지 않으나 8세기 초에 편찬된『고사기』(古事記)와『일본서기』(日本書紀) 등의 기록으로 볼 때 2천년에 가까운 역사를 가지고 있다. 옷을 거의 입지 않고 도구를 쓰지 않고 두 선수가 힘과 기량을 겨루어서 먼저 넘어뜨리거나 밖으로 밀쳐낸 선수가 이기는 형태는 한국의 전통 경기인 씨름, 몽골의 부흐, 중국의 쉬아이쟈오 등과 유사하다.

고대의 스모는 신도(神道)의 종교의식과 밀접하게 관련되어 있어 힘센 남자들이 신 앞에서 그 힘을 다해 경의와 감사를 나타내는 행위였다. 그 때문에 예의범절이 매우 중요시되었으며 현재도 엄격한 무도(武道) 무예(武藝)로 이해되고 있다. 또한 점을 치거나 촌락싸움의 해결 수단으로 행해졌다고도 추측되는데, 이러한 종교적 성격은 오늘날도 스모 경기 안에 남아있다.



스모는 나라(奈良)시대에 조정행사의 하나로 정착되었고 가마쿠라(鎌倉)시대는 무사들에게 적극적으로 장려되었다. 에도(江戸)시대에는 서민들에게 환영을 받아 점차 대중화되면서 직업선수까지 등장하였는데 지나친 사행성 때문에 스모 금지령이 내릴 정도였다. 18세기 이후부터 300여 년에 걸쳐 지금과 같은 경기제도와 규칙이 확립되었고 오늘날에는 일본 스모협회까지 결성되어 매우 조직적으로 프로 스모 경기를 운영하고 있다.

### 2) 스모의 용어

#### (1) 오즈모(大相撲)

에도시대부터 직업선수에 의해 행해진 종교의식, 혹은 경기를 말하는데 오늘날은 일반적으로 일본 스모협회에 의해 전국적으로 개최되는 프로 스모 경기, 나아가 그 단체를 가리키기도 한다. 오즈모의 공식전에 해당되는 혼바쇼(本場所)는 모두 15일 간의 일정으로 매년 6회 홀수 달에 진행된다.

(2) 도리쿠미(取組)

스모 경기의 한 시합을 이르는 말이다. 넓은 뜻으로 맞수를 가리키기도 한다.

(3) 도효(土俵)

스모 경기를 하는 장소, 경기장의 이름이다. 흙(土)을 잔뜩 넣은 가마니(俵)라는 의미에서 나왔다.

오즈모

도효

요코즈나



(4) 리키시(力士)

스모를 하는 선수를 리키시 또는 스모토리(相撲取)라고 부른다. 스모 선수는 실력에 따라 계급이 정해지는데 제일 아래 단계인 조노구치(序口)부터 가장 높은 등급인 요코즈나(横綱)까지 10계급이 있다. 인기있는 스포츠인 만큼 가장 높은 등급인 요코즈나는 일본 국민들의 인기를 독차지하며 부와 명예를 얻는다. 스모 선수 중에는 몽골, 미국, 불가리아 등 외국인 선수도 많이 있는데, 현재(2013년) 현역으로 뛰고 있는 요코즈나는 일본인이 아닌 몽골 출신 선수 하쿠호(白鵬翔)(2007년~)와 하루마 후지(日馬富士公平)(2012년~) 두 사람이다.

**똥비서?**

일본 스모 선수들의 평균 체중은 150kg 이상이다. 경기에 이기기 위해선 체격도 중요하기 때문이다. 하지만 스모를 위해 일부러 몸을 불린 이들이 일상생활에서는 많은 불편을 겪는다. 고개를 숙여 세수를 하거나 앉았다 일어났다 하는 일상생활도 많이 불편하다. 가장 큰 것이 화장실 문제. 소변을 볼 때는 그럭저럭 해결한다 해도, 대변을 볼 때는 절대로 혼자 처리할 수가 없기 때문이다. 그래서 일본 스모계에는 거구의 스모 선수에게 반드시 '화장실 담당'이 붙는다. 속된 말로 '은코히쇼(똥비서)'라고 부르는데, 이는 입문한 지 얼마 안된 견습생이 담당하며 당연 무보수다. 이 '은코히쇼'를 거느리는 것도 어느 정도 경력을 쌓아야 가능하다. 그래서 휴지와 물수건은 이들 견습생의 필수 소지품이라고 한다.

(5) 스모베야(相撲部屋)

스모베야란 리키시들이 스승 밑에서 함께 기거하고 훈련하는 양성소(도장)다. 리키시가 되려면 특정 스모베야에 소속해야만 하는데 등급 순서대로 목욕과 식사를 한다.



(6) 마와시(回し)

스모 선수가 몸에 걸치는 하의로 훈도시의 일종이다. 스모 외에 마쓰리에서도 사용한다.

**3) 스모의 방식과 특징**

스모는 경기장인 도효 안에서, 몸에 마와시를 찬 두 선수가 서로 대결하여 승부를 겨루는 형태다. 전통적으로 나이, 신장, 체중의 구별이 없다. 기량이 비슷할 경우 체중이 무겁거나 신장이 우월한 쪽이 유리하기 때문에 100킬로그램이 넘는 체중이 보통이다.

리키시는 경기 순번의 두 차례 전에 도효 밑에 와서 대기하다가 호출담당의 호명에 따라 동서 양쪽에서 도효에 오른다. 두 리키시는 자기 쪽 코너에서 시코(四股)라는 독특한 동작으로 좌우 양 다리를 옆으로 올렸다가 힘껏 내리 딛는다. 이어 정한수로 입을 가시고 화장지로 몸을 닦은 다음 부정을 없애는 뜻으로 소금을 도효 위에 뿌리는데 이는 스모의식(相撲儀式)의 하나이다.

이어 도효 안에 선수가 들어서 마주하고 준비선에 주먹을 대며 준비를 한다. 양쪽이 동시에 일어나 부딪치며 경기가 시작되는데, 승부의 판정은 도효 바깥으로 나가거나 발바닥 이외의 부분이 지면에 닿았을 경우, 또는 반칙을 했을 경우 패배가 된다.

**잔코나베(ちゃんこ鍋)**

스모 선수들이 스모베야에서 먹는 전골요리를 가리킨다. 원래는 선수들의 식사를 의미하는 말이기도 하며, 닭고기와 두부, 파와 배추 등의 야채를 양념한 국물에 끓여 먹는 것이 일반적이다.

스모 선수들은 체격도 중요하기 때문에 몸집을 불리기 위해 고기, 생선, 야채 등 영양가 높은 식사, 즉 잔코나베를 듬뿍 먹는다. 먹는 것도 수련의 일부라 하여 오전에 훈련을 마치면 정오에 아침 겸 점심으로 2~5인분의 양을 먹고, 이후에는 4시까지 낮잠을 잔다. 6시에 잔코를 먹고 또 휴식을 취하는데, 먹고 자고 먹고 자고 해서 스모 선수의 몸을 만드는 것이다. 한편 은퇴한 스모 선수들이 이러한 음식을 메뉴로 가게를 차리기도 한다.

## 유도(柔道)



### 1) 유도의 역사

유도란 격투기 종목 중 하나로 손과 다리 등 맨몸으로 상대를 넘어뜨리고 조르고 누르며 공격해오는 힘을 역이용해 상대를 제압하는 운동이다. 이와 비슷한 형태의 격투기는 고대부터 존재했는데 특히 유도의 기원으로 일컬어지는 유술(柔術)은 맨손 또는 무기를 가진 상대를 공격하거나 자신을 방어하기 위한 무술을 말한다. 유도는 12세기 이후 무가(武家)사회를 거치며 발달한 무예 중 하나였는데, 에도시대에는 이미 백여 개를 넘는 유파가 있었다고 한다.

메이지유신 이후 가노 지고로(嘉納治五郎)가 급소지르기와 굳히기, 메치기 등의 유술 기술을 개량하고 개발하여 유도를 체계화했다. 그는 유술 대신 유도라는 명칭을 사용했는데 이는 단지 기술로써가 아니라 천하의 도를 배우는 심신의 교육체계를 의미한다. 그는 1882년 고도칸(講道館)이라는 도장을 열고 직접 유도를 보급하였으며, 1909년에는 아시아인으로는 최초로 국제올림픽위원회(IOC) 위원이 되면서 유도의 세계화에 공헌하여 '유도의 아버지'로 불린다. 국제유도연맹(IJF)의 규약 제1조에도 'IJF는 가노 지고로에 의해 창설된 것을 유도로 인정한다.'라고 명기되어 있다.

유도는 국제적으로도 인기를 끌어 1952년 국제 유도 연맹이 결성되었고, 세계 유도 선수권 대회는 물론 올림픽 정식종목으로 채택되었다.

### 2) 유도의 기술과 경기

유도는 무엇보다 유능제강(柔能制剛)의 원리를 과학적으로 체계화한 운동이다. 즉 상대의 강한 힘에 맞서서 저항하는 것이 아니라 그에 순응하면서 그 힘을 역이용해 상대를 제압하는 것이다. 힘의 역학(力學)을 이용해 민첩하고 부드러운 동작으로 상대의 허점을 찔러 승리하는 체계가 바로 유도 기술의 기본 원리다.

유도의 기술은 메치기, 굳히기, 급소 찌르기의 3가지로 크게 나뉘는데, 그 가운데 급소 찌르기는 위험한 기술이어서 경기에서는 제외되었다.

메치기는 상대편이 자세를 기울이면 기술을 걸어 어깨로 메치거나 쓰러뜨리는 방법으로, 유도에서 가장 중요한 기술이다. 굳히기에는 누르기, 조르기, 꺾기 3가지가 있다. 그 가운데 연습이나 경기에서는 상대를 쓰러뜨리고 위에서 눌러 일어나지 못하게 하는 누르기를 중심으로 연결하며, 손이나 팔뚝으로 상대의 목을 제압하는 조르기 등을 사용한다.



이밖에 중요한 기술의 하나로 자기 몸을 잘 보호할 수 있는 낙법이 있다. 가장 기초적이며 중요한 기술로 충분히 연습을 한 다음 다른 기술 수련에 임해야 한다.

스포츠로서 유도 경기의 경우, 기술이 들어가면 그 정확도와 난이도 등에 따라 점수가 매겨진다. 경기시간은 5분이며 청소년 대회의 경우 4분이 주어진다. 체급별 경기로 치러지는데, 경기 중 '한판'이 선언되면 기술을 건 선수가 이긴다. '절반' 기술이 두 번 선언되면 합하여 한판이 된다. 판정의 우선 순위는 절반〉유효〉효과의 순이다. 연장전까지 한판승이 나오지 않으면 판정의 우선 순위를 기준으로 승자를 가린다.

유도 경기의 꽃은 바로 '한판승'이다. 한판은 메치기와 굳히기 기술을 완벽하게 걸었을 때 얻을 수 있다. 또한 굳히기에 들어가 상대방이 졌다고 소리를 치거나 기권 신호를 보냈을 때, 누르기가 선언된 후 30초 동안 풀지 못했을 때도 한판이 선언된다. 어느 한쪽이 한판을 선취했을 때 경기는 곧바로 종료된다. 절반은 한판보다 기술이 조금 작게 들어가거나 불완전하게 성공했을 때 주어지는 점수다. 유효는 메치기 기술이 부분적으로만 성공했을 때, 즉 절반의 경우에 비해 불충분할 때 선언된다. 유도는 큰 기술을 중시하므로, 작은 기술이 아무리 많아도 큰 기술을 극복하지 못한다. 절반 하나가 유효 10개를 이긴다는 말이다.

## 가라테(空手)

### 1) 가라테의 역사

가라테는 주먹과 발에 의한 타격기술을 특징으로 하는 격투기이다. 가라테도(空手道)라고 표기하기도 한다. 기원에 관해서는 여러 설이 있지만 1625년 명나라 사람 진원빈이 류큐(오키나와의 옛날 지명)에 와서 권법을 가르쳤다는 기록이 있다. 중국의 당(唐)은 일본어로 '가라'라고 읽으며 여기서 당수(唐手)는 중국 권법이라 풀이된다.

1920년대 문부성 주체 체육 전람회에서 후나코시 기친(船越義珍)에 의해 기술이 도입되었는데, 이후 일본 각지로 전해졌다. 가라테가 주목받게 된 계기 가운데 하나는 52세의 모토부 조키(本部朝基)가 교토에서 열린 복싱 대 유도 시합에 참가해서 러시아 복싱 선수를 한 번에 쓰러뜨린 사건이다. 이후 가라테는 전국적으로 알려지게 되었다.

한편 1930년경 일본의 무술로 정착되면서 당나라를 연상시키는 당(唐) 대신에 같은 발음 '가라'(空)를 넣어 빈손으로 하는 무술이라는 뜻으로 가라테(空手)로 통일되었다. 295

1950년대엔 보호대를 착용하고 싸우는 전국 가라테도 선수권 대회가 개최되어 경기형식으로 자리 잡게 되었으며 전국화, 조직화되었다. 가라테는 세계적으로도 인기가 높다. 전 세계의 가라테 인구는 약 2,300만 명으로 추정되는데 순위에 오르는 사람 중 10%가 외국인들이다.

### 2) 용어와 경기

가라테는 몸의 모든 신체부위가 무기로 사용된다. 방어기술도 공격기술만큼 중요하기 때문에 단련을 위해 선수들은 끊임없이 훈련을 받는다. 가타(型)와 구미테(組手)는 가라테의 기본구성으로 이 두 가지를 연습하는 것이 가라테의 기초이다.

가타(型)란 혼자서 연무하는 가라테의 연습 형식이다. 각종 기술을 정해진 순서대로 보여주는데, 수행자는 이 연습을 통해 기본적인 자세와 기술을 익히는 것만 아니라, 실전응용에 필요한 신체동작을 익힐 수 있다고 한다. 익히는 종류와 기술은 유파에 따라 다르다.

구미테(組手)는 주로 두 사람이 상대하는 연습형식이다. 정해진 순서에 따라 기술을 서로 거는 약속 구미테, 자유롭게 번갈아 기술을 거는 자유 구미테, 또 승패를 목적으로 하는 구미테 시합이 존재한다.

공식 경기에서 가라테 선수들은 주로 보호대를 착용하며 치명적인 부상을 입히지 않도록 경고 받는다. 그들은 머리를 강타하면 안 된다. 대련경기에서 찌르기와 발차기를 시도하면 점수가 가산된다.

**극진가라테**

극진가라테의 창시자는 오야마 마쓰다쓰(大山倍達, 한국명 최영의)이다. 재일조선인이었던 그는 일본에서 가라테를 배웠는데 패전 후에 미국으로 건너가 미국의 프로레슬러와 복서들과 대결하였다. 그당시 맥주병의 목을 맨손으로 타격하여 자른 것에 관객들이 놀라며 「Hand of God」「Miracle Hand」라고 극찬했다고 한다. 일본에 귀국한 후에는 소를 맨손으로 쓰러뜨렸는데 총 47마리 중 4마리는 즉사하였고 그 영상이 영화로 공개되기도 했다. 그의 생애는 1970년대에 소년잡지 만화의 주인공으로 다뤄지기도 했고 이후 애니메이션, 영화로도 제작되었다. 그는 세계를 돌면서 많은 무인들과 대전하고 교류하였으며, 끊임없이 격투기를 연구하였다. 그리고 직접 타격제인 극진가라테를 만들었다.



## 2. 놀이와 경쟁에서 거대 상품이 된 대중 스포츠

### | 야구 |

#### 1) 일본 야구의 역사

일본에서 가장 인기 있는 스포츠는 야구이다. 일본에서 벌어진 최초의 야구 경기는 1871년 요코하마 거주 외국인과 미국 군함 콜로라도호 승무원의 경기로 외국인끼리 행해졌다. 일본인의 야구는 이듬해인 1872년에 호레이스 윌슨(Horace Wilson)이 도쿄 가이세 학교(東京開成學校予科)

에서 경기 방법을 가르침으로써 시작되었다. 이후 1878년에 일본 최초의 야구팀 니바시 아스레틱 클럽이 창단되었고 학교들이 부서활동으로 자체 팀을 창단함에 따라 그 인기는 급속히 성장하였다. 야구(野球)라는 명칭은 'baseball'을 일본어로 번역해 만든 일본식 합성어이다.

프로야구는 일본 최고의 관전 스포츠로 실제로 야구에 참가하는 사람보다는 보며 즐기는 경향이 많지만, 야구 게임은 고등학교와 대학교 수준의 아마추어들에게도 인기가 높다. 일본 레저백서(2005)에 의하면 야구 관련 지출이 구기(球技) 스포츠의 15%를 차지하고 있고, '체력 스포츠 여론조사'(2007)에서는 동호회 클럽에 가입한 남성 중 22.7%가 야구 동호회에 가입하여 1위를 차지하는 등 야구는 일본에서 가장 인기 있는 스포츠임에 틀림없다. 따라서 많은 대기업들이 프로야구단을 가지고 있으며, 아마추어 팀들도 많이 후원하고 있어 하나의 거대한 산업이 되고 있다. 4월부터 10월까지 개최되는 프로리그 게임은 거의 매일 TV에서 중계되며 인기선수들은 국가적 영웅으로 대접받는다.

**2) 프로야구**



일본의 프로야구는 1936년에 시작되었다. 철도회사와 신문사, 기업 팀의 후원으로 6개 팀이 탄생하여 현재와 같은 페넌트 레이스 형식으로 전국 규모의 스포츠 리그 제1호가 되었다. 첫 경기는 2월 9일 나고야(名古屋)현에서 열렸으며 골든 돌핀스 팀이 자이언츠를 10대 3으로 이겼다.

양대 리그는 1950년에 채택되었는데 각 리그의 우승팀이 '일본 선수권 시리즈(現일본시리즈)'의 우승을 가렸다. 현재 일본에서 프로야구라고 하면 일반적으로 사단법인 일본야구기구(NPB) 산하 센트럴리그와 퍼시픽리그의 양대 리그 12구단을 가리키고 있으며, 이 밖에도 독립리그로 이루어지는 리그도 있다. 야구는 일본의 프로 스포츠 가운데 유일하게 세제우대를 받고 있는 프로리그로 회사가 구단에 지출한 광고 선전비나 구단이 낸 적자를 보상해도 모회사의 경비로 취급할 수 있어서 세법상 다른 스포츠보다 유리하다.

일본은 또한 태풍이 자주 오기 때문에 '돔구장'이 많다. 일본 최초의 돔구장인 도쿄돔을 비롯하여 후쿠오카, 나고야, 오사카 돔구장은 내부에 쇼핑몰과 식당가, 대규모 게임룸 등을 갖춘 복합 문화 공간으로 유명하다.

**센트럴리그 (CENTRAL LEAGUE)**

| 요미우리 자이언츠 | 도쿄 야쿠르트 스왈로스 | 요코하마 DeNA 베이스타스 | 주니치 드래곤즈 | 한신 타이거즈 | 히로시마 도요 카프 |
|---|---|---|---|---|---|
| 도쿄도 (東京都) | 도쿄도 (東京都) | 가나가와현 (神奈川県) | 아이치현 (愛知県) | 효고현 (兵庫県) | 히로시마현 (廣島県) |

**퍼시픽리그(PACIFIC LEAGUE)**

| 홋카이도 닛폰햄 파이터스 | 도호쿠 라쿠텐 골든이글스 | 사이타마 세이부 라이온스 | 지바 롯데 마린스 | 오릭스 버펄로스 | 후쿠오카 소프트뱅크 호크스 |
|---|---|---|---|---|---|
| 홋카이도 (北海道) | 미야기현 (宮城県) | 사이타마현 (埼玉県) | 지바현 (千葉県) | 오사카부 (大阪府) | 후쿠오카현 (福岡県) |



**3) 고시엔(甲子園)**

고시엔은 한신 타이거즈의 홈구장 이름이지만, 일반적으로 전국 고등학교 야구 선수권 대회(全國高等學校野球選手權大會)를 가리킨다. 아사히 신문사와 일본 고등학교 야구 연맹 주최로 매년 8월 약 2주간의 일정으로 열리는 야구대회인데, 대회의 이름은 '여름의 고시엔', '고교 야구' 등으로도 불리고 있다.

1915년부터 토너먼트 형식으로 치러졌는데, 전국에서 4,000개 이상의 학교가 참가하여 지방대회를 통과한 49개 팀만이 전국대회를 가진다. 고시엔구장을 밟은 것만으로도 큰 영광으로 여겨 패배한 팀이 구장의 흙을 담아가는 전통이 있다. 또 3학년 부원에게 있어 이 대회에서 패배하면 고교 야구 생활이 끝난다고 하는 의미를 담아 '여름이 끝난다'(夏が終わる)라고 표현하

기도 한다. 오랜 역사만큼 재미있는 에피소드도 많은데 1998년 아오모리의 지방대회에서는 122:0이라는 대량득점이 있었고, 2002년 경기에선 9회말 2아웃 상황에서 9점차를 뒤집고 승리하기도 했다.

고시엔의 전 경기는 NHK로 전국에 중계되고, 팀의 모교학생들과 가족들은 이 게임을 보기 위해 잠시 일을 접고 고시엔구장으로 모여들어 경기기간 동안 약 100만 명의 관객들이 관중석을 메운다.

**세기의 홈런왕 왕정치(王貞治)**

왕정치(일본명 오 사다하루, 1940~)는 일본에서 활약한 대만인으로 통산 868개라는 세계 최다 홈런 기록을 가진 선수이다. 그는 고시엔(甲子園) 우승투수라는 후광을 업고 1959년 요미우리에 입단하지만 뛰어난 타격소질을 인정받아 타자로 전향한다. 초기에는 어려움을 겪었으나 외다리타법이라는 혁명적 타법으로 홈런왕과 타점왕을 차지하며 일본의 프로야구 역사를 바꿔놓는다. 그 당시 미국의 프로야구선수 행크 아론이 기록한 756호 홈런을 1977년 경신하면서(미국에서는 인정하지 않는다) 외국인 신분으로 일본 정부의 국민 영예상 제1호를 수상했다. 또한 1965년부터 1973년까지 요미우리 자이언츠가 일본시리즈를 9년 동안 제패할 수 있었던 것도 그의 공헌이 컸다. 동료이자 라이벌인 나가시마 시게오와 ON타선을 이루어 V9시대를 이끌었기 때문이다. 또 그는 니혼햄에서 이적해 온 한국국적의 선수 장훈과 쌍포를 이루어 페넌트레이스를 두 번 제패한 뒤 1980년 선수생활을 마감한다. 이후 요미우리 코치를 거쳐 감독, 해설가 등을 역임하다가 현재는 소프트뱅크 호크스의 회장으로 있다. 1989년 그의 등번호 1번은 요미우리 자이언츠의 영구 결번으로 정해졌다.



## | 축구 |

### 1) 축구의 역사

축구는 야구 다음으로 인기 있는 스포츠이다. 일본에 축구가 전래된 것은 19세기 메이지 시대로 처음엔 외국인들이 축구클럽을 만들어 경기를 하였다. 이후 체육교육의 일환으로 사범학교를 중심으로 보급되었으며 1918년에 제1회 일본 풋볼 우승대회가 개최되었다. 1921년에 현(現) '일본축구협회'(JFA)의 전신인 대일본축구협회가 설립되었으며 1925년 국제축구연맹(FIFA)에 가입했지만, 1940년대 2차 세계대전의 영향으로 FIFA를 탈퇴, 1950년에 재가입했다.

일본의 축구는 1992년 J리그가 창설된 이후 번성하고 있다. 일본의 대표적인 자동차 기업인 도요타는 1981년에 창설되어 2004년에 폐지된 인터컨티넨탈컵의 대표적인 스폰서였다. 일본은 아시아에서 높은 수준의 축구 클럽들을 보유한 나라들 중 하나로 AFC 아시안컵에서 4차례(1992년, 2000년, 2004년, 2011년)나 우승한 전적이 있으며, 2002년에는 대한민국과 FIFA 월드컵을 공동 개최했다. 일본 축구 대표팀은 1998년 프랑스 월드컵에 처음 출전한 이후 4회 연속(1998년 프랑스 월드컵, 2002년 한일 월드컵, 2006년 독일 월드컵, 2010년 남아프리카 공화국 월드컵)으로 FIFA 월드컵 본선에 출전했으며 2002년 한일 월드컵과 2010년 남아프리카 공화국 월드컵에서 16강에 출전했다. 이 기록은 현재까지 일본의 FIFA 월드컵 최고 성적으로 기록되어 있다.

여자 축구 또한 일본에서 인기가 높으며 여자 축구대표팀은 '나데시코 재팬'(なでしこジャパン)이라는 애칭으로 부르기도 한다. 일본 여자 축구 국가대표팀은 2011년 독일 여자 월드컵 결승전에서 미국을 누르고 사상 첫 FIFA 여자 월드컵 우승을 차지했다.

**2) 프로축구**

일본 프로축구는 흔히 약칭으로 J리그라 불린다. J리그가 발족되기 전 일본 축구의 전체적인 환경은 빈약했다. 일본의 축구수준도 세계적으로는 물론 아시아에서도 낮은 편이었다. 이런 상황을 타파하기 위해 일본 축구의 수준 향상 및 지역에 기인한 스포츠 진흥이라는 취지로 J리그가 1991년에 설립되어 1993년 5월 성대한 개막식을 올렸다. 소위 스포츠마케팅이란 전략 하에 치밀한 마케팅 전략과 과감한 투자로 자연스럽게 사람들의 관심을 불러 모으게 되었고 그 결과 개막 첫 회인 93년에는 관중동원에 성공하면서 프로야구의 인기를 위협하기도 했다. 스폰서와의 마찰, 버블경제의 붕괴 등으로 인기가 하락하기도 했지만 월드컵 개최와 일본 국가대표팀의 경기가 국민적 관심사가 되면서 인기를 회복하고 있다.

1999년 J리그 디비전 1과 J리그 디비전 2로 나뉘어져서 현재는 각각 18개, 22개 팀이 소속되어 있다. 2리그 팀 중 상위 2팀은 1리그로 올라갈 수 있으며, 반대로 1리그의 하위 2팀은 2리그로 내려가는 제도를 도입한 이유는 경쟁의식을 고취시키고 리그를 활성화하며 일본축구의 레벨을 향상시키기 위해서이다. 또한 2014년부터는 3부리그(J3)를 신설할 예정이라고 한다.

**| 기타스포츠 |** 전통적으로 일본에서는 프로레슬링, 권투 같은 격투기의 인기가 높았지만, 요즘은 K-1 같은 이종격투기가 인기가 많다. K-1은 킥복싱, 가라테, 쿵푸 등

여자축구

UFC

F1

의 무술에서 취한 입식 타격기술을 혼합한 격투 스포츠로, 전 세계에서 가장 강한 무술을 뽑는다는 취지로 1993년 일본에서 만들어졌다. 헤비급을 중심으로 한 세계최고의 격투기 이벤트이다. 현재까지 160개국 TV방송국에서 방영하였으며 최고 시청률은 43%에 도달하였고 한 회당 최고 관객수는 74,500명이었다. 프라이드(PRIDE)는 1997년부터 개최되어 세계 최대 종합격투기 리그로 인기를 끌었지만, 2007년 4월 경기가 중단되면서 UFC(Ultimate Fighting Championship)에 통합되었다. 한편 미국 라스베이거스에서 2009년 7월 12일 열린 UFC 미들급 경기에서 추성훈이 앨런 벨처(미국)를 2 대 1 판정으로 꺾으며 승리를 차지한 바 있다. 

이밖에도 자동차경주대회인 F1(FIA Formula One World Championship)도 포뮬러 닛폰 대회를 중심으로 인기를 끌고 있으며, 골프 또한 일본에서 인기 종목 가운데 하나로 꼽힌다. 그러나 골프는 최근 일본의 고령화와 더불어 인기가 줄어들고 있다. 그리고 일본에서 시작된 스포츠로 경륜(競輪), 조정(漕艇), 게이트 볼 등이 있다.

(유재신)

Answer 1. × 2. × 3. × 4. ○ 5. ○

# 참고문헌 및 이미지 출처

# 참/고/문/헌 · 이/미/지/출/처

## 1. 우리가 만나야 할 일본, 그리고 일본인


[참고문헌]

- 김용인(2004)『키워드로 여는 일본의 響』 제이앤씨
- 박순애(1998)『일본입문 일본의 문화와 사회』 시사일본어사
- 손대준(1998)『일본의 역사와 문화』 시사일본어사
- 신우정(2009)『일본 일본인 일본인의 힘』 루비박스
- 윤상인 외 (2000)『일본을 강하게 만든 문화코드 16』 나무와 숲
- 이원복(2000)『먼나라 이웃나라 8 일본 2 역사편』 김영사
- 이지선(2008)『일본의 전통문화』 제이앤씨
- 케네스 파일(2008)『강대국 일본의 부활』 한울
- 한국외국어대학교 일본연구소(2006)『교양으로 읽는 일본 사회와 문화』 제이앤씨
- 한국일어일문학회(2003)『게다도 짝이 있다』 글로세움





[이미지출처]

- 인공위성에서 본 일본 http://upload.wikimedia.org/wikipedia/commons/thumb/d/d8/Satellite_image_of_Japan_in_May_2003.jpg/483px-Satellite_image_of_Japan_in_May_2003.jpg
- 히노마루 http://isearch.c.yimg.jp/image?id=aa36a6567ed74f56a87ede7b26df259b
- 기미가요 http://www.plamrec.com/kimigayo-gakuhu.html
- 국장으로 사용되는 국화 http://thm-a04.yimg.com/nimage/1649964eb5ed6302
- 헤세천황 부부 http://sankei.jp.msn.com/photos/culture/imperial/081101/imp0811011152001-p1.htm
- 1989년 헤세(平成)연호 발표 http://note.b-do.com/article_image/show/595.jpg?1196647310
- 죠몬토기의 야타가라스 http://sky.ap.teacup.com/kimama/timg/middle_1249025434.jpg
- 쇼토쿠태자 http://blog.lifestage.co.jp/%E8%81%96%E5%BE%B3%E5%A4%AA%E5%AD%90.jpg
- 혼네와 다테마에 http://nipponario.abranera.com/wp-content/uploads/2012/09/o0481050911869853422.jpg
- 기리쵸코 http://www.nishinaya.com/


## 2. 체념과 극복으로 이루어낸 도시 문화


[참고문헌]

- 김순전(2006)『일본의 사회와 문화』 제이앤씨
- 김영(2006)『교양으로 읽는 일본사회와 문화』 제이앤씨
- 서정해, 이기동, 정진성(2002)『일본의 산업』 한국방송대학교출판부
- 정형(2009)『일본, 일본인, 일본문화』 다락원

· 造事務所(2004)『都道府県』双葉社
· 한국외국어대학교 일본연구소(2006)『교양으로 읽는 일본사회와 문화』제이앤씨
· 네이버백과사전 http://100.naver.com
· 닛포니아 http://web-japan.org/nipponia/
· 위키백과사전 http://ja.wikipedia.org/wiki


[이미지출처]


· 일본열도의 지형 http://cafe.naver.com/kdongssem/36
· 간토 대지진 http://pds.exblog.jp/pds/1/200909/01/43/f0081743_22562268.jpg
· 동일본 대지진 http://cdn-ak.f.st-hatena.com/images/fotolife/m/my385/20110505/20110505140605.jpg
· 미야케지마의 화산분화 http://www.tokyo-gas.co.jp/env/essay/200805/esy1.html
· 후지산 ttp://www.flickr.com/photos/22537025@N02/2470810262/
· 자동차 위에 쌓인 눈 http://image.news.livedoor.com/newsimage/a/6/a19ef60f2a21a3e4af.jpg
· 일본전도 http://cafe.naver.com/worldrank/2583
· 각 지방 지도 http://ko.wikipedia.org
· 「삿포로 눈축제」가 열리는 오도오리 공원 http://www.hokkaidotour.net/special/numberback/snowfestival
· 마츠시마 http://img.4travel.jp/img/tcs/t/album/lrg/10/31/23/lrg_10312302.jpg?20090222132331
· 도쿄역 http://trynext.com/travel/070511-1700.php
· 황거 http://www.gsj.go.jp/~shun/Jap/miyake2000/miyake2001/0307/0307.html
· 요코하마의 고층빌딩 http://web-japan.org/nipponia/nipponia18/ko/feature/feature02.html
· 도쿠가와엔 http://nagoya-area.net/topic/item/tokugawa
· 금각사 http://www.flickr.com/photos/klovek/974589475/
· 기요미즈데라 http://www.itourlove.com/tr/japan/jp-cos9.htm
· 오사카성 http://www.flickr.com/photos/7762281@N08/2484736405/
· 시모노세키항 http://www.cruiseferry.org/column40-3.htm
· 부관훼리 성희호 http://www.mt.co.kr/view/mtview.php?type=1&no=2010052711120827633&outlink=1
· 히로시마 원폭돔 http://sakihittobe.asablo.jp/blog/2008/06/11/3572348
· 도고온천 http://web-japan.org/nipponia/nipponia20/ko/travel/index.html
· 다자이후 텐만구 http://www4.airnet.ne.jp/shuuji/40sub00.htm




## 3. 과거를 통해 보는 현재, 그리고 미래

[참고문헌]


· 김문길(2005)『일본 역사와 문화』형설출판사
· 김희영(2006)『이야기 일본사』청아출판사
· 앤드루 고든 지음, 김우영 옮김(2005)『현대일본의 역사: 도쿠가와 시대에서 2001년까지』이산
· 이원복(2003)『먼나라 이웃나라 일본2 역사편』김영사
· 정형(2008)『사진과 함께 읽는 일본 일본인 일본문화』다락원
· 前沢桃子(2006)『日本の歴史』ナツメ社
· 위키백과사전 http://ja.wikipedia.org/wiki
· 네이버백과사전 http://100.naver.com

[이미지출처]
· 조몬토기 http://d.hatena.ne.jp/ken106/20090503
· 수혈식 주거 http://castle.bg.cat-v.ne.jp/article/42932.html
· 야요이토기 http://www.pref.toyama.jp/sections/3009/3007/mb/mb002-20b.htm
· 다이센료고분 http://ja.wikipedia.org/wiki/%E5%A4%A7%E4%BB%99%E9%99%B5%E5%8F%A4%E5%A2%B3
· 아스카 http://www.asukabito.or.jp/image/asumap/mt-map/japanmap.jpg
· 도다이지http://www.flickr.com/photos/tochis/210172734/
· 일본 최초의 쇼군 미나모토노 요리토모 http://www.marumegane.com/blog/2005/07/
· 아시카가 다카우지 http://www.suruga.co.jp/tokaido/6book/1bu/5_fr.html
· 오다 노부나가 http://www.sengoku-spirit.jp/shopdetail/009000000002
· 도요토미 히데요시 http://wpedia.goo.ne.jp/wiki/%E8%B1%8A%E8%87%A3%E7%A7%80%E5%90%89
· 도쿠가와 이에야스 http://www.kotoba.asia/2008/03/post_ef9b.html
· 조선통신사의 행렬 http://ja.wikipedia.org/wiki/%E6%9C%9D%E9%AE%AE%E9%80%9A%E4%BF%A1%E4%BD%BF
· 우키요에 http://userdisk.webry.biglobe.ne.jp/006/080/07/N000/000/000/119425439865016317688.jpg
http://www.k2.dion.ne.jp/~pega/LOVELOG_IMG/8AB090AD8EO94FC90l.jpg
http://www.kaigahanbai.com/blog/wp-content/uploads/2009/01/k1196882642-446x300.jpg
· 구로후네 http://ja.wikipedia.org/wiki/%E3%83%95%E3%82%A1%E3%82%A4%E3%83%AB:Kurofune.jpg
· 다이쇼시대 거리모습 http://www.kamei.ne.jp/kamei/history/taisho.html
http://art8.photozou.jp/pub/637/167637/photo/12264625.jpg
· 원폭 투하 http://zzgundamodel.nadore.org/%B8%B6%C7%FA
· 2002 한일월드컵 http://journal.mycom.co.jp/column/game/071/



#### 4. 신을 받들며 신과 함께 즐기는 일본인의 삶

[참고문헌]


· 김용안(2009)『키워드로 읽는 일본의 향』제이앤씨
· 정형(2006)『일본, 일본인, 일본문화』다락원
· 한국외국어대학교 일본연구소(2006)『일본 사회와 문화』제이앤씨
· 네이버 백과사전
· 창가학회와 공명당 http://k.daum.net/qna/view.html?category_id=QFD&qid=0Dl1D&q=%B0%F8%B8%ED%B4%E7+%C3%A2%B0%A1%C7%D0%C8%B8&srchid=NKS0Dl1D


[이미지출처]
· 도리이 http://miyagaku.sakura.ne.jp/05itukusima.htm
· 오마모리 http://www.kashimajinja.jp/kjomamori.html
· 에마 http://blog.hudson.co.jp/otodama/2007/07/post_12.html
· 오미쿠지 http://search.daum.net/search?nil_suggest=btn&nil_ch=&rtupcoll=&w=img&m=&f=&lpp=&q=%BF%C0%B9%CC%C4%ED%C1%F6
· 가미다나 ,부츠단 http://www.sekinohall.co.jp/example.html

· 시마바라반도 http://group.lin.gr.jp/grand_prix/con/nagasaki/2010/11Ashimabara.html
· 미코시 http://www.nodacci.or.jp/fes/mikoshi/mikosishoukai09.htm
· 다시 http://iwa.que.ne.jp/tokusen/nakagawara/photo/123.jpg
· 기온마츠리 http://kyoto-design.jp/special/gionmatsuri
· 간다마츠리1, 2 http://r03.isearch.c.yimg.jp/image?id=ab2ea453b4689019fc4e93c8fb82368d
http://ryofu.blog.so-net.ne.jp/2008-09-29
· 텐진마츠리 http://tabinakama.blog.ocn.ne.jp/michi/images/2012/06/01/photo_4.jpg
· 네부타마츠리 http://blog.naver.com/ddolby21/10048974114
· 아와오도리 http://www.jalan.net/jalan/jweb/yado/YADL_374780.HTML
· 미야지마간겐사이 http://www.l-co.co.jp/times/log/04/040806/16.html
· 요사코이마츠리 http://blog.goo.ne.jp/tora003/e/581b77bc79fa61c87a04fbf3d2b56821
· 유키마츠리1, 2 http://aleveljapanese.blogspot.kr/
http://tabilog-hokkaido.jp/season/article/0012782.html

## 5. 신과 함께 하는 일본인의 일 년

[참고문헌]

· 김순전(2006)『일본의 사회와 문화』 제이앤씨
· 김숙자(2010)『사진으로 보고 가장 쉽게 읽는 일본문화』 시사일본어사
· 이지선(2008)『일본의 전통문화』 제이앤씨
· 이이쿠라 하루타케 편저 · 허인순 외 3인 옮김(2009)『일본인의 생활과 관습』 어문학사
· 정형(2004)『일본 일본인 일본문화』 다락원
· 최광준 · 도쿠야스 사타코『도나리노 일본』 제이앤씨
· 퀴즈 재팬 패거리(2002)『퀴즈 재팬』 카피바라북스
· 홍윤기(2000)『일본문화백과』 서문당
· 한국일어일문학회(2003)『스모남편과 벤토부인』 글로세움



[이미지출처]

· 하쓰모데 http://www.attack100.net/2012/01/01/3394
· 오세치요리 http://www.tomoe-group.com/mt/2008/11/post_21.html
· 오조니 http://www.careintjp.org/news/b/1215.html
· 오토시다마 http://chi-wo.com/archives/21836792.html
· 가도마쓰 http://image.search.yahoo.co.jp/search?rkf=2&ei=UTF-8&p=%E9%96%80%E6%9D%BE#mode%3Ddetail%26index%3D3%26st%3D124
· 가가미모치 http://blog.goo.ne.jp/sdphotograph/e/3a271f23ed06fc26434460a62f55df4e
· 시메가자리 http://morning-coffee.blog.so-net.ne.jp/tag
· 신년의 풍경 후쿠부쿠로 http://sankei.jp.msn.com/photos/economy/business/100102/biz1001021428003-p3.htm
· 도깨비 가면과 마메마키용 콩 http://www.soeda.biz/soedanews/2011/02/03/
· 아이들과 즐기는 마메마키 http://furusato-shinbun.jp/2011/02/20110210-4.html
· 사찰에서 행해지는 마메마키 http://www.t-komatsu.jp/season/genre/event/20130203.html
· 1단 하나인형http://forge000.naturum.ne.jp/e445414.html

· 7단 하나인형 http://www.realbvoice.com/shop/blog/naha/2012/03/post_158.php
· 사쿠라전선 http://www.jal.co.kr/world/ko/guidetojapan/seasons/spring/
· 사쿠라를 즐기는 사람들 http://tokyo.earthfriends.jp/2012/04/09/20120407/
· 무사인형 http://www.tanaka-ningyo.co.jp/gogatsuningyo/index.html#link06
· 고이노보리 http://www.tanaka-ningyo.co.jp/gogatsuningyo/index.html
· 다나바타 장식 http://legrandbleu.cocolog-nifty.com/onsen/2005/07/post_beab.html
· 단자쿠 http://sorachan.exblog.jp/tags/%E3%82%AA%E3%83%95%E4%BC%9A/
· 본다나 http://www.futakiya.com/blog/cat22/2010/07/
· 본오도리 http://www.town.aichi-togo.lg.jp/jinji/koho/chousei/machinogaiyou/chouchou/bonodori.html
· 오쓰키미: http://www.oizumi-tabunka.jp/archives/1010.htm
· 맥도널드의 오쓰키미 햄버거 http://chieko.way-nifty.com/chietown/cat6188587
· 시치고산 http://www.tomioka80000goo.org/753.htm
· 지토세아메 http://shinbashiame.com/
· 제야의 종 http://smlc.kr/xe_00/9912
· 도시코시소바 http://www.wanoa.com/articles/1675/
· 고하쿠우타갓센 http://blog.yeshj.com/zhanghaizhu/articles/1715228.html
· 연하상용 엽서 http://ja.wikipedia.org/wiki/%E3%83%95%E3%82%A1%E3%82%A4%E3%83%AB:An_Instance_Of_New_Year_Card_In_Japan.JPG
· 오토시 다마쿠지 http://www2.gol.com/users/ken1atkm/Pages/otoshidama/otoshidama.html
· 성인식 http://erishow.org/friend/0410001661-0001-026-00h/
· 성인식 축하행사 http://cafe.naver.com/ohauhak/121



## 6. 재기를 꿈꾸며 비상하는 일본영화

[참고문헌]

· 김영심(2008)『일본영화 일본문화』 보고사
· 김용안(2004)『키워드로 여는 일본의 향』 제이앤씨
· 김형석(1999)『일본영화 길라잡이』 문지사
· 이와오 수미코 지음, 김영덕 · 이세영 옮김(2004)『TV드라마의 메시지』 커뮤니케이션북스
· 중앙대학교 한일문화연구원 편(2008)『현대일본의 문화콘텐츠』한누리미디어
· 히라다 유키에(2005)『한국을 소비하는 일본 -한류, 여성, 드라마』 책세상
· 窪田守弘編(2007)『映画で日本文化を学ぶ人のために』世界思想社

[이미지출처]

· 키네토스코프 http://www.lumiere.org/techniques/formats-35mm.html
· 시네마토그라프 http://www.earlycinema.com/technology/cinematographe.html
· 오즈 야스지로 http://cinema-magazine.com/new_kantoku/ozu.htm
· 구로사와 아키라 http://mitaka.jpn.org/ticket/0705120
· 미조구치 겐지 http://www.kadokawa-pictures.co.jp/mizoken/profile/
· 사이카쿠일대녀 http://wys.shop-pro.jp/?pid=7808946
· 우게쓰 이야기 http://www.mito-tv.com/feature/2009/20090201/index2.php

· 라쇼몬 http://ryotaroneko.ti-da.net/e2195507.html
· 7인의 사무라이 http://johnlennon.at.webry.info/200505/article_8.html
· 교사형 http://masanobu.egloos.com/3749146
· 남자는 괴로워 http://blogs.yahoo.co.jp/sakura20ajc/63317823.html
· 가게무샤 http://www.ak100wt.com/ja/archive/a26.html
· 우나기 http://www.discas.net/netdvd/goodsDetail.do;jsessionid=C5599FBB700674FD1FC26EB35FC70F01?titleID=0081130151&pT=0
· 하나비 http://gionxtc.web.fc2.com/cinemareview.html
· 쉘 위 댄스 http://itachi.seesaa.net/article/3477342.html
· 춤추는 대수사선2 http://image-search.yahoo.co.jp/detail?p=%E8%B8%8A%E3%82%8B%E5%A4%A7%E6%8D%9C%E6%9F%BB%E7%B7%9A2&ei=&ib=1
· 남극이야기 http://movie.daum.net/moviedetail/moviedetailMain.do?movieId=54184
· 세상의 중심에서 사랑을 외치다 http://movie.douban.com/subject/1315570/
· 히어로 http://takasan828.cocolog-nifty.com/syokan/2007/10/hero07_0e01.html
· 꽃보다 남자 http://asian.hallyu.jp/2008/07/post-76.html

## 7. 세계 속에서 살아 숨 쉬는 아니메

### [참고문헌]


· 김준양(2006)『이미지의 제국 일본 열도 위의 애니메이션』한나래
· 박인하(1999)『일본 애니메이션 아니메가 보고 싶다』 교보문고
· 야마구치 야스오 저, 황소연 역(2005)『일본 애니메이션 역사』 미술문화
· 위키백과사전 http://ja.wikipedia.org/wiki
· 네이버백과사전 http://100.naver.com


### [이미지출처]

· 백사전 http://j.peopledaily.com.cn/94473/6611844.html
· 아톰의 특별주민등록증 http://www.geocities.co.jp/Playtown/2080/atom.html
· 사자에산 http://blog.livedoor.jp/bananahiroshi/archives/50872063.html
· 마징가Z http://www.g-root.jp/buyandsell/av/AV00610.html
· 우주전함 야마토 http://hanayubi.seesaa.net/article/120097882.html
· 기동전사 건담 http://ms-plus.com/search.asp?id=1510
· 캔디 캔디 http://www.encoura.co.jp/SHOP/324.html
http://plaza.rakuten.co.jp/himawari128/?targetdate=200809
· 베르사유의 장미 http://www.kwn.ne.jp/9255/
· 미래소년 코난 기념우표 http://www.schaft.net/n00bs/2007/05/21060425.html
· 신세기 에반게리온 http://blog.livedoor.jp/animekurabu/archives/223679.html
· 공각기동대 http://animebox.com.ua/movie/117-prizrak-v-dospekhakh-ghost-in-the-shell-1995rus.html
· 짱구는 못 말려 http://www.famitsu.com/game/coming/1211693_1407.html
· 원피스 http://animeyume.com/blog/images/op_songs.jpg
· 늑대아이 http://zenback.itmedia.co.jp/contents/free3.seesaa.net/article/282445024.html
· 천공의 성 라퓨타 http://homepage3.nifty.com/ono-kou/laputa.html

- 센과 치히로의 행방불명 http://naka2776.hp.infoseek.co.jp/subj1.htm
- 원령공주 http://pecolinas.blog.fc2.com/blog-category-20.html
- 지브리 스튜디오 http://area46.cocolog-nifty.com/photos/tokyo/jiburi2.html
- 신비한 바다의 나디아 http://www.kids-station.com/program/program.189567.html
- 그 남자 그 여자의 사정 http://www.dm123.cn/bbs/read.php?tid=206059
- 천년여우 http://nyaon3.hp.infoseek.co.jp/2003_03/2003_04_18.html
- 시간을 달리는 소녀 http://www.murauchi.com/MCJ-front-web/CoD/0000001988816

### 8. 현대 사회의 거울 일본의 드라마

[참고문헌]


- 김영덕(2003)『일본방송 콘텐츠 산업과 정책』 커뮤니케이션북스
- 네이버지식백과 http://terms.naver.com/
- 위키백과사전 http://ja.wikipedia.org/wiki/
- 이와오 수미코(2004)『TV드라마의 메시지』 커뮤니케이션북스
- 중앙대학교 한일문화연구원편(2008)『현대일본의 문화콘텐츠』 한누리미디어
- 宇佐美毅(2012)『テレビドラマを学問する』日本中央大学出版部


[이미지출처]



- 나는 조개가 되고 싶다 http://ord.yahoo.co.jp/o/image/SIG=124kuen9v/EXP=1370517055
- 아코 낭인무사 http://ord.yahoo.co.jp/o/image/SIG=131bei6ll/EXP=1370516509
- 고마워 http://ord.yahoo.co.jp/o/image/SIG=11mclf9kl/EXP=1370516911
- 금요일의 처들에게 http://ord.yahoo.co.jp/o/image/SIG=11kpa0pgk/EXP=1370517266
- 東京ラブストーリ http://ord.yahoo.co.jp/o/image/SIG=11ijj1l1f/EXP=1370517907
- GTO http://ord.yahoo.co.jp/o/image/SIG=12ai7u45o/EXP=1370518084
- 겨울연가 http://movie.naver.com/movie/bi/mi/photoView.nhn?code=39492&imageNid=4367704
- HERO http://ord.yahoo.co.jp/o/image/SIG=128hf8i5d/EXP=1370518502
- 미토 고몬 http://ord.yahoo.co.jp/o/image/SIG=11ltph3t9/EXP=1370518618
- 고쿠센 http://ord.yahoo.co.jp/o/image/SIG=126g0tumt/EXP=1370518733
- 가정부 미타 http://ord.yahoo.co.jp/o/image/SIG=13873a13i/EXP=1370518826
- 기무라 타쿠야 1.http://blog.naver.com/angkem2?Redirect=Log&logNo=120144879937
  2.http://movie.naver.com/movie/bi/mi/photoView.nhn?code=64133&imageNid=6253646
  3.http://ord.yahoo.co.jp/o/image/SIG=133ucpqa1/EXP=1370519340

### 9. 역사와 전통을 한 폭에 담아낸 기모노

[참고문헌]


- 김용인(2004)『키워드로 여는 일본의 響』 제이앤씨
- 윤상인 외 (2000)『일본을 강하게 만든 문화코드 16』 나무와 숲
- 이지선(2008)『일본의 전통문화』 제이앤씨
- 정수원(2003)『일본문화 이해와 연구』 제이앤씨

· 최병서(200)『미술관에 간 경제학자』눈과 마음
· 한국외국어대학교 일본연구소(2006)『교양으로 읽는 일본 사회와 문화』제이앤씨
· 한국일어일문학회(2003)『게다도 짝이 있다』글로세움
· 공의식 외(2005)『새로운 일본의 이해』다락원

[이미지출처]

· 기모노 http://news.walkerplus.com/2009/1023/21/20091023191425_05_400.jpg
· 일본 기모노문화미술관의 전시작품 http://nmkb.jp/files/3612/6949/6630/slide%202.jpg
· 기츠케 http://www.kimono-site.com/kitsuke/kitsuke_img/kitsuke_img.jpg
· 나라시대의 문관 예복 http://contest.thinkquest.jp/tqj2001/40514/img/history/016-a.gif
· 나라시대 귀족부인의 예복 http://contest.thinkquest.jp/tqj2001/40514/img/history/017-a.gif
· 소쿠타이 http://thm-a03.yimg.com/nimage/4d4bf9826262f152
· 쥬니히토에 http://upload.wikimedia.org/wikipedia/commons/thumb/9/92/%E5%8D%81%E4%BA%8C%E5%8D%98%E3%81%A7%E3%81%99.JPG/250px-%E5%8D%81%E4%BA%8C%E5%8D%98%E3%81%A7%E3%81%99.JPG
· 가타기누를 입은 오다 노부나가(小田信長) http://www.12danya.co.jp/image/t_5kazari/real/nobunaga.jpg
· 우키요에를 통해본 에도시대 유녀 http://www.mizu.gr.jp/kikanshi/mizu_16/images/mizu16_c01a.gif
· 낙성 당시의 로쿠메이칸 외관 http://www.bunzo.jp/photos/040rokumeikan/photo_rokumeikan.jpg
· 서양 드레스를 입은 일본 여성 http://www.ballroom-j.com/history/toda.jpg
· 제복 차림의 메이지 천황 http://sidenkai21.cocot.jp/Meiji_Emperor.jpg
· 다이쇼시대의 세일러복 http://images.keizai.biz/hamakei/headline/1191310661_photo.jpg
· 몬츠키하오리 http://www.kimono-taizen.com/know/monhaori.jpg
· 기혼 여성의 도매소데와 문양 http://www.rental-kimono.jp/tomesode/file/tomesode/tomesode_no155.html
· 미혼 여성의 후리소데와 문양 http://www.hurisode.com/furisode_no244.jpg
· 남녀노소가 함께 입는 유카타
· http://upload.wikimedia.org/wikipedia/commons/3/3c/Himeji_Yukata_Matsuri_2009p1_049.jpg
· 오비 http://www.okamoto-kimono.com/c_gallery/wp-content/uploads/2010/01/DSC04877.JPG
· 다비 http://image.rakuten.co.jp/yukataya/cabinet/00043579/91-0519d.jpg
· 유카타와 게타 http://a248.e.akamai.net/f/248/37952/1h/image.shopping.yahoo.co.jp/i/j/taketora_zo00027
· 조리 http://www.moegi.co.jp/blog/%E8%8D%89%E5%B1%A5%E6%8B%A1%E5%A4%A7.JPG
· 하라쥬쿠의 스트리트 패션 http://media.1africa.tv/wp-content/uploads/2013/02/japanese_street_fashion_ by_hakanphotography.jpg
· 모네의 기모노를 입은 까미유 Camille%20Monet%20in%20Japanese%20Costume)%2C%201876%2C%20oil%20on%20canvas%2C%20Museum%20of%20Fine%20Arts%2C%20Boston.html

## 10. 소재 본연의 맛을 중시하는 일본음식

[참고문헌]

· 구난숙(2001)『세계 속의 음식문화』교문사
· 구성자 · 김희선 (2005)『새롭게 쓴 세계의 음식문화』교문사
· 김천호(2002)『지구촌 음식문화』수학사

· 박병학(2012)『일본요리의 역사』살림
· 오카다 데쓰 지음 · 정순분 옮김(2006)『튀김옷을 입은 일본근대사 돈가스 의 탄생』뿌리와이파리
· 오쿠보 히로코 지음 · 이언숙 옮김(2004)『쇼닌의 식탁, 쇼군의 식탁 에도의 패스트푸드』, 청어람미디어
· 정수원(2003)『일본문화 이해와 연구』제이앤씨
· 정형(2004)『일본 일본인 일본문화』다락원
· 최영희 이신정(2006)『조리실무일어』훈민사
· 大久保保洋子 (2009)『日本の食文化』アイ　ケイ　こーポレーション
· 林田史(2003)『見てわかる日本[生活·社会　編]』JTB
· 白幡洋三郎 (2003)『知らなきゃ恥ずかしい日本文化』ワニブックス
· lnternational lnternship programs (2007)『일본미니백과』다락원

[이미지출처]

· 미소 http://www.ohnoya-takeda.co.jp/seihin/miso.html
· 쇼유 http://www.komego.co.jp/sushi/syouyu.php
· 미린 http://ja.wikipedia.org/wiki/%E3%81%BF%E3%82%8A%E3%82%93
· 와사비 http://cafe.naver.com/koottl/8022
· 튜뷰형 와사비 http://ja.wikipedia.org/wiki/%E3%83%AF%E3%82%B5%E3%83%93
· 곤부 http://www.hokkaido-konbu.com/recipes/howto.html
· 가쓰오부시 http://www.e-marujo.co.jp/catalog/detail.asp?id=6&pid=1
· 오무라이스 http://tabelog.com/tokyo/A1302/A130203/13002395/dtlphotolst/P16038848/
· 카레라이스 http://www.medianetjapan.com/2/20/government/jangshogun/Food25.htm
· 고로케 http://www.kireini.net/food/recipe/stress015.htm
· 하야시라이스 http://machi-photo.net/detail/photoId/212/
· 돈가스 http://shisly.cocolog-nifty.com/blog/2011/04/post-c8ac.html
· 컵라면 http://blog.naver.com/iamryo?Redirect=Log&logNo=150131028696
· 치킨라면 http://ja.wikipedia.org/wiki/%E3%83%81%E3%82%AD%E3%83%B3%E3%83%A9%E3%83%BC%E3%83%A1%E3%83%B3
· 도시락 http://blog.livedoor.jp/yonemeshi/archives/1593181.html
· 호시모노 http://www.himonoyasan.jp/SHOP/himono71.html
· 쓰케모노http://bluedaisy.tea-nifty.com/mattari/2007/03/post_9b4b.html
· 시오카라 http://www.kanagawa-kankou.or.jp/eat/kakou/17-1.html
· 낫토 http://blog.daum.net/diffday/16
· 혼젠요리 http://www.aihousai.com/product.html
· 가이세키(懷石)요리 https://upload.wikimedia.org/wikipedia/commons/f/f7/Breakfast_at_Tamahan_Ryokan%2C_Kyoto.jpg
· 차가이세키(茶会席)요리 http://www.katsuo.co.jp/kaisekiryori.html
· 요시노야 http://netamono.doorblog.jp/archives/27525931.html
· 마쓰야 http://blog.livedoor.jp/alohabell/tag/%E6%9D%BE%E5%B1%8B
· 모스버거 http://commons.wikimedia.org/wiki/File:Mos_Burger.jpg
· 스시 http://blog.livedoor.jp/zzcj/archives/51779123.html
· 회전스시 http://www.alafista.com/2011/03/08/todays-japan-photo-kaiten-sushi/
· 사시미 http://www.world-one-group.co.jp/blog/?p=860

· 스키야키 http://www.kobebeef.co.jp/shop/suki-roast.html
· 샤브샤브 http://www.tajima-takamiya.com/c_cart/shop/syabusyabu.html
· 가쓰돈 http://gourmetono.blog.fc2.com/blog-category-26.html
· 텐돈 http://hitosara.com/0005037894/photo/0005037894F2.html
· 오야코돈 http://recipes-japanese.blogspot.kr/2009/06/blog-post_7585.html
· 규돈 http://gourmet.walkerplus.com/155461027616/
· 다누키우동 http://www.beeboo.co.jp/recipe/4243/
· 자루소바 http://www.ozawasoba.com/menu/index.htm
· 기쓰네우동 http://wallpaper.free-photograph.net/jp/photobase/yp12268.html
· 쇼유라면 http://men.naganoblog.jp/e1120309.html
· 미소라면 http://marugoto.exblog.jp/tags
· 시오라면 http://gourmet-fukui.jugem.jp/?eid=277
· 돈코쓰라면 http://miku.millionwaves.com/japan/tokyo/etc-4/7766
· 신요코하마 라면 박물관 http://www.raumen.co.jp
· 야타이 http://plaza.rakuten.co.jp/aqua4510/diary/200812030000/
· 오코노미야키 http://cinnamonwithcoffee.tistory.com/2002
· 다코야키 http://ilove-coupon.jp/hiroshima/0805
· 야키소바 http://www.fukubei-f.co.jp/sample.html

## 11. 전통과 현대가 공존하는 생활공간



[참고문헌]

· 김숙자외(2010)『사진으로 보고 가장 쉽게 읽는 일본문화』 시사일본어사
· 정수원(2003)『일본문화의 이해와 연구』 제이앤씨
· 정형(2006)『일본, 일본인, 일본문화』 다락원
· 임영철(2008)『일본의 일상세계』 제이앤씨
· 허인순외(2009)『이미지로 읽는 일본문화』 어문학사
· 일본통계청 홈페이지 http://www.stat.go.jp/data/nihon/18.htm

[이미지출처]

· 고베대지진 http://www.seasky-jp.com/bousai/images/hansin.jpg
· 동북대지진 http://blogs.yahoo.co.jp/dcscc485/22925922.html
· 갓쇼즈쿠리 http://yaccyann.maxs.jp/sirakawago2/4.jpg
· 아마도 http://img.allabout.co.jp/gm/article/379162/002.jpg
· 고타츠 http://image-search.yahoo.co.jp/search?p=%E3%81%93%E3%81%9F%E3%81%A4&ei=
· 이로리 http://image-search.yahoo.co.jp/search?p=%E5%9B%B2%E7%82%89%E8%A3%8F&ei=
· 다타미 http://www.y-sukiya.com/blog/index.php?no=r1596
· 오시이레 http://image-search.yahoo.co.jp/search?p=%E6%8A%BC%E3%81%97%E5%85%A5%E3%82%8C&ei
· 쇼지 http://image-search.yahoo.co.jp/search?p=%E9%9A%9C%E5%AD%90&ei=
· 후스마 http://image-search.yahoo.co.jp/search?p=%E8%A5%96&ei=
http://msp.c.yimg.jp/image?q=tbn:ANd9GcSKqEKjugyjbMymtQv91ewVIkLP78Y7jxN1aM7Yw

nfM66utu_t7OPc_jSjY:http://wasienfs.com/pic-labo/y5.jpg
· 도코노마 http://image-search.yahoo.co.jp/search?p=%E5%BA%8A%E3%81%AE%E9%96%93&ei
· 일본의 정원 료도인 http://soom.byus.net/tc/attach/1/1123576116.jpg
· 툇마루 http://image-search.yahoo.co.jp/search?p=%E7%B8%81%E5%81%B4&ei=
· 아파트 http://www.arthousing.biz/news/data/2011_12/1219.jpg
· 맨션 http://blog.livedoor.jp/c21oita6/archives/51332447.html
· 단독주택 http://image-search.yahoo.co.jp/search?p=%E4%B8%80%E6%88%B8%E5%BB%BA%E3%81%A6&ei=
· 다타미에서 나무바닥으로 http://www.maedamokuzai.com/shopping/oak/images/img_7372.jpg
· 다타미에서 침대로 http://contents.aflat.jp/product_pics/product01/1080.jpg
· 다이닝키친 http://image-search.yahoo.co.jp/search?ei=UTF-8&fr=top_ga1_sa&p=%E3%83%80%E3%82%A4%E3%83%8B%E3%83%B3%E3%82%B0
· 부동산 http://blog.apamanshop.com/data/thumbnail/1/1081/m_pse1eHrEIY.jpg?1241324101

## 12. 예법으로 알아보는 일본인의 인생

[참고문헌]


· 김용안(2004)『키워드로 여는 일본의 향』 제이앤씨
· 김용운(1996)『뚱딴지 일본탐방』 대교출판
· 박순애(2006)『일본의 문화와 사회 일본입문』 시사일본어사
· 박전열(1997)『일본의 문화와 예술』 한누리미디어
· 손재봉(2003)『키모노속의 生 일본문화』 책사랑
· 윤상인 외(2000)『일본을 강하게 만든 문화코드16』 나무와 숲
· 이이쿠라 하루타케(2009)『일본인의 생활과 관습』 어문학사
· 이와타 시게노리(2009)『일본 장례문화의 탄생』 소화(한림신서)
· 일본지역연구회(2002)『새로운 일본의 이해』 다락원
· 중앙대학교 한일문화연구원 편(2008)『현대일본의 문화콘텐츠』 한누리미디어
· 한희정(2005)『노빈손의 시끌벅적 일본 원정기』 뜨인돌
· 小川晶子(2000)『冠婚事典』 大創出版
· 林田史(2003)『見てわかる日本 [生活·社会編]』 JTB


[이미지출처]

· 유이노 전달 https://minnanokyozai.jp/kyozai/material/SPA00160/64112001.jpg
· 신부 집에 장식된 유이노 http://www.tanakachaho.com/yuinou.html
· 인터넷 사이트에서 시판 중인 각종 히키데모노 https://www.momastore.jp/wedding/bestsell_top5.html
· 미코에게 술을 받고 있는 신부 https://minnanokyozai.jp/kyozai/material/SPA00159/64113001.jpg
· 불교식 결혼식 모습1 http://sizusosei.com/hoyo/kekkon_01.jpg
· 불교식 결혼식 모습2 http://www.higan.net/blog/news/images/_ICT0235_256.JPG
· 기독교식 결혼식 모습1 http://www.nicedp.sakura.ne.jp/wordpress/wp-content/uploads/2007/11/001.jpg
· 기독교식 결혼식 모습2 http://www.gakuenblog.com/image/show/2467.jpg
· 공민관 결혼식 http://www.tokachimail.com/honbetsu/030306/0301b.jpg

· 쓰노카쿠시 http://ja.wikipedia.org/wiki/%E3%83%95%E3%82%A1%E3%82%A4%E3%83%AB:Bride_at_meiji_shrine.jpg
· 시로무쿠 http://www.watabe-wedding.co.jp/library/images/dress/vari_pic_detail_shiromuku.jpg
· 몬쓰키 하오리와 하카마, 우치카케 http://www.2story.net/2story/file_view.php?dmt=2&dui=1168&fui=aebf75a6d7942ae390c41131905f0861&dfn=1&dkey=
· 모닝코트 http://www.tradjp/formal-016.jpg
· 지정된 좌석 http://www.s-hoshino.com/f_photo/bridal/br_043.jpg
· 일본식 피로연 모습 http://www.mihokan.co.jp/photo/bridal/wed_prty.jpg
· 일본식 피로연장 http://www.harumiya.co.jp/img/ke1204011.jpg
· 오쓰야 https://minnanokyozai.jp/kyozai/material/SPA00151/64121001.jpg
· 독경 https://minnanokyozai.jp/kyozai/material/SPA00150/64123001.jpg
· 노베오쿠리 https://minnanokyozai.jp/kyozai/material/SPA00149/64124001.jpg

## 13. 일본인의 미의식이 담긴 전통극의 세계

[참고문헌]

· 가토 슈이치 외(1995)『日本文化의 숨은 形』 소화
· 가와타케 도시오(2006)『가부키』 창해
· 김용안(2004)『키워드로 여는 일본의 향』 제이앤씨
· 김학연(1991)『狂言』 열화당
· 김학연(1995)『文楽』 열화당
· 박청국 외(2004) 『일본문화의 이해』 제이앤씨
· 윤상인 외(2000) 『일본을 강하게 만든 문화코드16』 나무와 숲
· 이지선(2008)『일본의 전통문화』 제이앤씨
· 이지선(2009)『일본전통공연예술』 제이앤씨
· 중앙대학교 한일문화연구원편(2008)『현대일본의 문화콘텐츠』 한누리미디어

[이미지출처]

· 시테와 쓰레 http://awaya-noh.com/modules/pico2/content0074.html
· 와키http://www.nohgaku.or.jp/encyclopedia/whats/enngi.html
· 하야시카타 http://www.nohgaku.or.jp/encyclopedia/whats/enngi.html
· 지우타이 http://www.nohgaku.or.jp/encyclopedia/whats/enngi.html
· 노부타이 http://park.tachikawaonline.jp/hall/10_nougakudo.htm
· 아토자와 지우타이자 http://hattoris2.sakura.ne.jp/bukouyoukai040425.htm
· 쇼조쿠 http://www.sense-nohgaku.com/noh/articles/whats_no/yousyouzoku.php
· 각종 노멘 http://www.nohmask21.com/index_j.html
· 각종 교겐멘 http://www.nohmask21.com/kyogenmen06.html
· 온나가타 http://www.expo2005.or.jp/jp/E0/E1/0326.html
· 25162240&q=nipponia&srchid=CCB1H0Hq|JSSk|10|20090325162240
· 다치야쿠 http://cafe.daum.net/khcu-japan/JSSk/10?docid=1H0Hq|JSSk|10|20090325162240&q=nipponia &srchid=CCB1H0Hq|JSSk|10|20090325162240
· 구마도리 http://ja.wikipedia.org/wiki/%E3%83%95%E3%82%A1%E3%82%A4%E3%83%AB:Kabuki-

makeup.PNG
· 가부키의 막 http://puppolo.air-nifty.com/blog/2004/12/
· 가부키의 무대장치 http://cafe.daum.net/japan-i/9Xdh/64?docid=1HDFc|9Xdh|64|20090910165619&srchid=IIMhTy4V100
· 구로코 http://ja.wikipedia.org/wiki/%E3%83%95%E3%82%A1%E3%82%A4%E3%83%AB:Kurogo.jpg
· 공연 중인 분라쿠 인형 http://www.rakuten.ne.jp/gold/yoshinogarden/yoshitune/senbonzakura.JPG
· 가이라이시 http://www.gujokankou.com/img.php?w=400&h=300&filename=e_121227963_1.jpg
· 다유와 샤미센 http://material.miyazaki-c.ed.jp/ipa/bunraku/rekisi/katarimono/g1r104g2.jpg

## 14. 언어 속에 담긴 시대와 삶

[참고문헌]


· 김용안(2004)『키워드로 여는 일본의 響』 제이앤씨
· 우수근(2006)『21세기 한중일삼국지』 두리미디어
· 윤혜영(2013)『역사와 문화가 살아 숨 쉬는 일본문학』 궁미디어
· 장남호 · 이상복(2008)『일본 근현대문학사』 어문학사
· 한국일어일문학회(2003)『높임말이 욕이 되었다』 글로세움
· 大野敏明(2002)『日本語と韓国語』文藝春秋
· 위키백과사전 http://ja.wikipedia.org/wiki
· 네이버백과사전 http://100.naver.com




[이미지출처]

· 고사기 http://asao20.hp.infoseek.co.jp/kojiki.htm
· 일본서기 http://www.library.pref.osaka.jp/lib/zempon/zem08.html
· 가구야히메 http://www.amagaeru.com/go/jigsaw/jig/lineup/y/1000/10_1156.html
· 무라사키 시키부 http://www.tenhodo.co.jp/products/hina_series_ori_genji.html
· 겐지 이야기 천년 기념우표 http://www.post.japanpost.jp/kitte_hagaki/stamp/tokusyu/2008/h2009 22_t.html
· 헤이케 이야기 삽화 http://www.web-sanin.co.jp/orig/news5/3-0111.htm
· 이하라 사이카쿠 상 http://www.daiunji.org/prod03.htm
· 호색일대남 삽화 http://www.umeshunkyo.or.jp/204/252/data.html
· 금색야차 동상 http://www.tecpro.jp/oshiro/oshiro2.html
· 히구치 이치요 http://fkoktts.hp.infoseek.co.jp/zshouzou.html
· 아쿠타가와 류노스케 http://sankei.jp.msn.com/photos/culture/academic/080718/acd0807181054005-p1.htm
· 모리 오가이 http://sankouan.sub.jp/maihime.htm
· 나쓰메 소세키 http://www.pref.ehime.jp/izanai/daterFiles/jinbutu/dater_natume_souseki.html
· 이정표와 간판 http://f.hatena.ne.jp/matsut/20081011160340
http://photozou.jp/photo/show/105572/5372943

### 15. 일본을 움직이는 제도와 조직


[참고문헌]

· 김문길 편저(1999)『일본문화 이해』 부산외국어대학교 출판부
· 김인현, 김정구(2000)『현대일본의 이해』 학문사
· 김재호 외 6인(2002)『일본현대정치시스템의 이해』 형설출판사
· 문화이론연구소(2000)『日本人과 日本文化 이해』 보고사
· 오현수(2006)『일본헌법』 다나기획
· 이시재 외 2인(2005)『사회학으로 풀어본 현대 일본』 일조각
· 이와카미 마스미 지음, 박정진 옮김 (2006)『일본 전후정치사』 후마니타스
· 한국외국어대학교 일본연구소(2006)『교양으로 읽는 일본사회와 문화』 제이앤씨
· 황영식(2003)『맨눈으로 보는 일본-과거와 현재를 잇는 키워드 77-』 모티브
· 위키백과사전 http://ja.wikipedia.org/wiki
· 네이버백과사전 http://100.naver.com

[이미지출처]

· 헌법발포약도 http://ja.wikipedia.org
· 맥아더와 쇼와천황 http://anarchist.seesaa.net/article/107336932.html
· 국회의사당 http://somyu.com/blog/cat8/2006/09/
· 국회내부 http://zenmetu.sakura.ne.jp/niiki/200709/200709.htm
· 도쿄 아카사카의 의원숙사 http://ja.wikipedia.org/wiki/%E8%AD%B0%E5%93%A1%E5%AE%BF%E8%88%8E
· 야스쿠니 신사 http://www.tetsusenkai.net/official/yasukuni/
· 아마쿠다리 http://www.nhk.or.jp/kaisetsu-blog/100/1851.html
· 일본의 통치 기구도 http://ko.wikipedia.org
· 자유민주당 본부 http://ja.wikipedia.org




### 16. 일본 사회를 지탱하고 있는 여러 제도들


[참고문헌]

· 김숙자외(2010)『사진으로 읽고 가장 쉽게 읽는 일본문화』 시사일본어사
· 김용안(2002)『키워드로 여는 일본의 響』 제이앤씨
· 임영철(2008)『일본의 일상세계』 제이앤씨
· 정형(2004)『사진과 함께하는 일본, 일본인, 일본문화』 다락원
· 한국외국어대학교 일본연구소편(2006)『교양으로 읽는 일본사회와 문화』 제이앤씨
· 허인순외(2009)『이미지로 읽는 일본문화』 어문학사
· 백과사전 위키디피아 일본판
· 사회복지제도 http://ja.wikipedia.org/wiki/%E7%A6%8F%E7%A5%89
· 고령화복지제도 http://ja.wikipedia.org/wiki/%E7%A6%8F%E7%A5%89
· 아동복지제도 http://ja.wikipedia.org/wiki/%E5%85%90%E7%AB%A5%E7%A6%8F%E7%A5%89
· 아카몽 http://blog.daum.net/alzade57/17104148
· 일본의 노령화 관련기사 http://www.nnnews.co.kr/news/articleView.html?idxno=10995

· 전국성씨랭킹 http://miyozi.hp.infoseek.co.jp/zennkokutazinnkoumixyouzi.html
· 출산률, 노령인구비율 http://www.stat.go.jp/data/nihon/

[이미지출처]

· 번교 http://image-search.yahoo.co.jp/search?ei=UTF-8&fr=top_ga1_sa&p=%E8%97%A9%E6%A0%A1
· 데라코야 http://blog.katei-x.net/blog/2007/10/000370.html
· 도쿄야스다강당 http://blog.daum.net/tokyopal/9499500
· 아카몽 http://fukutake.iii.u-tokyo.ac.jp/facilities_nearby-akamon.html
· 대학진학률 http://www2.ttcn.ne.jp/honkawa/3928.html
· 가츠동 http://blogs.yahoo.co.jp/mana_big/6727582.html
· 킷캣 http://www.kashiokun.net/product_info.php/products_id/91
· 문어 관련 입시용품 http://image.rakuten.co.jp/asamizu/cabinet/goukaku/img56882923.jpg
· 천황사진 http://image-search.yahoo.co.jp/search?ei=UTF-8&fr=top_ga1_sa&p=%E6%98%8E%E4%BB%81
· 노인단기입소시설 http://www.miura-k.co.jp/works/40hospital/w050.html
· 개호노인복지시설 http://sankei.jp.msn.com/photos/region/kanto/chiba/091210/chb0912102 047008-p1.htm
· 방문개호 http://www.yoshino-hospital.or.jp/information/sansan/sansan015/images/sansan015_21.jpg
· 노인회 http://kimimasa.sakura.ne.jp/noriko/archives/%E8%80%81%E4%BA%BA%E4%BC%9A.bmp
· 보육소 http://www.takacho.jp/blog/taka_weblog/2008/12/post_504.html



## 17. 조직과 노력의 미학 일본의 스포츠

[참고문헌]

· 김숙자(2010)『사진으로 보고 가장 쉽게 읽는 일본문화』 시사일본어사
· 김순전(2011)『일본의 사회와 문화』 제이앤씨
· 인터내셔널 인턴십프로그램 저(2007)『일러스트로 읽는 일본 미니백과』 다락원
· 네이버백과사전http://terms.naver.com/entry.nhn
· 위키백과사전 http://ja.wikipedia.org/wiki

[이미지출처]

· 오즈모 http://ord.yahoo.co.jp/o/image/SIG=11lo59ukh/EXP=1370526237
· 도효 http://ord.yahoo.co.jp/o/image/SIG=11n7ha0cm/EXP=1370520977
· 요코즈나 http://ord.yahoo.co.jp/o/image/SIG=129ejflep/EXP=1370521688
· 짱코나베 http://ord.yahoo.co.jp/o/image/SIG=12c649k5d/EXP=1370522014
· 극진가라테 http://ord.yahoo.co.jp/o/image/SIG=11k2rjqc8/EXP=1370525325
· 요미우리 http://ord.yahoo.co.jp/o/image/SIG=1213b22kt/EXP=1370522373
· 야쿠르트 http://ord.yahoo.co.jp/o/image/SIG=1219tlssd/EXP=1370522373
· 요코하마 http://ord.yahoo.co.jp/o/image/SIG=121ufjimj/EXP=1370522621
· 주니치 http://ord.yahoo.co.jp/o/image/SIG=12nvfq50n/EXP=1370522737
· 한신 http://ord.yahoo.co.jp/o/image/SIG=123sdoqcs/EXP=1370523004
· 히로시마 http://ord.yahoo.co.jp/o/image/SIG=13d2sc3bo/EXP=1370522621

· 니혼햄 http://ord.yahoo.co.jp/o/image/SIG=12h8u7vbq/EXP=1370523320
· 라쿠텐 http://ord.yahoo.co.jp/o/image/SIG=12acqp6c1/EXP=1370523596
· 세이부 http://ord.yahoo.co.jp/o/image/SIG=15joh0sjp/EXP=1370523942
· 롯데 http://ord.yahoo.co.jp/o/image/SIG=13kvstie2/EXP=1370524054
· 오릭스 http://ord.yahoo.co.jp/o/image/SIG=127up79np/EXP=1370524205
· 소프트뱅크 http://ord.yahoo.co.jp/o/image/SIG=11laqk9jo/EXP=1370524380
· 여자축구 http://ord.yahoo.co.jp/o/image/SIG=12fgk1fgg/EXP=1370524639
· UFC http://ord.yahoo.co.jp/o/image/SIG=12qnumlbm/EXP=1370524768
· F1 http://ord.yahoo.co.jp/o/image/SIG=12lcr055c/EXP=1370524908